Carlos Genova

ORIGAMI

Darwin e os triângulos mágicos

escrituras
São Paulo, 2011

Escrituras Editora e Distribuidora de Livros Ltda.
Rua Maestro Callia, 123 – Vila Mariana
São Paulo, SP – 04012-100
Tel.: (11) 5904-4499/ Fax: (11) 5904-4495
escrituras@escrituras.com.br
www.escrituras.com.br

Diretor editorial
Raimundo Gadelha

Coordenação editorial
Mariana Cardoso

Assistente editorial
Ravi Macario

Revisão
Jonas Pinheiro

Capa, projeto gráfico e diagramação
Renan Glaser

Fotografias das peças
Carlos Genova

Impressão
Gráfica e Edições Loyola

Dados Internacionais de Catalogação na Publicação (CIP)
(Câmara Brasileira do Livro, SP, Brasil)

Genova, Carlos
Origami: Darwin e os triângulos mágicos /Carlos Genova. – São Paulo: Escrituras Editora, 2011.

ISBN 978-85-7531-397-8

1. Origami I. Título.

11-03000 CDD-736.982

Índices para catálogo sistemático:
1. Origami: Papel: Atividades criativas: Artes 736.982

Impresso no Brasil
Printed in Brazil

Obra em conformidade com o Acordo
Ortográfico da Língua Portuguesa

Sumário

Apresentação

O triângulo é o mais simples dos polígonos.

Nas receitas de origami aparecem diferentes tipos de triângulos em cada fase. Para alguns casos utilizei o triângulo retângulo isósceles, para outros quadrados e retângulos que também são paralelogramos. As formas em papel dobrado evoluem passo a passo implicando relações que geram resultados surpreendentes. Esse livro é dedicado à memória de Charles Darwin e entre uma dobra e outra vou citar trechos do seu livro **Viagem de um naturalista ao redor do mundo** que serão motes para algumas peças. Estendo a dedicatória aos professores de matemática cuja tarefa é difícil, nem sempre reconhecida e corre o risco de ser truncada pela violência ou pelas interferências da mediocridade que nivela tudo por baixo. A prática do origami ajuda a controlar um pouco a ansiedade, a constatar certos fatos matemáticos, a melhorar a coordenação motora fina, a elevar a auto estima dentre tantas outras coisas, mas não faz milagres. Como qualquer outra atividade exige dedicação daqueles que pretendem realizar projetos. Leiam cada receita da primeira à última fase antes da sua execução.

Boas dobras!

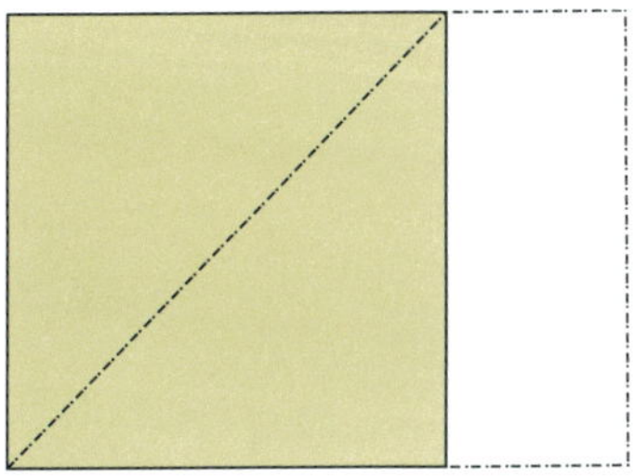

Prefácio

No dia 16 de Janeiro de 1913, o grande matemático inglês Godfrey Harold Hardy, por muitos considerado o maior da Inglaterra em seu período, recebeu uma estranha e longa carta vinda da Índia, assinada por um desconhecido de nome Srinivasa Ramanujan. Imaginando tratar-se de outra das inúmeras cartas que costumeiramente enviavam-lhe malucos de todos os tipos, Hardy quase jogou-a ao lixo (como o fizeram dois outros matemáticos ingleses que receberam a mesma correspondência ...) mas, vendo nela uma grande quantidade de complexas fórmulas, decidiu lê-la à noite, em companhia de seu parceiro de pesquisas, o também notável matemático John Littlewood. Algumas horas depois, ambos, atônitos, reconheceram que aquilo havia sido escrito por um singular gênio matemático, que enunciava profundas verdades da Teoria dos Números, expressava-as em complicadas fórmulas e não se dava ao trabalho de demonstrá-las. Mais tarde, Hardy declarou que várias das fórmulas de Hardy derrotaram-no completamente mas, mesmo assim, ele acreditava que elas fossem verdadeiras porque, "se não fossem, ninguém teria imaginação suficiente para inventá-las". Ramanujan (1887 – 1920) havia sido um menino pobre, filho de um contador de uma pequena fábrica de roupas, e teve pouca educação matemática formal. A base do que sabia viera de dois livros que estudara por conta própria e tudo o mais ele "extraíra" intuitivamente de seu privilegiado cérebro, de uma forma até hoje não compreendida pelos que estudaram seus feitos. Hardy imediatamente convidou Ramanujan a vir para Cambridge e, de 1914 até seu falecimento, o indiano trabalhou intensamente com o inglês no Trinity College onde, dois séculos e meio antes, estudara e ensinara ninguém menos do que Isaac Newton. A mescla dos enormes conhecimentos teóricos de Hardy com a espantosa intuição matemática de Ramanujan produziu trabalhos clássicos sobre as propriedades de várias funções aritméticas, lançando os fundamentos para respostas a perguntas como: dado um número inteiro qualquer, quantos divisores primos ele provavelmente tem?; de quantas maneiras diferentes pode-se exprimir um número inteiro qualquer como a soma de inteiros positivos menores do que ele?; se um número é tomado aleatoriamente do conjunto dos inteiros, qual a probabilidade de que ele não tenha divisores primos repetidos? (por incrível que pareça, a resposta é $(6/\pi^2)$)

Histórias verdadeiramente inacreditáveis são contadas sobre a rapidez com que o cérebro de Ramanujan fazia dificílimos cálculos sem o auxílio de qualquer máquina. Certa vez, por exemplo, ele observou que o número $e^{\pi\sqrt{163}}$ é muito próximo de um número inteiro (de fato, ele é um inteiro seguido de 12 zeros, até que surja um dígito diferente em sua expressão decimal). Outra vez, já no final da vida, internado em um hospital devido à tuberculose que o matou, ele foi visitado por Hardy, que lhe contou ter vindo em um táxi de placa 1729, um número sobre o qual o inglês pensara durante o trajeto, sem encontrar nele qualquer propriedade interessante. "Não, Hardy", disse Ramanujan. "Esse número é muito interessante porque é o menor inteiro que pode ser expresso de duas maneiras diferentes como a soma dos cubos de dois outros inteiros" ($1^3 + 12^3 = 1729 = 9^3 + 10^3$). Mantidas as devidas proporções, principalmente porque a distância que me separa de Hardy é praticamente infinita, eu me lembrei de Ramanujan quando, há poucos dias, conheci pessoalmente Carlos Genova e li algumas de suas perspicazes observações de natureza geométrica sobre diversas figuras que compõem seus origamis.

Carlos Genova não tem formação matemática, é um artista dedicado à música e a seus criativos trabalhos com dobraduras de papel. Mas impressionou-me sua capacidade de "sentir", nas figuras que gera, teoremas que passam desapercebidos por uma grande parte de bons professores de Geometria. Não tenho qualquer receio em afirmar que Carlos Genova, em razão de suas excepcionais percepção e intuição, teria sido (e ainda pode ser) um excelente professor de Matemática, se tivesse se dedicado a seu estudo formal. Estou seguro de que os leitores viverão momentos muito agradáveis ao passear por este belíssimo livro e desejo prestar a mais sincera homenagem a Carlos Genova anunciando que a próxima edição de meu livro sobre Geometria incluirá vários tópicos extraídos de seu trabalho.

Curitiba, 27 de janeiro de 2011
Gilberto Geraldo Garbi

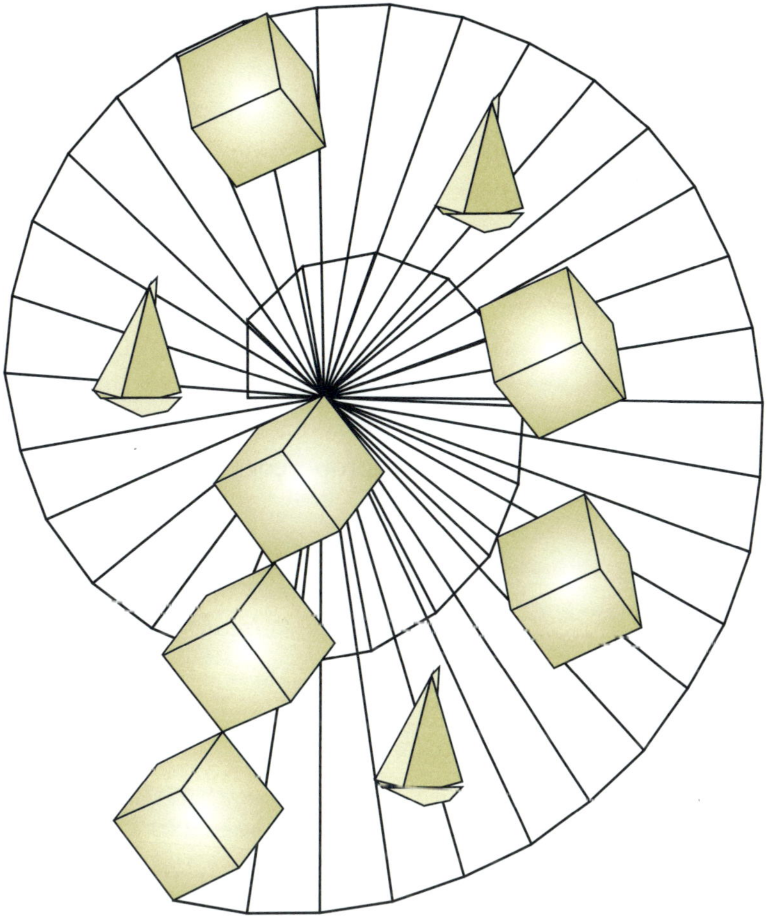

A viagem do Beagle foi, sem dúvida, o acontecimento mais importante da minha vida e determinou toda a minha carreira; no entanto, decorreu de uma circunstância insignificante, como a oferta de meu tio de me dar uma carona de 50 quilômetros até Shrewsbury, o que poucos tios teriam feito, e de uma banalidade como o formato de meu nariz.

Charles Darwin *(Autobiografia)*

"Qualquer pedaço de papel cuja forma inicial tenha sido modificada, no mínimo por uma dobra, no máximo por ***n*** dobras sucessivas interdependentes e que resulte numa figura imaginada, é um origami".

Oficina introdutória

Dobrar papel é uma prática antiga provavelmente de origem chinesa. Acredita-se que inicialmente tivesse um caráter religioso. Educadores importantes intuíram seu valor pedagógico e aplicaram o origami em seus projetos. Alguns educadores exploram a possibilidade de buscar soluções para problemas matemáticos e outros usam a mesma matemática para produzir esculturas de rara beleza. Origami é para todos, mas como em qualquer outra atividade a complexidade de certas peças não está para todos porque exige dedicação e prática constante.

O livro não traz receitas das peças **ordenadas por graus de dificuldade** e sim acompanhadas das legendas **simples, intermediário e complexo.** Que fique claro: o que é simples para uns pode ser complexo para outros. Aos iniciantes recomento a participação em oficinas. Na prática, origami é composto de uma sequência de dobras ordenadas em passos que implicam sucessivas transformações na forma inicial do papel até a figura final. Origamis também evoluem partir de um "ancestral comum" como ilustra a próxima página. As medidas indicadas são apenas sugestões. Para peças simples usem papéis menores e para as complexas papéis maiores e resistentes.

Esforcei-me para deixar as indicações claras, tanto quanto possível.

Boas dobras!

Origamis evoluem, o que significa, passam por um processo de transformação gradual, passo a passo, lentamente...

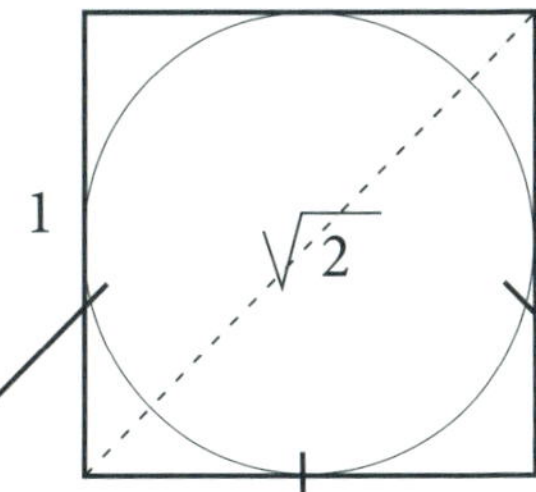

... serão exibidas as peças que forem mais bem dobradas e as outras descartadas naturalmente...

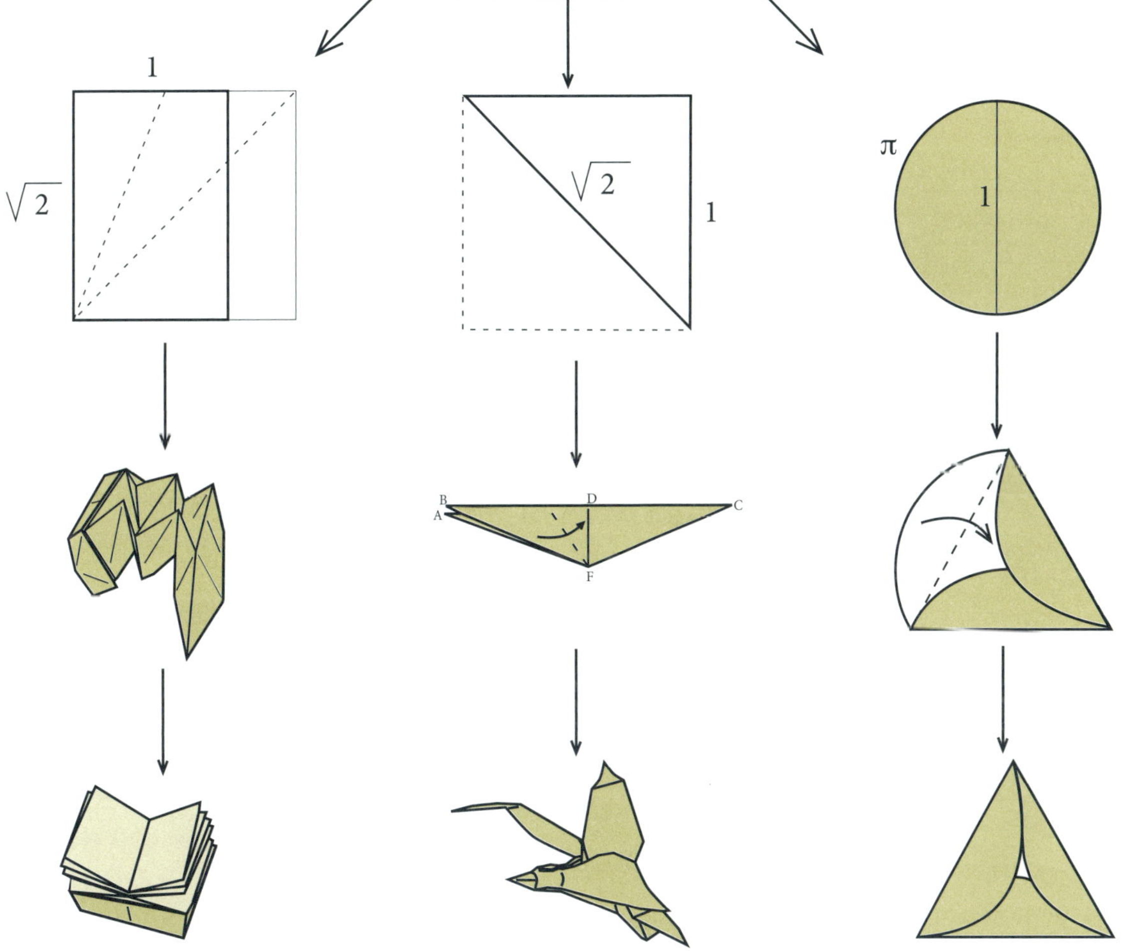

A notação do origami é simples. Nas receitas, setas e linhas indicam ações, tipos de dobras. Os textos auxiliares tornam mais claras essas indicações. Cada seta tem um tipo de terminal e as linhas diferem.

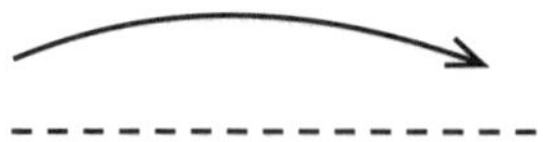 Dobrar para a frente. (dobra tipo vale, linha tracejada)	 Dobrar para trás. (dobra tipo montanha, linha traço e ponto)	 Desdobrar.
 Dobrar e desdobrar. (o vinco é representado por um traço mais fino)	 Virar o papel (como virar a folha do caderno)	 Introduzir. (colocar o papel para dentro até onde for possível)
 Girar. (sentido horário ou anti-horário)	 Curvas que indicam partes iguais.	 Abrir e também apertar, afundar.
$\overline{AB}$ Segmento de reta	$\overrightarrow{AB}$ Semirreta — $\overleftrightarrow{AB}$ Reta	αβγφ alfa, beta, gama e teta (letras gregas) — $\hat{a}$ $D\hat{B}O$ Indicação de ângulos

Executando algumas dobras fundamentais.

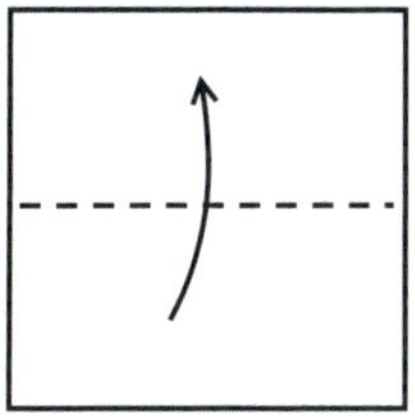

Dobrar para a frente. (Dobra tipo vale)

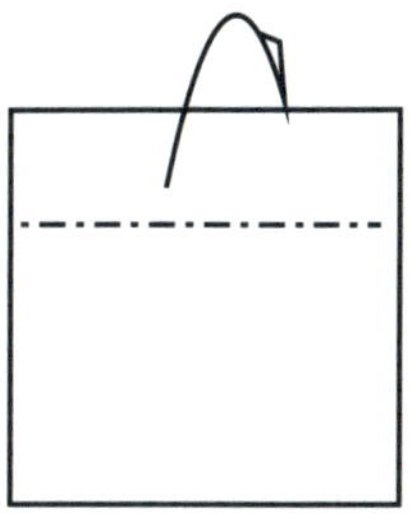

Dobrar para trás. (Dobra tipo montanha)

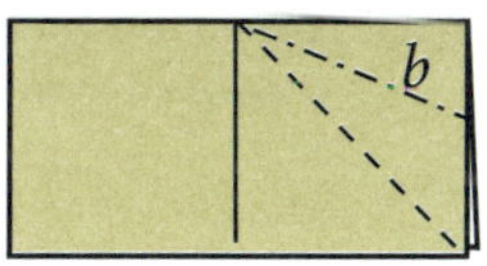

1

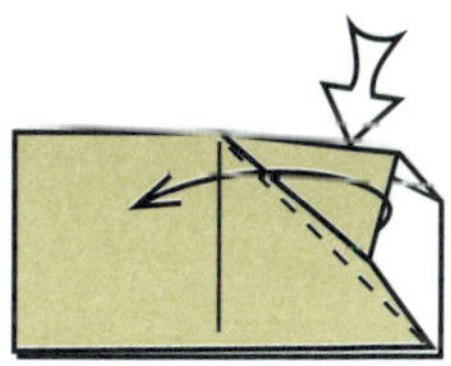

2

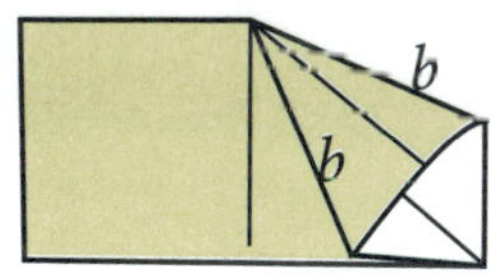

3

Abertura e achatamento.

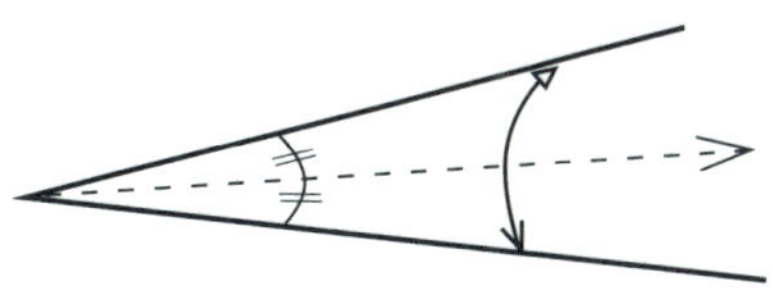

Bissetriz é a semirreta com origem no vértice de um ângulo e que o divide em dois ângulos iguais. No origami, obtém-se a bissetriz dobrando lado sobre lado a partir de um vértice. Nos desenhos 1 e 2 veem-se abas sobrepostas e por isso uma dobra (*b*) gera duas bissetrizes que são os lados *b* e *b* no desenho 3.

Praticar algumas dobras é muito importante. Cansativo, mas necessário!

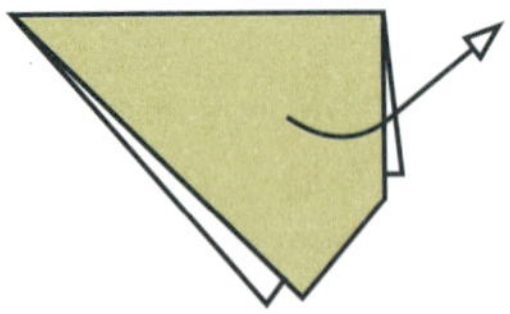

Desdobrar.

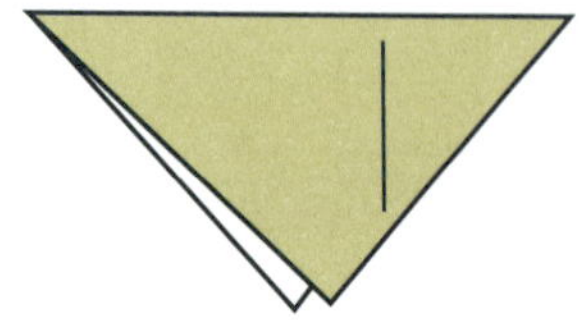

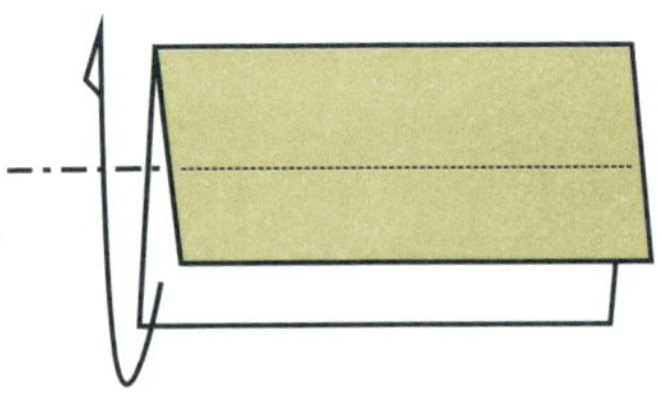

Dobrar para trás
na linha pontilhada.

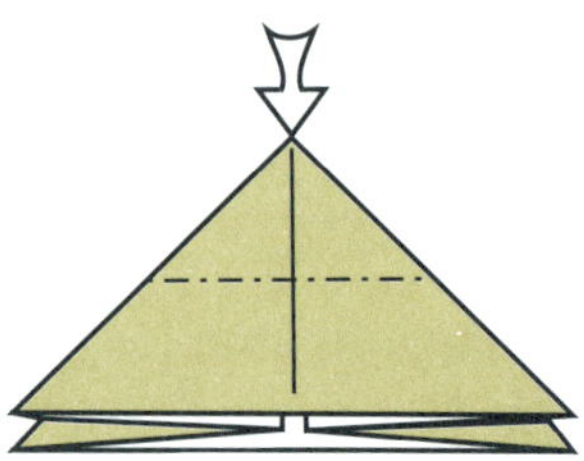

Afundar. É preciso
abrir todo o papel.
Siga os passos na próxima página.

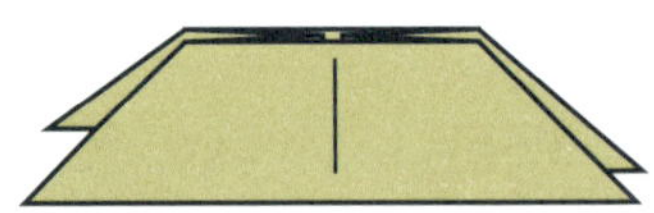

Executando um afundamento.

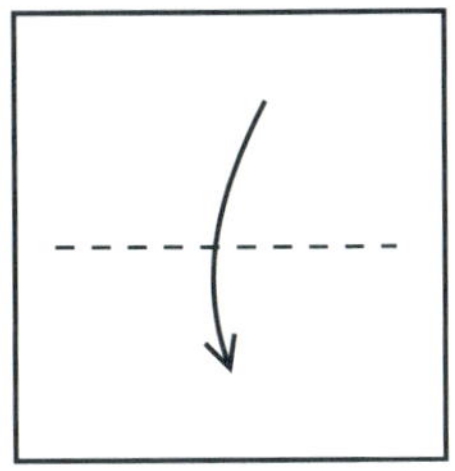

1. Dobre ao meio.

2. Dobre e desdobre.

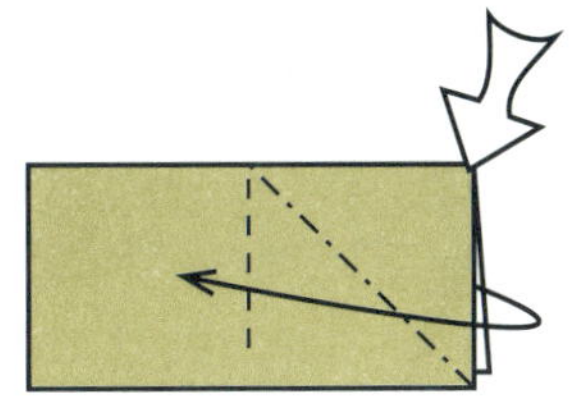

3. Abra e achate.

4. Vire o papel.

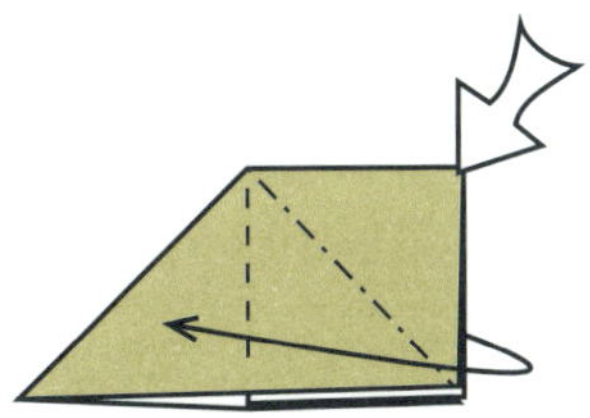

5. Abra e achate.

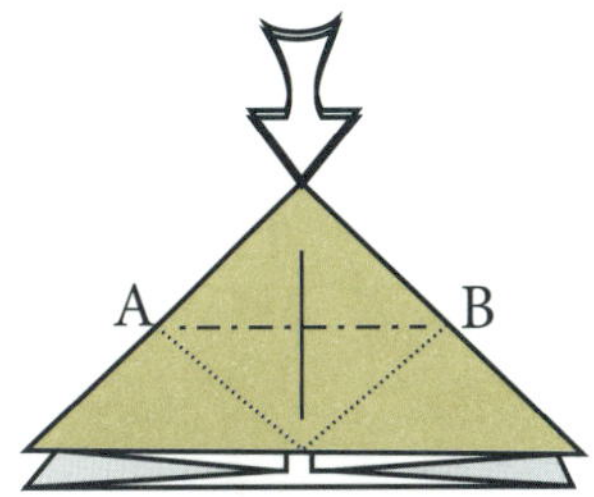

6. Para afundar, abra o papel.

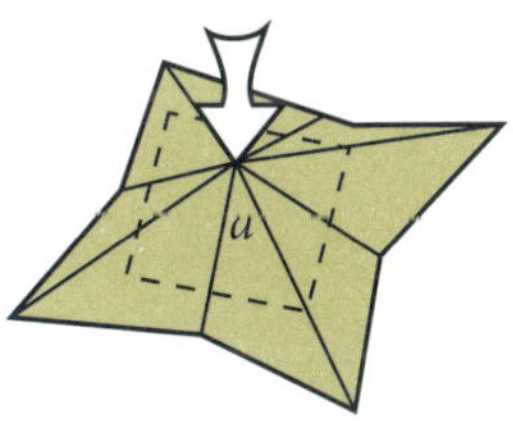

7. Pressione o centro.

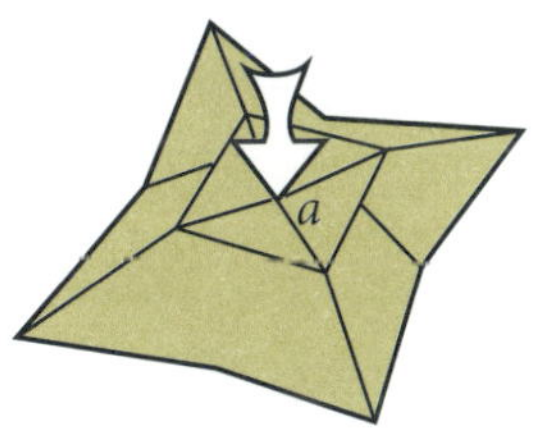

8. Continue pressionando.

9. Refaça as dobras laterais.

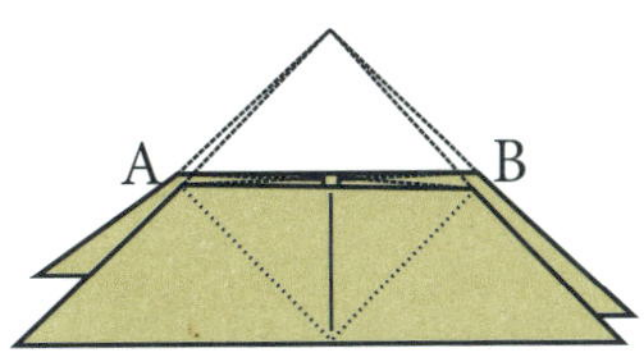

10. Afundar significa inverter parte do papel simetricamente em relação a um eixo ($\overline{AB}$).

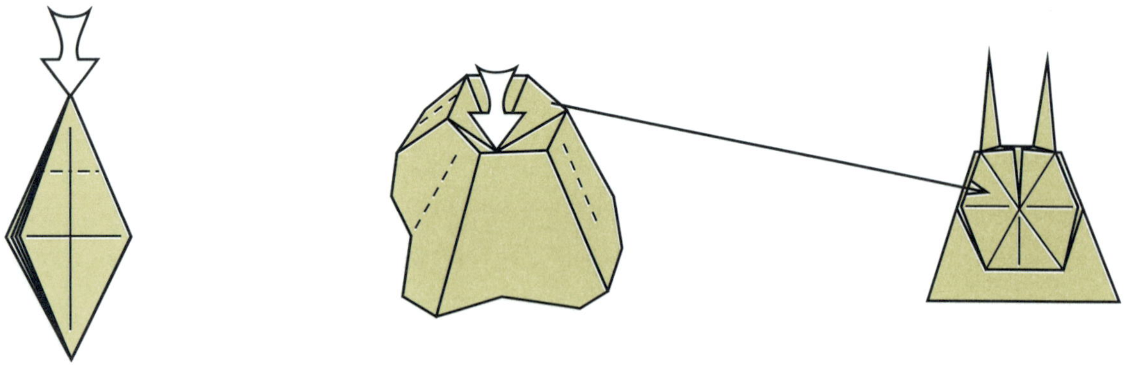

Quando o papel tiver um número maior de abas, o processo é o mesmo, abrindo sem desmanchar outras dobras, pressionando onde estiver indicado e refazendo as dobras. Os três desenhos acima fazem parte da receita da borboleta e o afundamento é hexagonal.

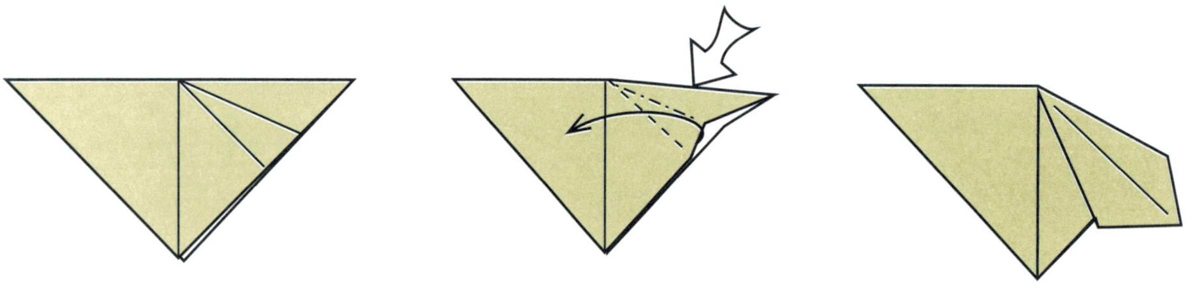

Nos casos em que a indicação é abrir e achatar, deve-se sempre respeitar as linhas que conduzem à forma seguinte. Existem métodos diferentes para obter o mesmo resultado. O mais importante é trabalhar a exatidão das dobras. Numa sequência delas, pequenas diferenças acumuladas interferem profundamente no resultado final.

A dobra por fora.

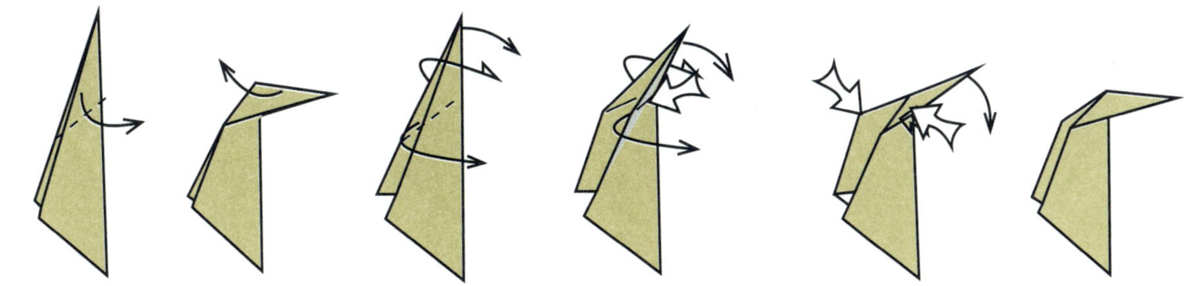

Execução:

1. Dobre para a direita e desdobre.
2. Abra as laterais e puxe a ponta para fora segurando no ponto da seta larga.
3. Continue puxando. A dobra de trás será invertida. Estando na posição correta, aperte para finalizar.

A dobra por dentro.

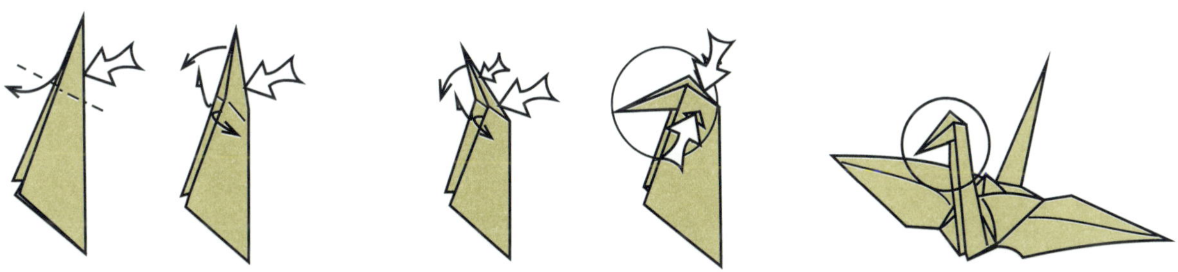

1. Marque e depois abra para dobrar.
2. Abra as laterais, leve a ponta para baixo, aperte atrás e achate as laterais.
3. Exemplo de aplicação na cabeça do Tsuru sentado.

Vincar (marcar) antes de dobrar é fundamental para executar bem essas dobras.

Base preliminar (dobra pétala) e base do pássaro (tsuru).

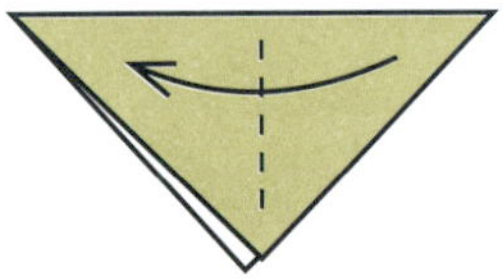

1. Dobre uma folha quadrada ao meio duas vezes.

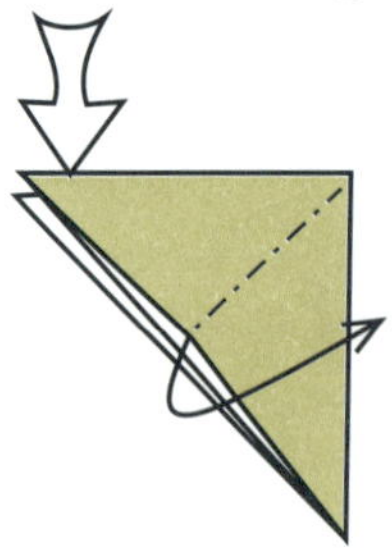

2. Abra e achate.

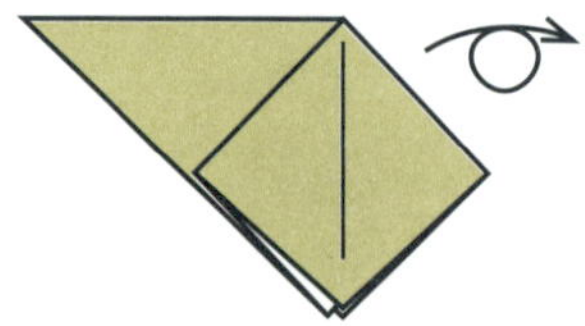

3. Vire o papel.

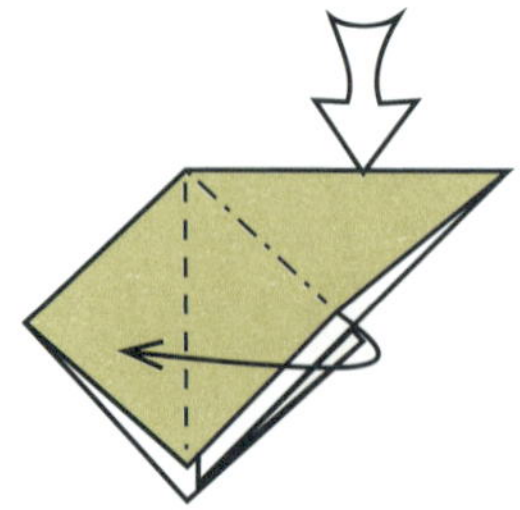

2. Abra e achate.

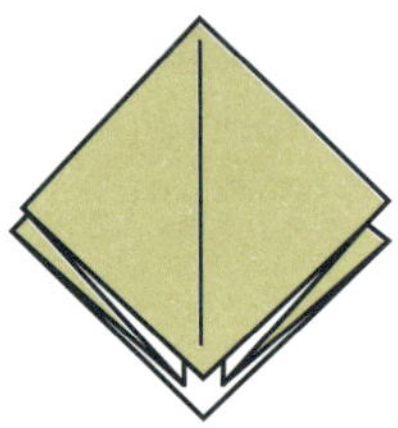

5. Nesta fase temos a **Base preliminar.** A medida da área desse quadrado tem 1/4 da medida da área do quadrado inicial.

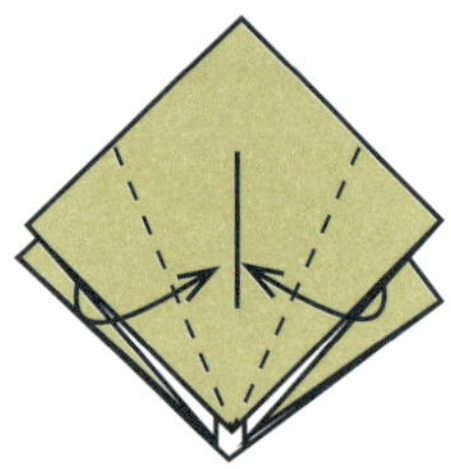

6. Desenho ampliado. Dobre para o meio.

7. Dobre o triângulo superior para baixo.

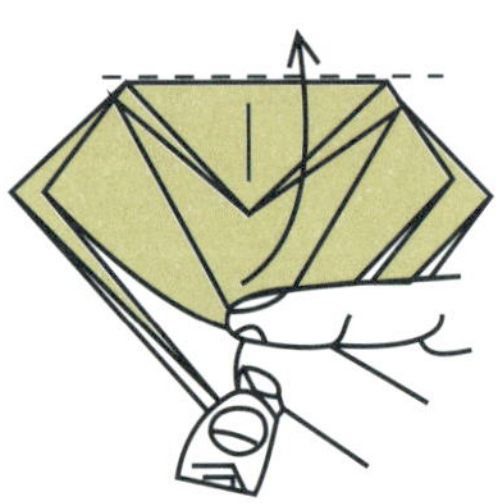

8. Segure três pontas e levante uma, dobrando para cima.

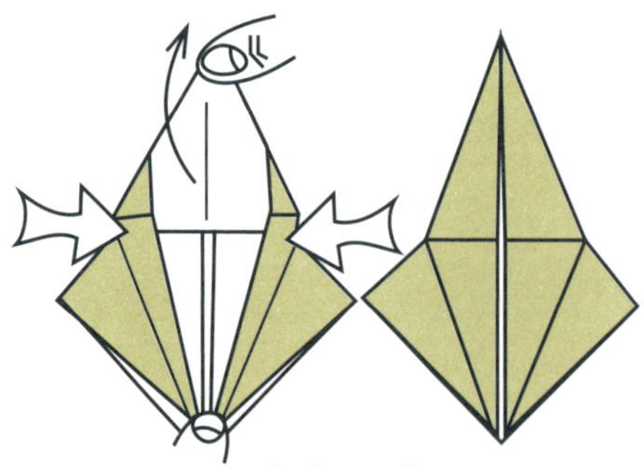

9. Continue dobrando para cima e achatando nas setas. Esta é a **dobra pétala** (pássaro). Repetir atrás.

10. Base do pássaro.

Gaivota

Periquito

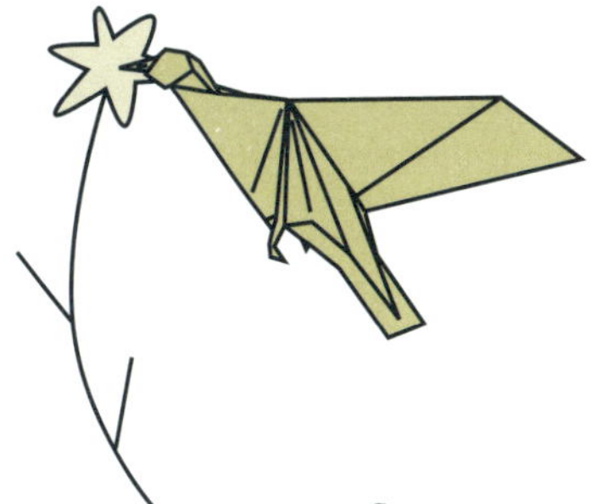

Beija-flor

Urubu

Ema

I – Oficina das aves

Um belo dia Charles Darwin recebeu um convite para viajar como naturalista durante dois anos no navio Beagle. Ele tinha 22 anos quando o Beagle saiu da Inglaterra em 1831 para fazer levantamentos geográficos na América do Sul sob o comando do capitão Robert FitzRoy. A viagem prevista para dois anos durou cinco. Ele descreveu essa aventura num diário publicado com o título **Viagem de um naturalista ao redor do mundo** e mais tarde publicaria **A Origem das Espécies** influenciando os mais variados ramos da ciência. Para a maioria das pessoas o fato de nós e os animais possuirmos algo comum é desalentador. A mesma maioria que age fervorosamente contra algo sem saber de que se trata e se coloca exageradamente a favor de algo sobre o qual não tem qualquer evidência.
Cruzando o Atlântico em 16 de fevereiro daquele ano, Darwin anotaria; *"Vistos a distância, os Rochedos de São Paulo são de um branco brilhante. Isto é devido, em parte, ao excremento de uma infinita multidão de gaivotas e, em parte, a uma camada dura e polida de certa substância com lustre de pérolas, que adere intimamente à superfície dos rochedos... Muita matéria animal se acha ali contida, e sua origem sem dúvida se depreende da ação da chuva ou da pulverização das ondas sobre o esterco das aves".*

Gaivota - simples

O quadrado parece formado por triângulo "siameses" unidos pela diagonal que é bissetriz e √2 (raiz quadrada de dois) ao mesmo tempo. Vamos utilizar uma forma básica simples para dobrar várias figuras. É econômica porque cada quadrado possibilita duas peças. Na oficina de geometria descobriremos alguns números que aparecem nesse triângulo especial para nosso origami.

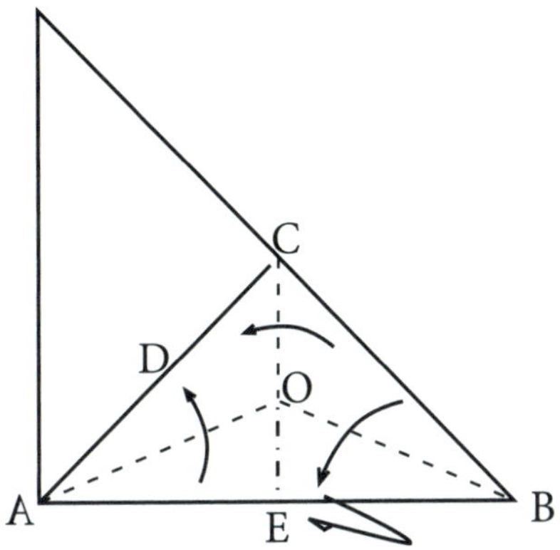

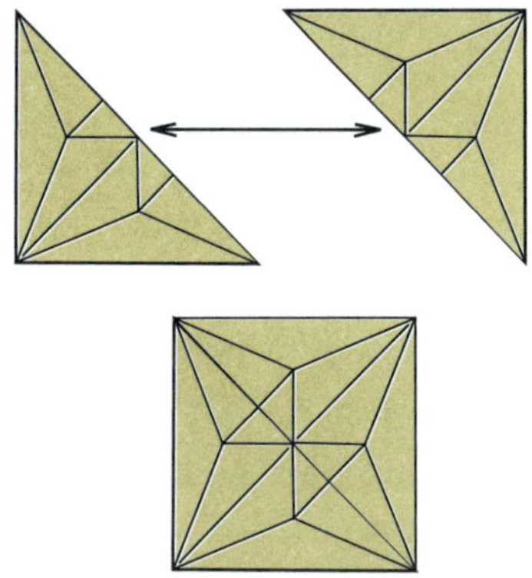

1. Dobre "orelha de coelho". Note que o triângulo ABC foi dividido, por bissetrizes, em triângulos menores. As dobras conduzirão para um "empilhamento" de triângulos como pode ser visto na próxima fase. Veja detalhe da dobra na fase 1a.

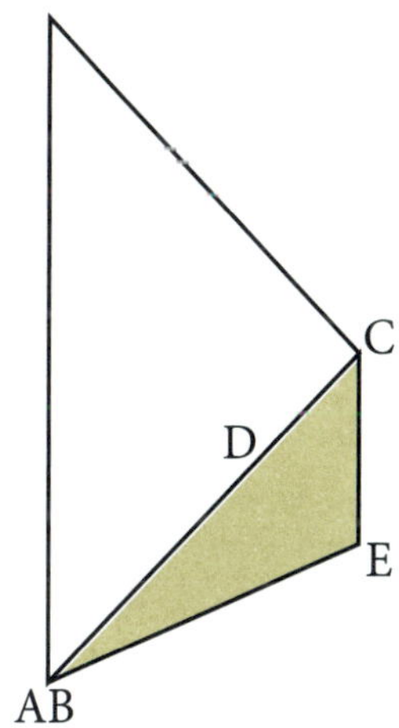

1a. Dobra "orelha de coelho". Empilhando o triângulo *a* sobre o triângulo *b*.

2. Repetir fase 1 no triângulo branco. Na parte colorida estão os triângulos empilhados.

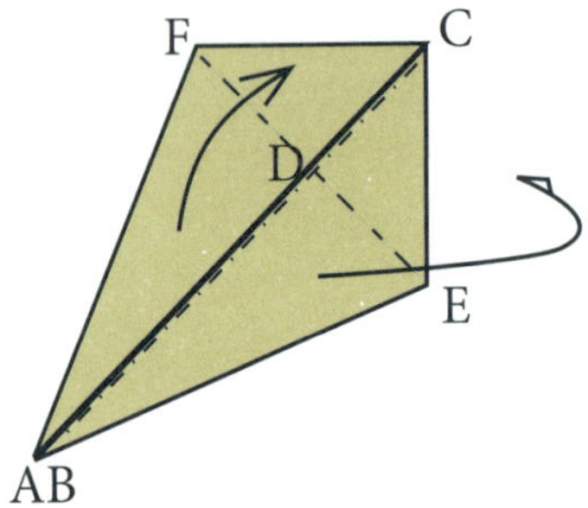

3. Dobre as pontas A e B para cima e, em seguida, dobre o quadrilátero ao meio para trás colocando na posição mostrada na próxima fase. As letras indicam onde estão localizadas as pontas iniciais.

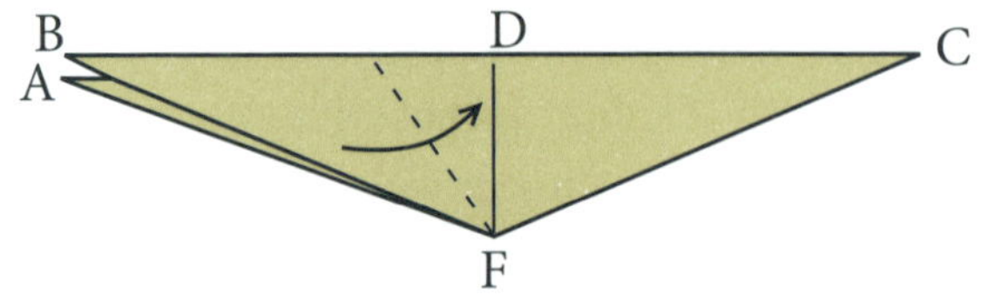

4. Dobre a ponta B para cima. A dobra é bissetriz do ângulo $B\hat{F}D$.

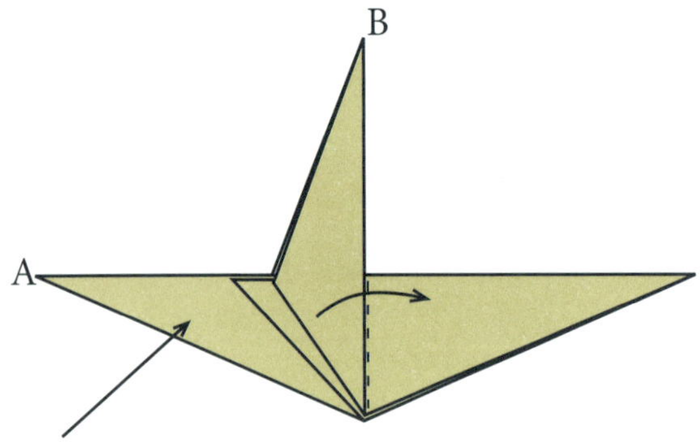

5. As pontas A e B serão as asas da gaivota. Dobre a “asa” B para a direita. Repita as fases 5 e 6 na “asa” A.

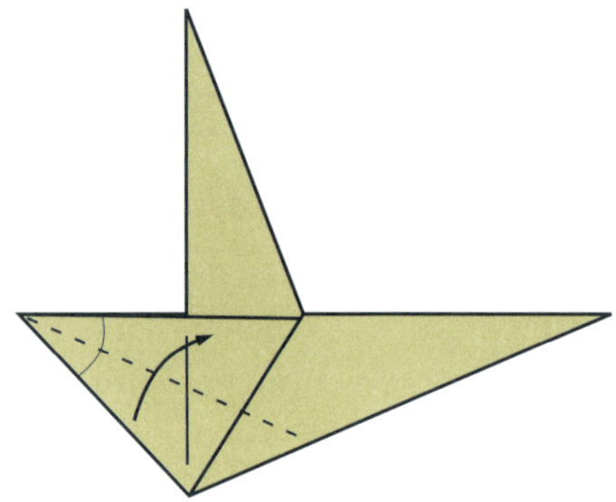

6. Dobre na bissetriz e repita atrás.

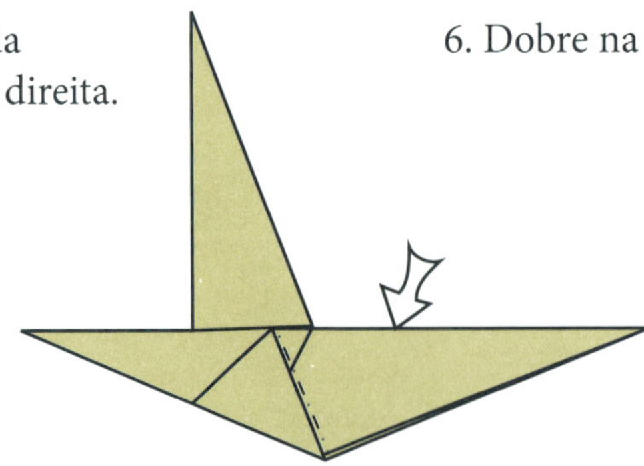

7. Faça uma dobra por dentro.

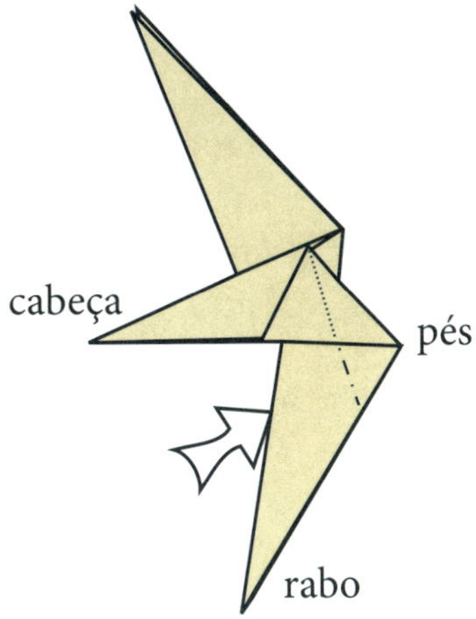

8. Faça uma dobra por dentro no rabo.

9. Dobre a ponta para dentro. (1) Dobre para definir o pé e repita atrás para definir o outro. (2)

10. Dobre as pontas das asas para baixo. (1) Dobre o pequeno triângulo para trás e ajeite as asas para baixo. (2) Faça uma prega para cabeça e bico. (3) Curve para dar impressão de volume. (4) O rabo deve ser aberto como um leque sem desmanchar os pés.

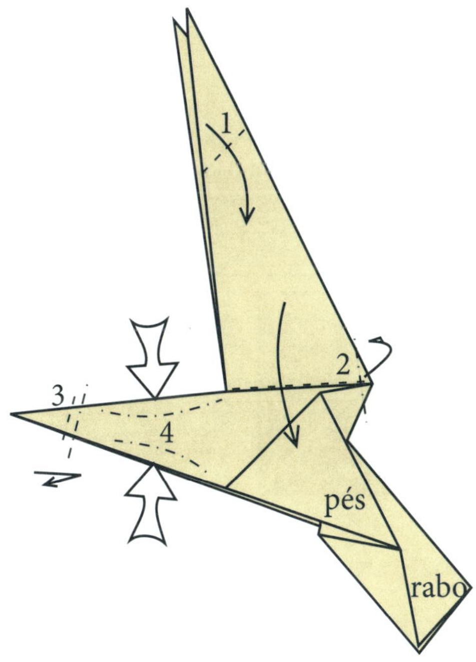

Na receita da gaivota falei sobre os triângulos "siameses". Vamos utilizá-los para dobrar mais duas peças. Uma das acepções para siamês é: *gêmeo que nasceu ligado a outro por partes homólogas de seus corpos.* Eu chamo carinhosamente de siamês o que na verdade é um **triângulo retângulo isósceles.** Há quase 180 anos, em 29 de Fevereiro de 1831, Darwin estava chegando ao Brasil, na Bahia ou São Salvador e anotava em seu diário: ... – *O dia passou-se deliciosamente. Mas "delícia" é termo insuficiente para exprimir as emoções sentidas por um naturalista que, pela primeira vez, se viu a sós com a natureza no seio de uma floresta brasileira. A elegância da relva, a novidade dos parasitos, a beleza das flores, o verde luzidio das ramagens, e, acima de tudo, a exuberância da vegetação em geral, foram para mim motivos de uma contemplação maravilhada...*

Periquito – simples – Use um triângulo retângulo isósceles.

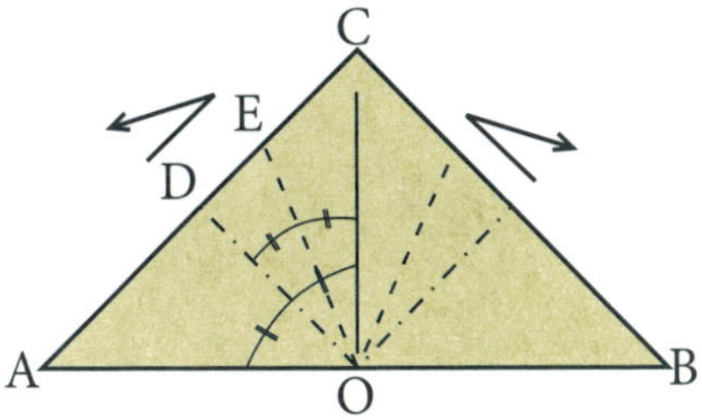

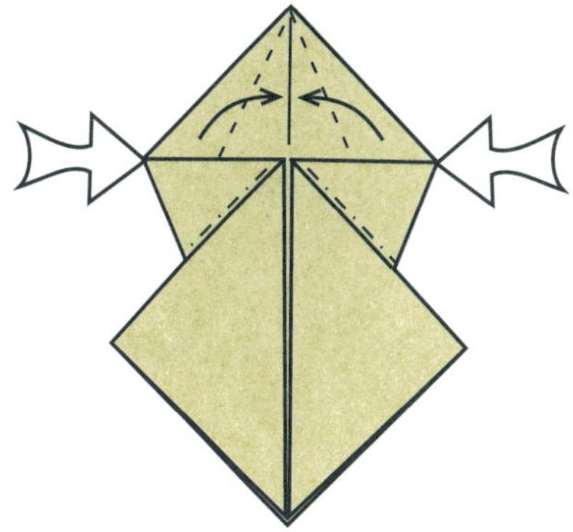

1. Faça duas pregas, uma de cada vez. $\overrightarrow{OD}$ é bissetriz de AÔC e $\overrightarrow{OE}$ é bissetriz de DÔC. O mesmo acontece no lado direito.

2. Dobre para o canto inferior.

3. Veja o desenho ampliado. Dobre nas bissetrizes e aperte os cantos.

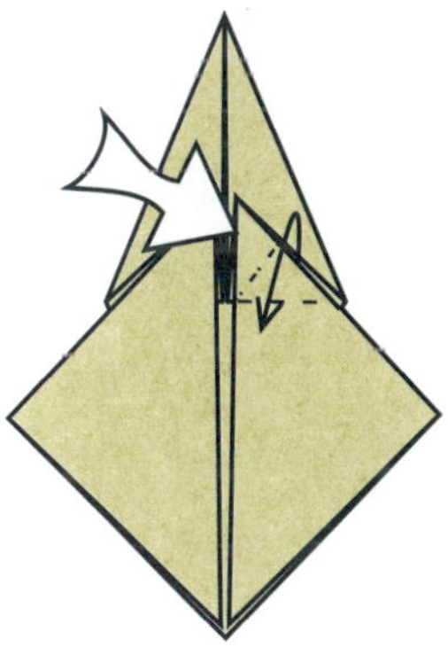

4. Abra e achate.

5. Aplique dobra do tipo pétala.

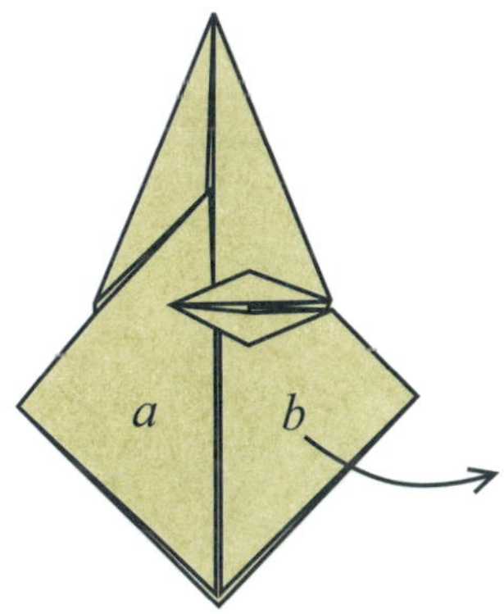

6. Deslize a parte *b* até onde for possível sem desmanchar as dobras anteriores. Em seguida, repita toda a operação no triângulo *a*.

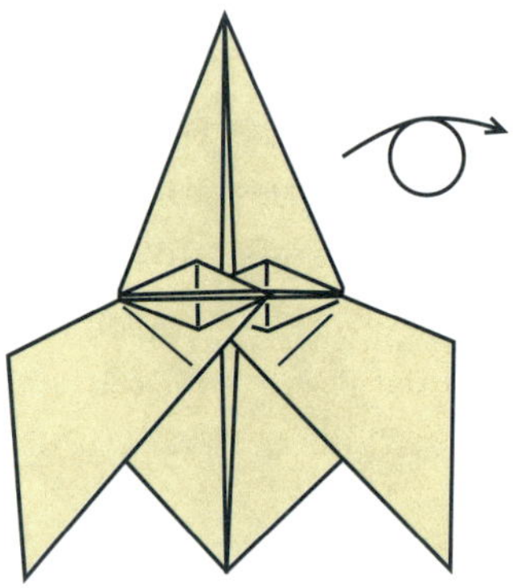

7. Vire o papel.

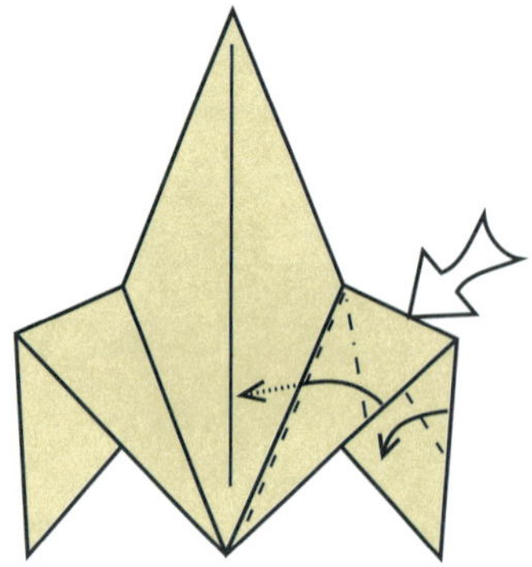

8. Dobre parte do papel para dentro do losango nas indicações.

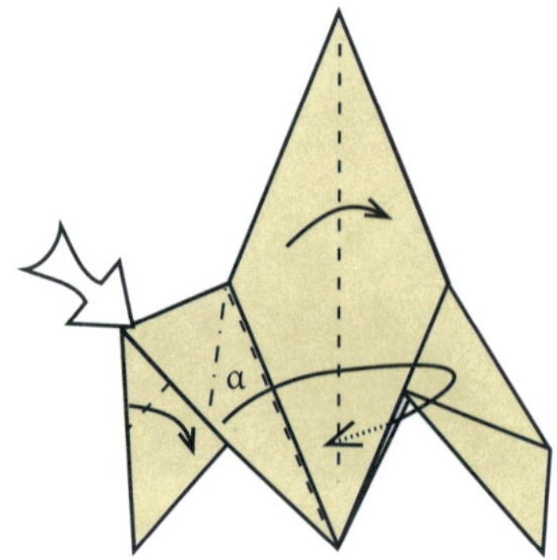

9. Dobre como na fase anterior e introduza o triângulo *a* dentro do losango. Simultaneamente dobre o papel ao meio para a direita.

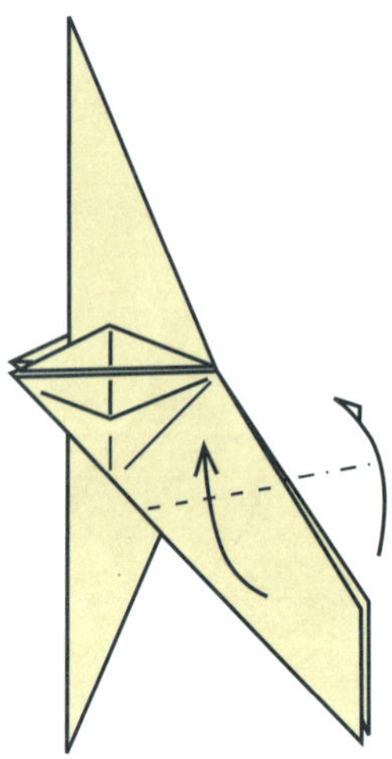

10. Dobre as asas para cima até onde o papel permitir.

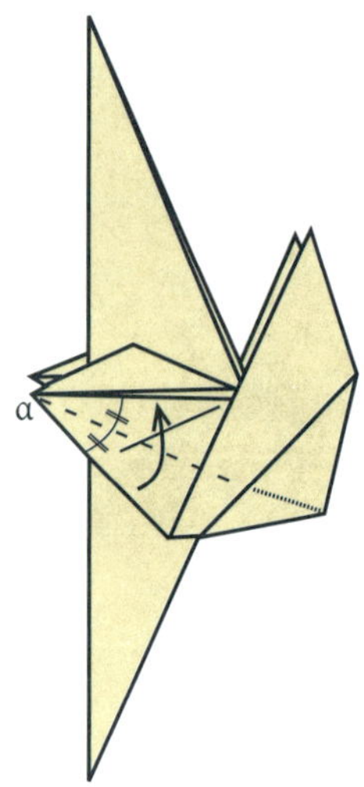

11. Dobre para cima (bissetriz do ângulo α) e repita atrás.

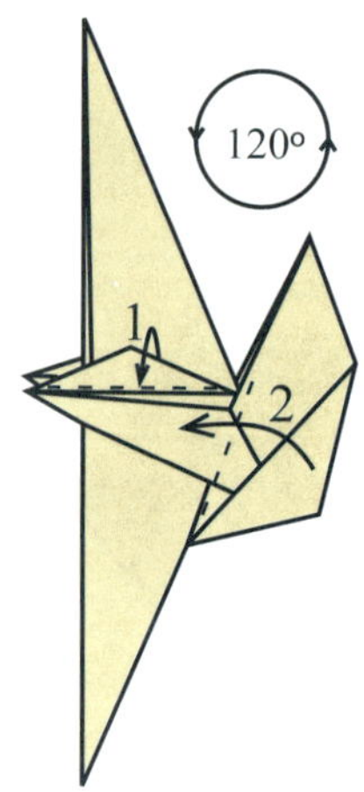

12. Dobre em ordem numérica e repita atrás. Em seguida gire o papel aproximadamente 120°.

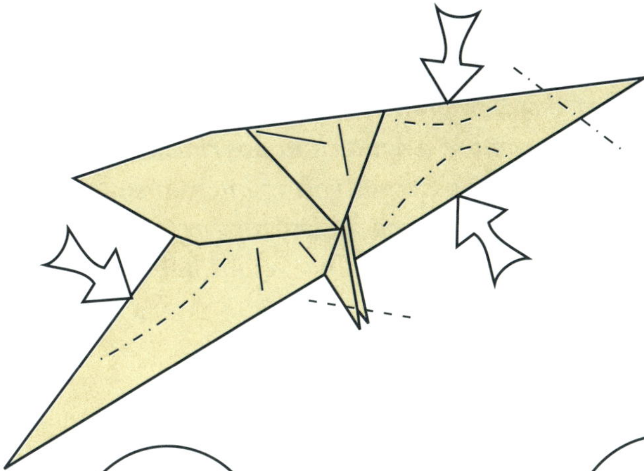

13. A ideia é moldar pescoço e rabo apertando para dar impressão de volume. As pontas dos pés são dobradas por fora e para trás. Dobre por dentro para fazer a cabeça acompanhando a sequência dos detalhes nos círculos.

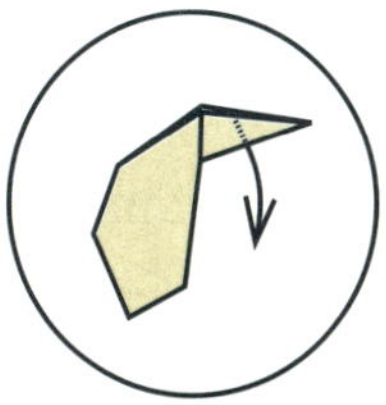

13a. Separe e abaixe a terceira aba.

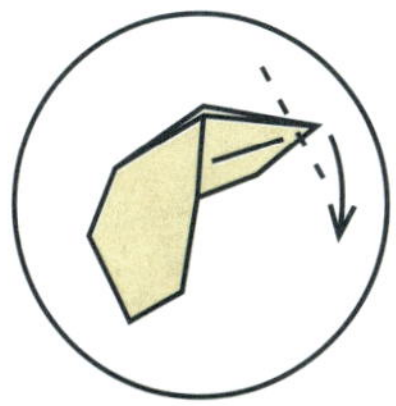

13b. Dobre o bico para baixo for fora.

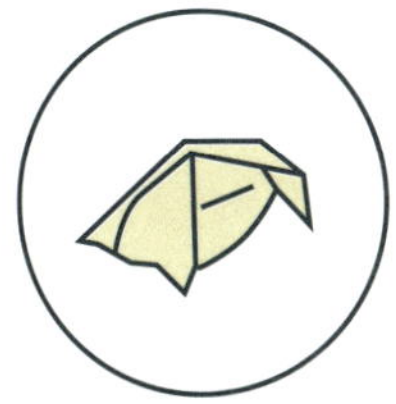

13c. Resultado

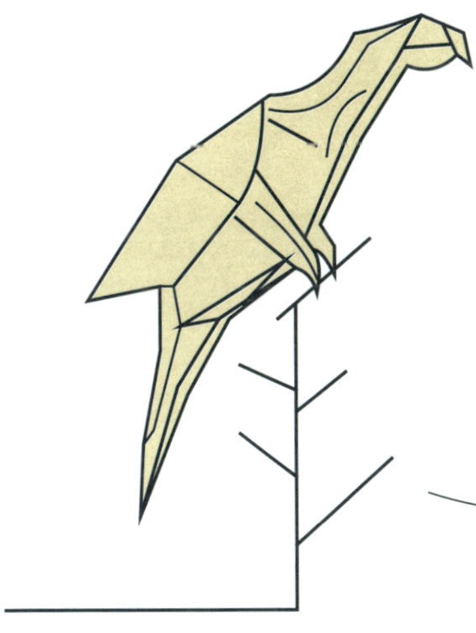

14. Periquito pronto. Um papel adequado poderá potencializar o efeito.

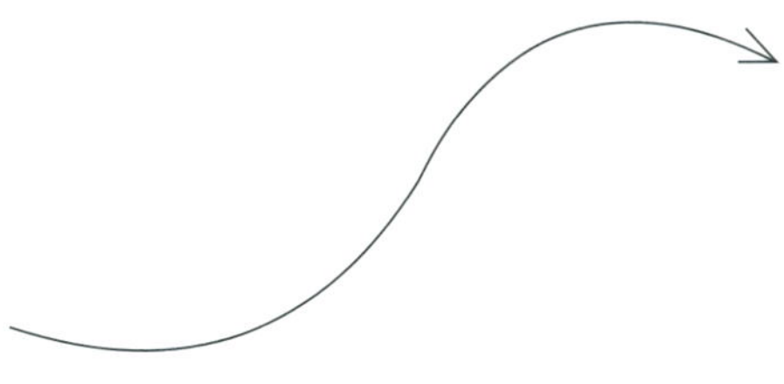

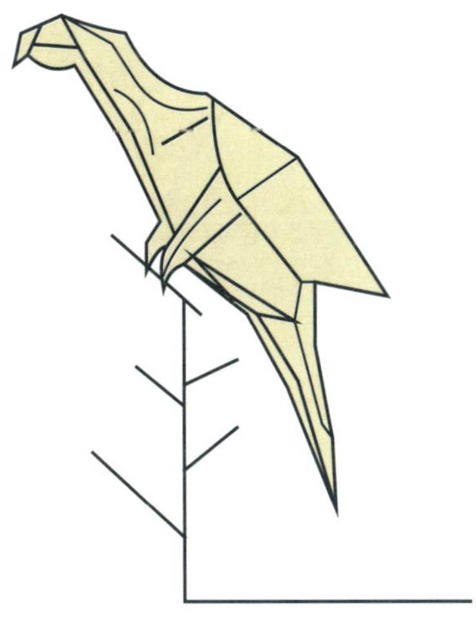

Quando Darwin esteve no Rio de Janeiro, dentre tantas outras observações importantes que fez optei por destacar uma que motiva a próxima peça: "... *Em outra ocasião, tendo partido cedo, andei até a montanha da Gávea, o ar estava deliciosamente fresco e fragrante, e as gotas de orvalho brilhavam ainda sobre as grandes liláceas que cobriam com sua sombra a água clara dos riachos...*" Observando os insetos e pássaros por ali disse ele: "... *Os colibris parecem gostar imensamente destes recantos sombrios e solitários. Sempre que via uma dessas criaturinhas sussurrar em torno de uma flor, escondendo as asas no célere adejar, lembrava-me da mariposa-esfinge, cujos hábitos e movimentos são, em muitos aspectos, realmente semelhantes*".

Beija-flor – simples

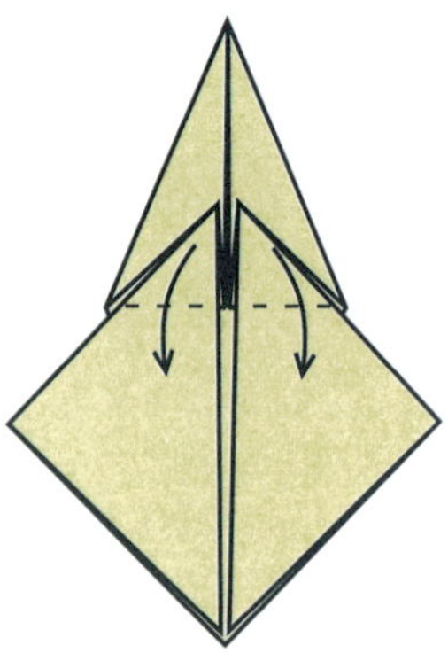

1. Comece pela fase 4 do Periquito e dobre os dois triângulos para baixo.

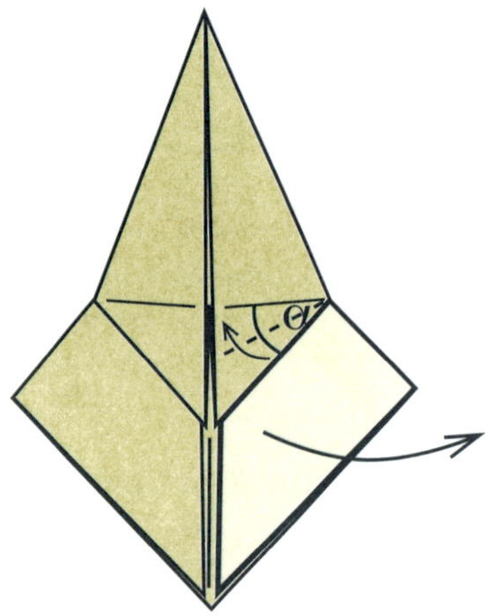

2. Conforme este desenho ampliado, dobre a bissetriz do ângulo α e ao mesmo tempo deslize o quadrilátero sombreado para fora até onde for possível. Repita no lado esquerdo.

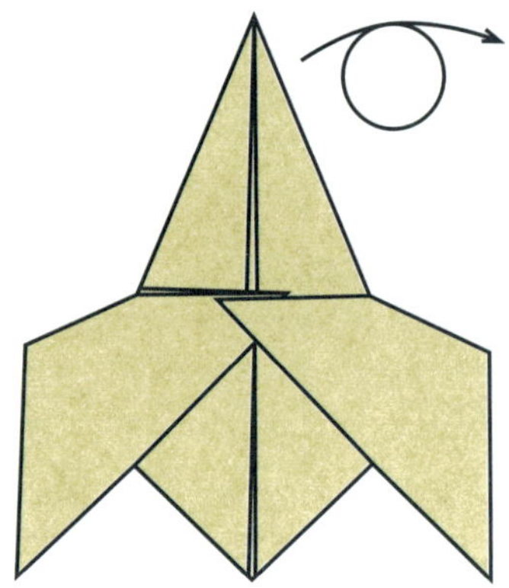

3. Resultado. Vire o papel.

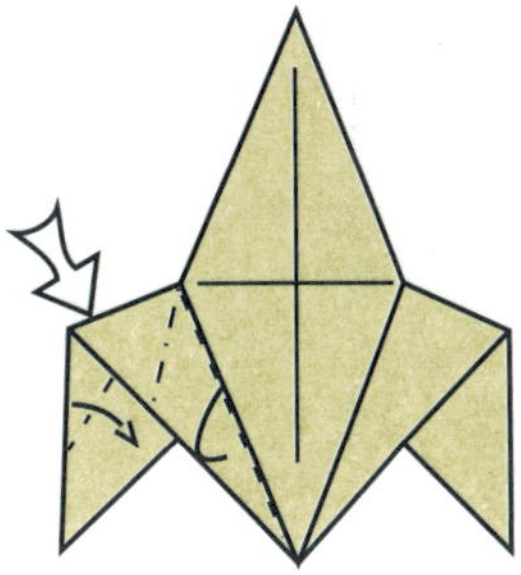

4. Esta fase é idêntica a fase 8 do periquito. Parte do triângulo é introduzida sob o losango.

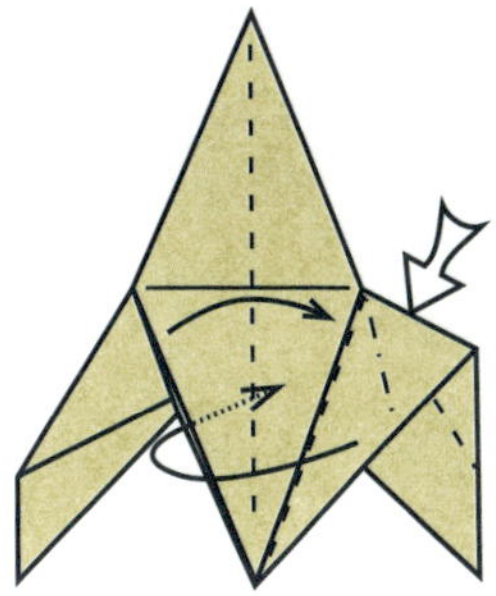

5. Esta fase é idêntica a fase 9 do periquito. Parte do triângulo é introduzida dentro do losango fechando o modelo e prendendo-o na posição.

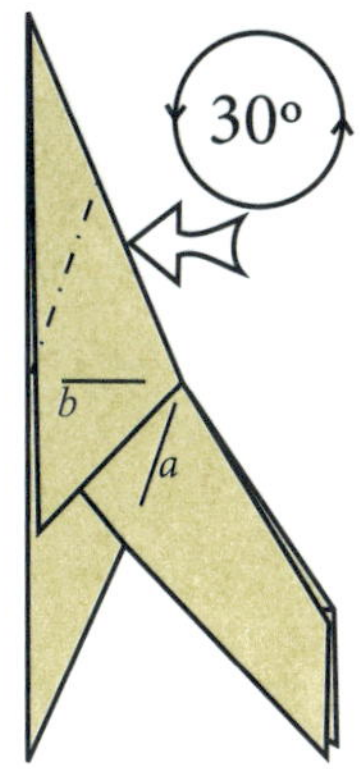

6. Desenho ampliado. Faça uma dobra por dentro quase paralela ao vinco *a* e com extremidade no vinco *b*.

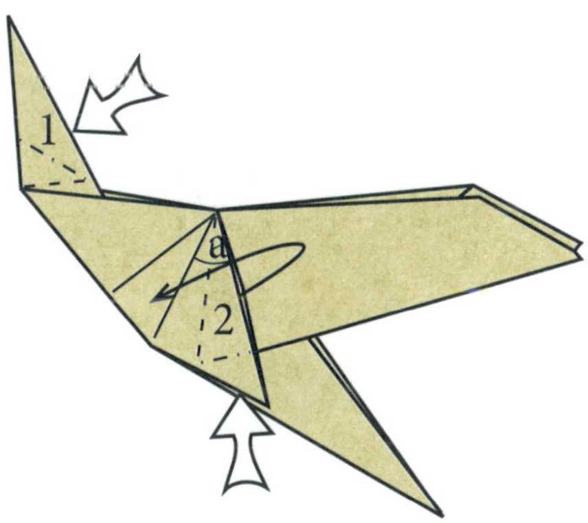

7. 1. Dobre o pescoço por dentro.
   2. Abra e achate (bissetriz de α) para fazer o pé. Repita no outro pé.

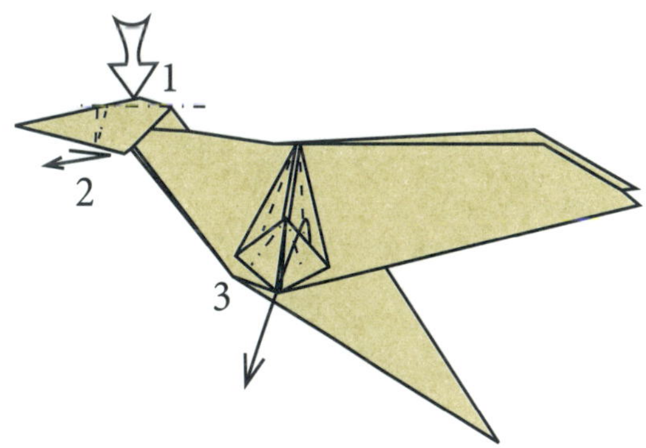

8. 1. Afunde o topo da cabeça.
   2. Faça uma prega interna para o bico.
   3. Dobra pétala.

9. Desenho ampliado. Dobre o pé para a direita e repita atrás. Nas linhas traço e ponto, curve achatando com cuidado para dar impressão de volume. Por último, ajeite as asas como se estivesse adejando.

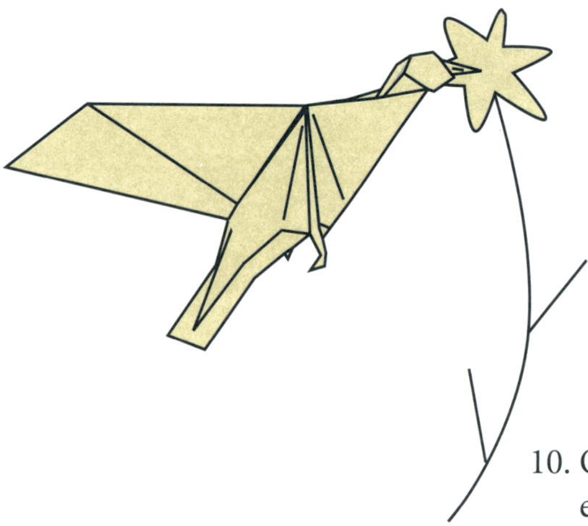

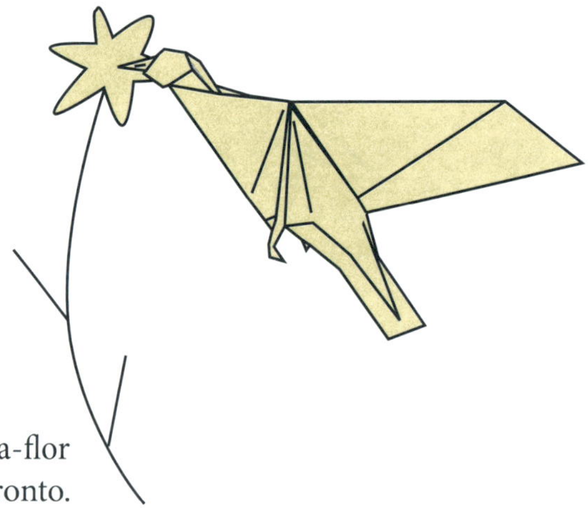

10. O beija-flor está pronto.

...27 de abril de 1834 - Abati, hoje, um condor. De ponta a ponta das asas media 2,5 metros, e 1,2 metro do bico a extremidade da cauda... No seu diário Darwin descreve o condor, mas eu resolvi incluir a receita do urubú porque ambos são da família *Vulturidae.* Sugiro uma visita ao link abaixo para ler *Asas do Passado,* artigo publicado em 2003 na Pesquisa Fapesp:
http://revistapesquisa.fapesp.br/?art=2302&bd=1&pg=2&lg=

Urubu - intermediário - Na medida em que aumenta a complexidade, a medida do papel deve ser aumentada.

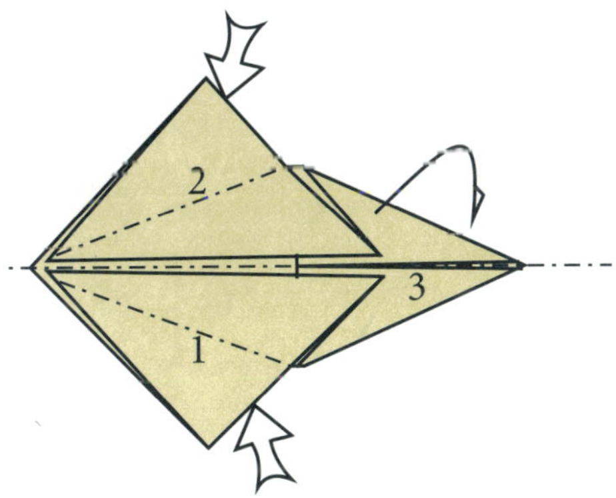

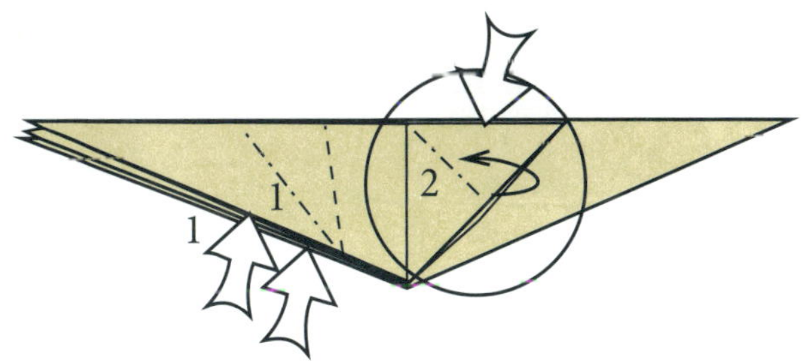

1. Comece pela fase 1 do beija-flor.
   1 e 2. Dobre para dentro.
   3. Dobre para trás.

2. Observe o desenho ampliado.
   1. Abra e achate as asas para cima.
   2. Abra e achate o triângulo.

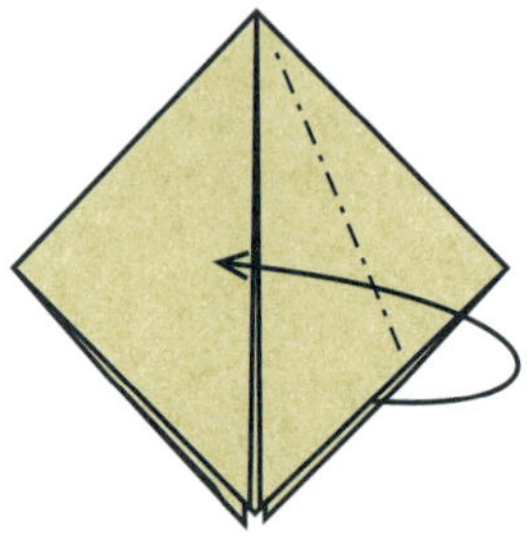

3. Em detalhe está o triângulo da fase anterior. Abra e achate.

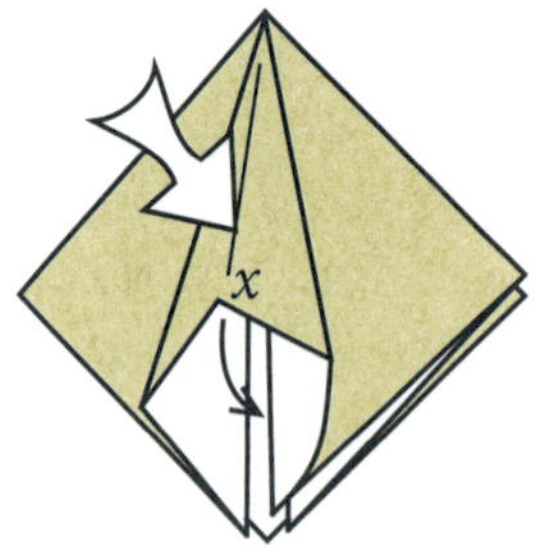

4. Continue achatando.

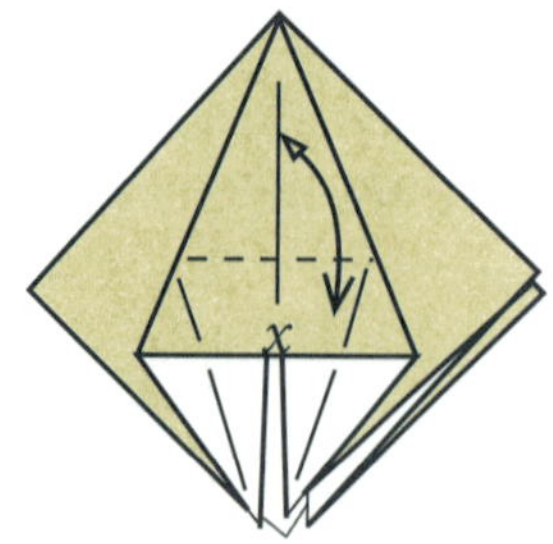

5. Dobre e desdobre.

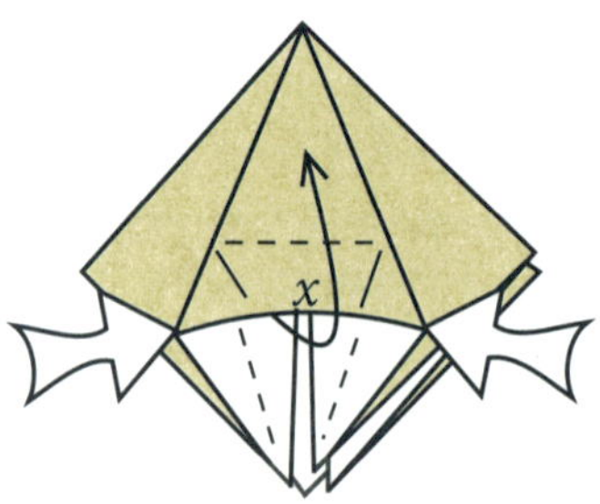

6. Aplique dobra pétala.

7. Continue levando a ponta *x* para cima.

8. Passe a aba para a direita e repita fases 6 a 12 no lado esquerdo colocando o triângulo sombreado para dentro do losango.

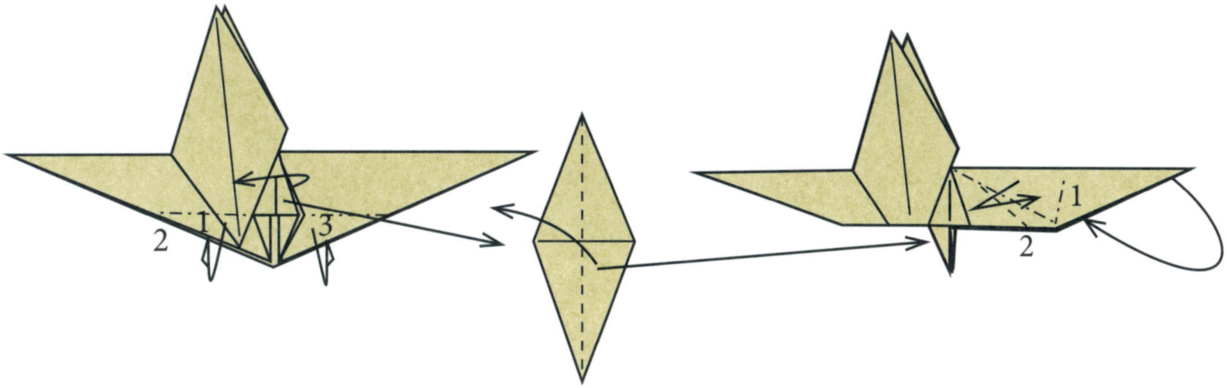

9. Voltamos ao desenho completo. Dobre em ordem numérica.
   1 e 2. Dobre a aba inferior para dentro e repita atrás.
   3. Passe a aba do pé para a esquerda e repita atrás.

9a. Passe o pé para a esquerda. Repita atrás.

10. 1. Dobre a ponta do rabo para dentro.
    2. Faça uma prega na aba dupla.

11. 1.Dobre uma orelha de coelho dupla.
    2. Dobre as pontas dos pés para trás.

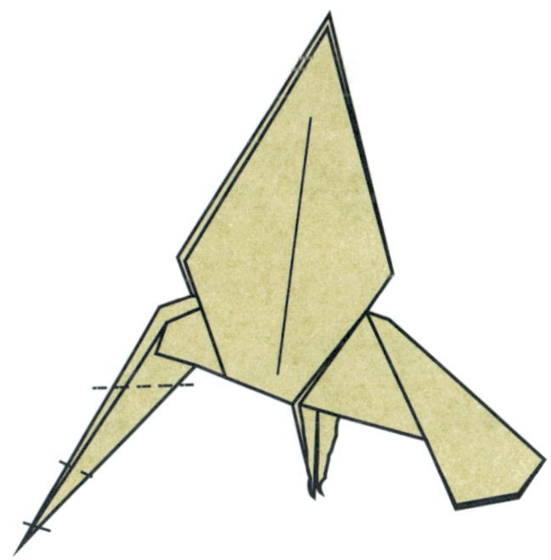

12. São três dobras, alternadamente, para dentro e para fora.

13. Dobre e desdobre na parte superior das asas.

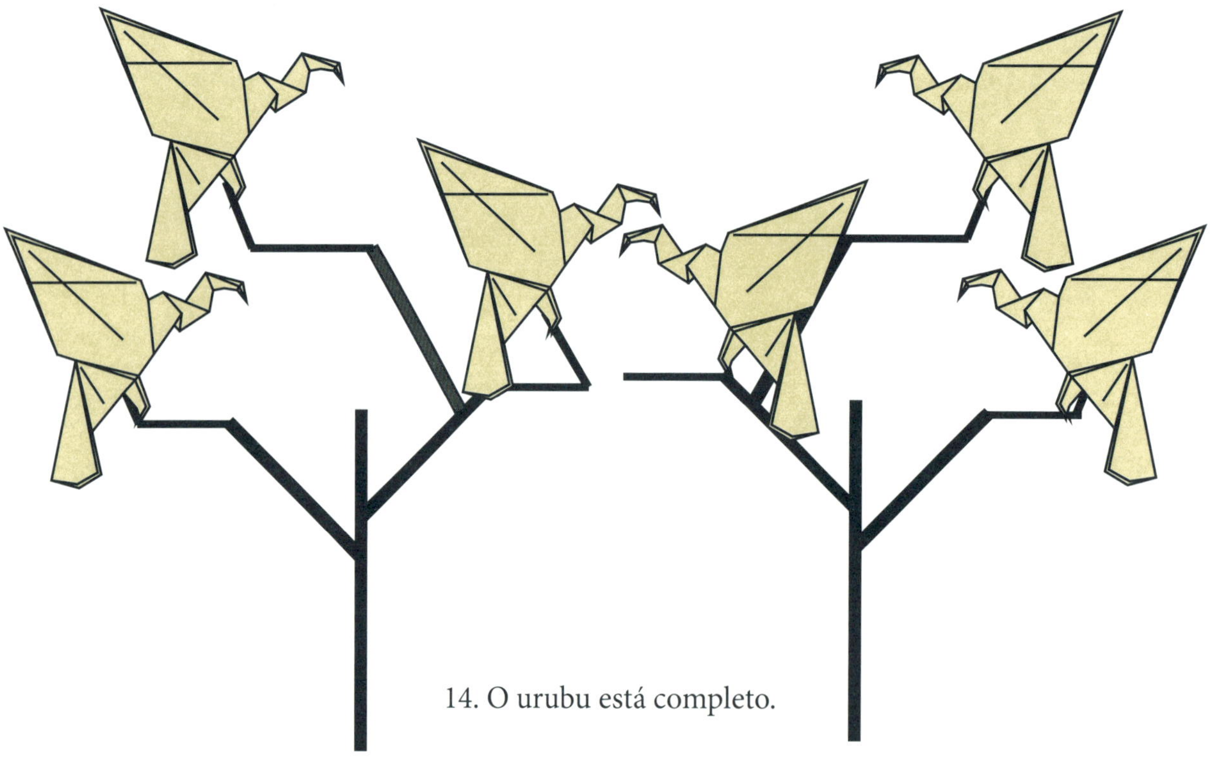

14. O urubu está completo.

A ema proporcionou a Darwin uma das reflexões que o levaria a teoria da evolução das espécies. Diz ele no seu diário: "*Quando estávamos em Porto Desire, na Patagônia (latitude 48º) Mr. Martens matou um avestruz. Examinei a ave, mas, esquecendo-me no momento, completamente e de maneira inexplicável, de todo o assunto a respeito dos Petises (emas), julguei que se tratasse de um exemplar da espécie comum, que ainda não tivesse atingido o crescimento adulto. Assaram-no e comeram-no, antes que a lembrança me tivesse voltado à memória. Por felicidade, haviam conservado a cabeça, o pescoço, as pernas, as penas maiores e partes da pele. Com isto, foi reconstituído um espécime quase perfeito, que atualmente se vê no Museu da Sociedade Zoológica. Ao descrever esta nova espécie, Mr. Gould conferiu-me a honra de dar-lhe o meu nome*".

Ema – intermediário

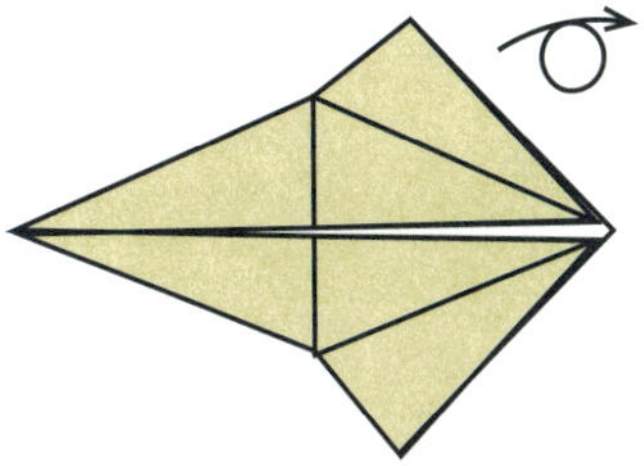

1. Use papel com 21 cm de lado. Comece pela fase 9 da página 20 mas não repita atrás. Em seguida, vire o papel.

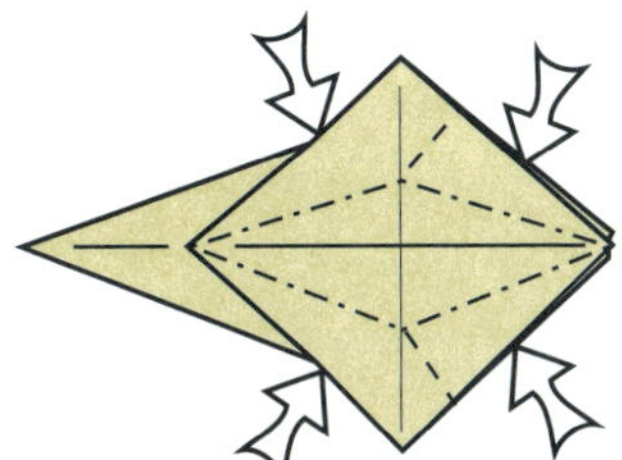

2. Dobre para dentro.

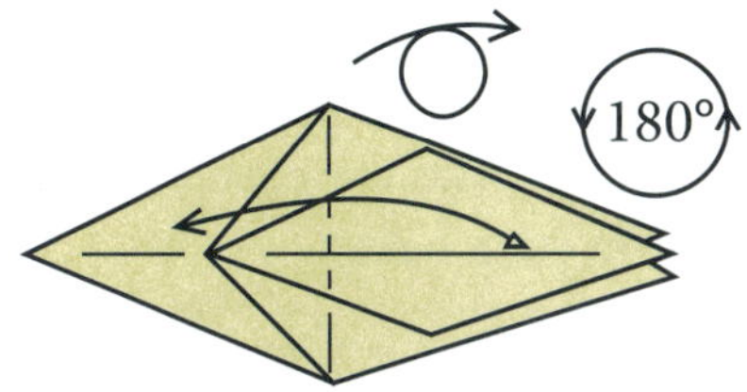

3. Dobre só uma ponta para a esquerda e vire. Gire o papel a 180º.

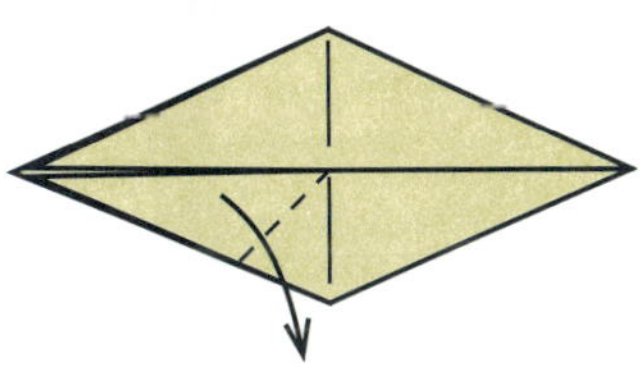

4. Dobre uma ponta para baixo. Veja como fazer na próxima fase.

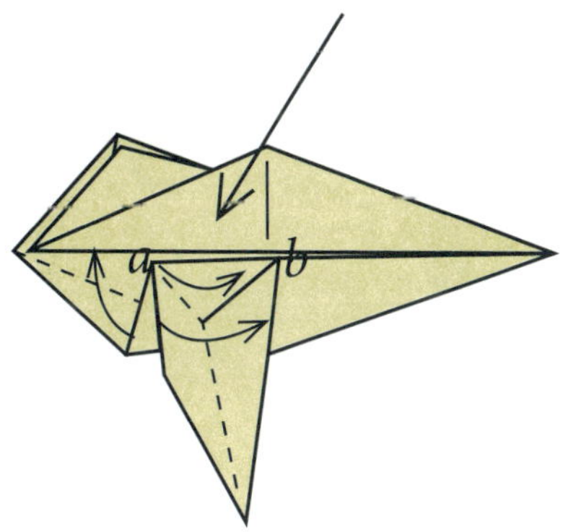

5. Neste desenho ampliado, veja a dobra simultânea. O ponto *a* cai sobre *b*. Repita na ponta de cima.

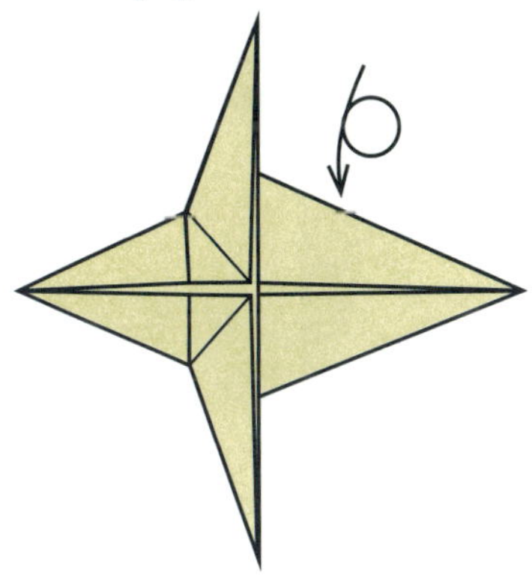

6. Vire invertendo a posição do papel.

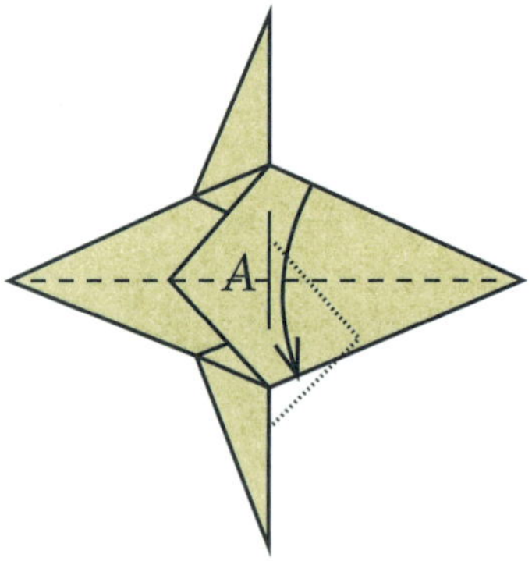

7. Se o triângulo *A* estiver no lado direito, passe-o para a esquerda antes de efetuar a dobra para baixo.

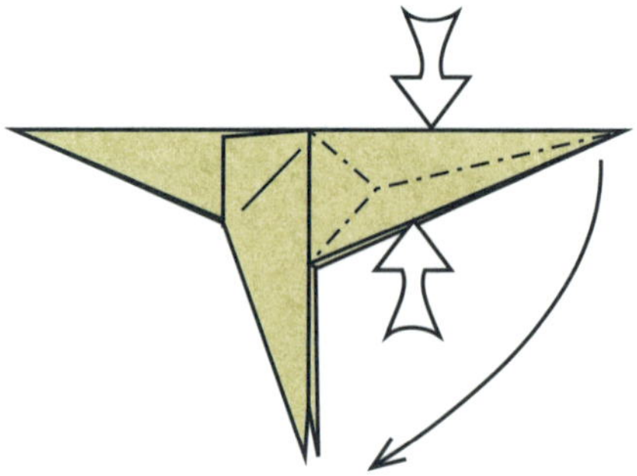

8. Desenho ampliado. Dupla orelha de coelho.

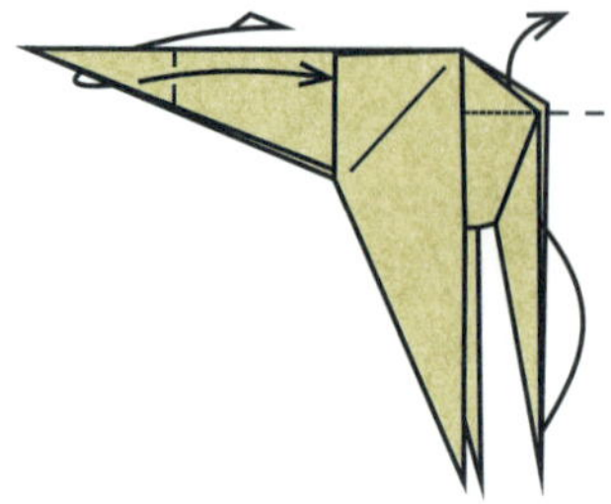

9. Dobre por dentro e para cima.

10. Plisse o rabo e faça uma dobra por dentro e outra por fora para fazer cabeça e bico.

11. Afine as pernas aplicando orelha de coelho.

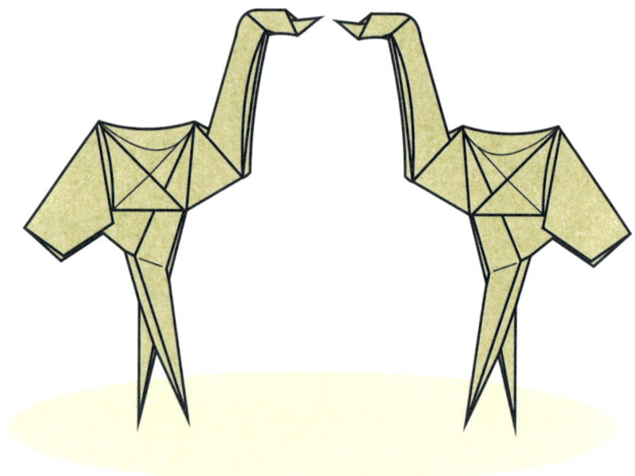

12. A ema empalhada.

Lírio

Pétalas

Antúrio

Tulipa 1

Tulipa 2

II – Oficina das flores

No Rio de Janeiro Darwin anotou:
"*Todos já ouviram falar da beleza do cenário da baía de Botafogo. A casa em que me achava hospedado estava situada bem abaixo da conhecida montanha do Corcovado... O clima durante os meses de maio e junho, ou do começo do inverno, era delicioso, a temperatura média tomada às nove horas da manhã e da noite, sendo apenas 22°C... Após um dia de calor, era muito agradável sentar-se comodamente no jardim, e ver a tarde ir-se transformando gradualmente em noite*".

Lírio – simples – Use papel com 15 cm de lado e comece pela fase 5 da página 20 (base preliminar).

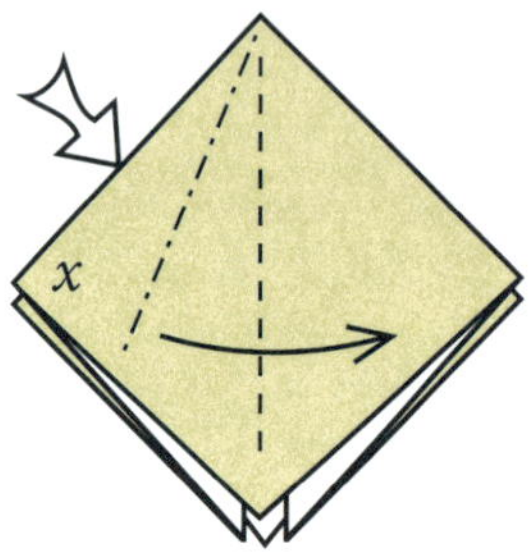

1. Abra e achate. Lembre-se da trajetória do ponto *x*.

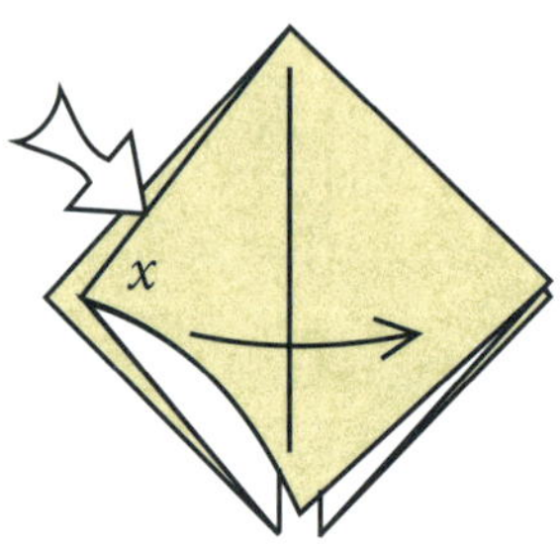

2. Continue achatando.

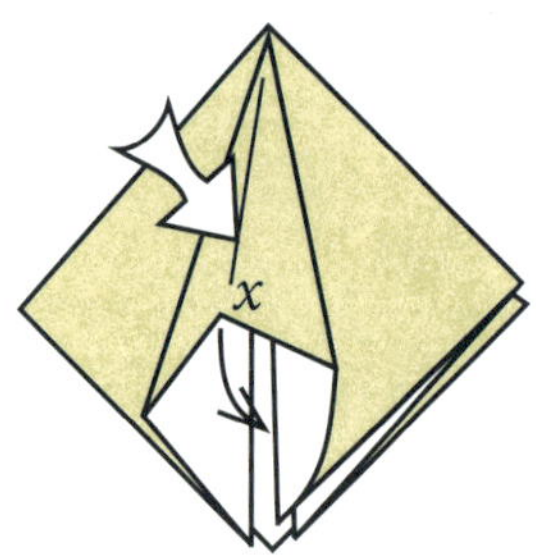

3. Aperte onde está indicado.

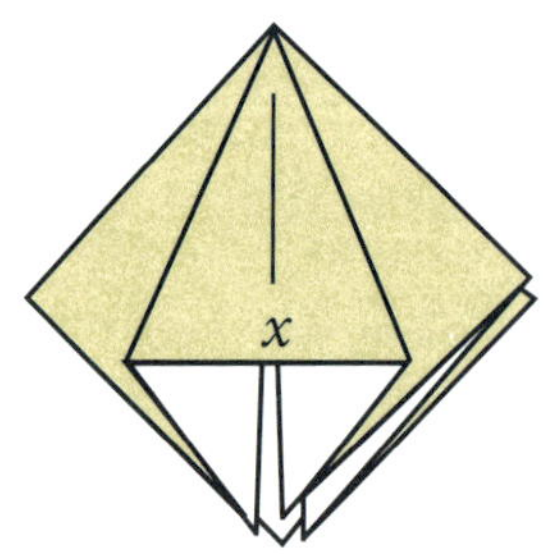

4. Agora que está pronto, confira a posição do ponto *x*.

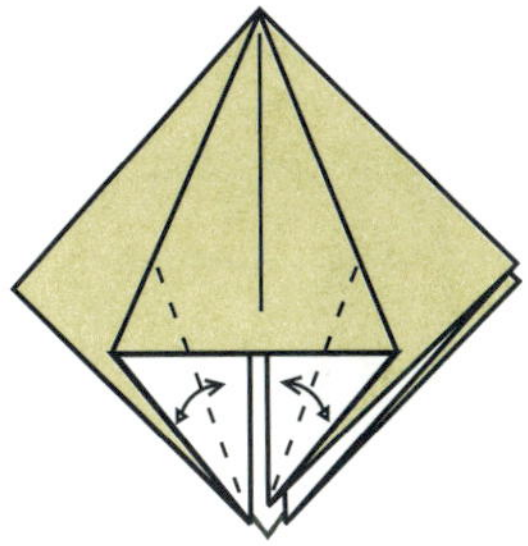

5. Dobre e desdobre nas bissetrizes.

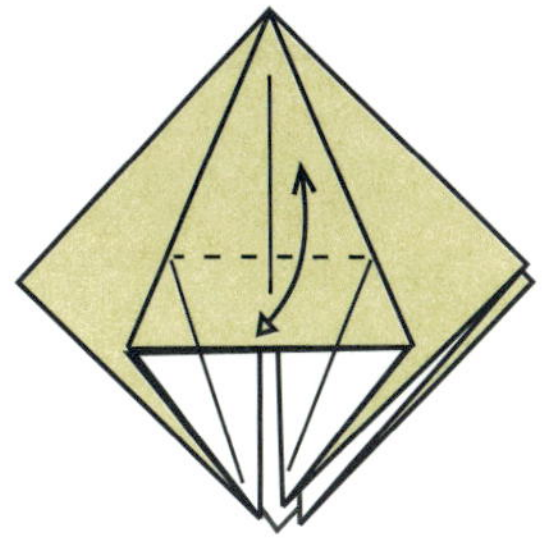

6. Dobre e desdobre a partir das intersecções.

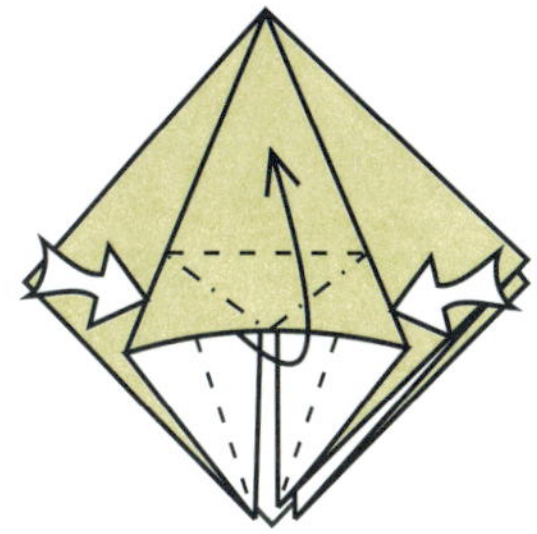

7. Dobre tipo pétala.

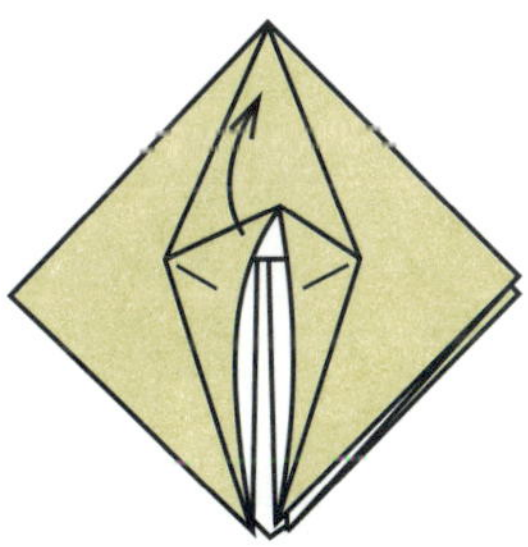

8. Continue levando a ponta para cima.

9. Agora que está pronto, repita nas outras três abas.

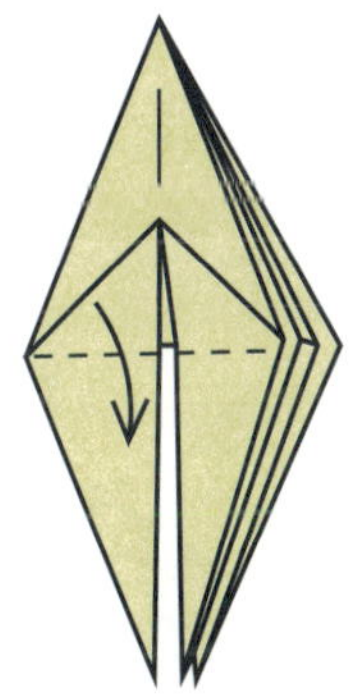

10. Dobre as quatro pontas menores para baixo.

Observe o desenho ampliado.

11. Note que o desenho foi girado 180º. Afine a parte inferior dobrando para trás **todas as bissetrizes**. Em seguida, abra as pétalas, uma por uma e caso queira, curve-as com um lápis.

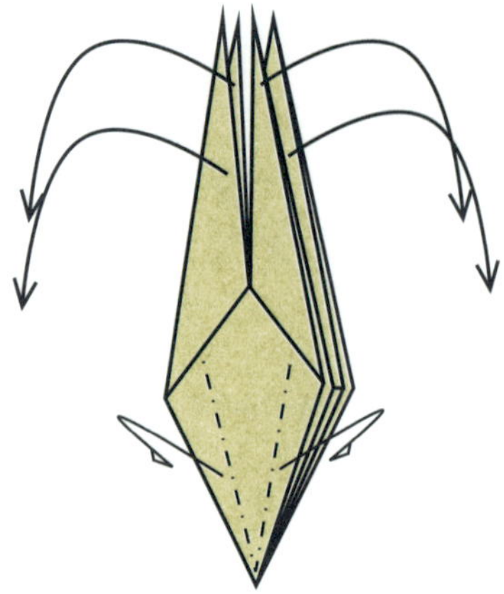

12. O lírio está terminado. Agora adapte cabinhos e coloque-os num vaso.

Flor de lótus – simples – Use papel com 15 cm de lado e comece com a base do pássaro (pétala, p. 20)

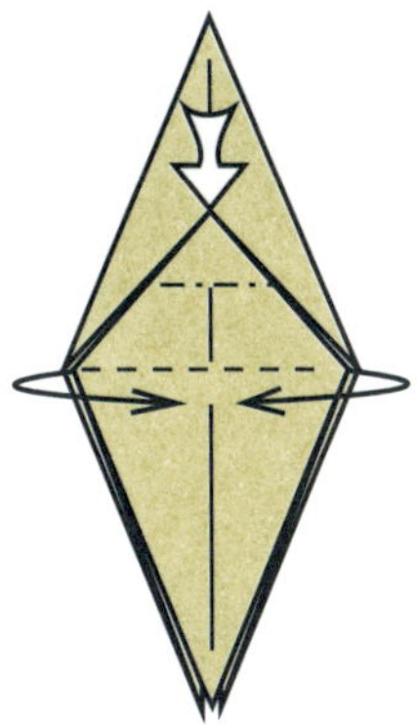

1. Abra e achate.

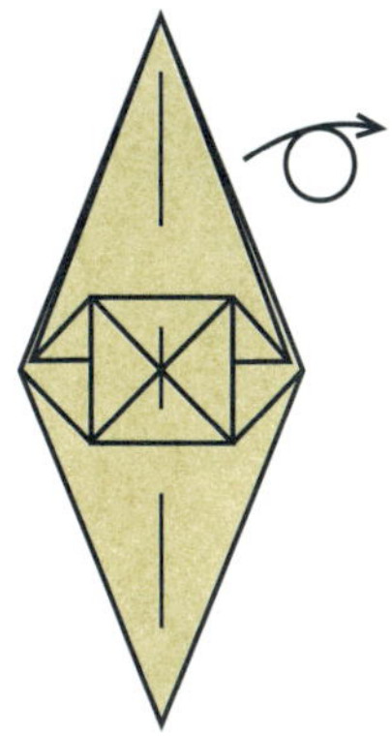

2. Vire

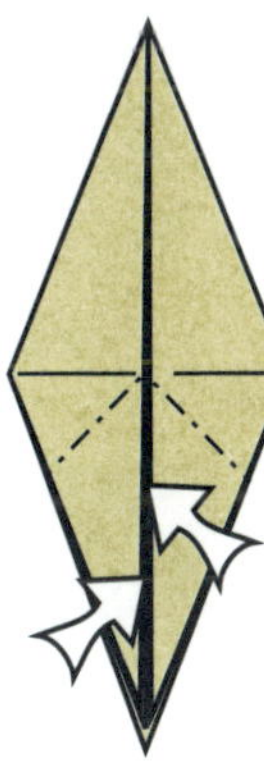

3. Faça dobras
por dentro.

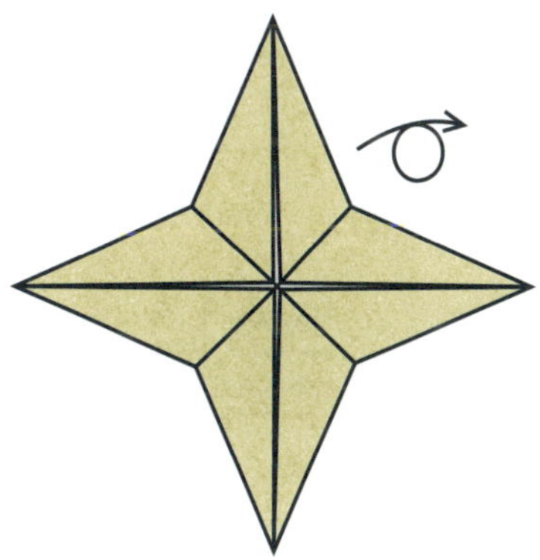

4. Vire

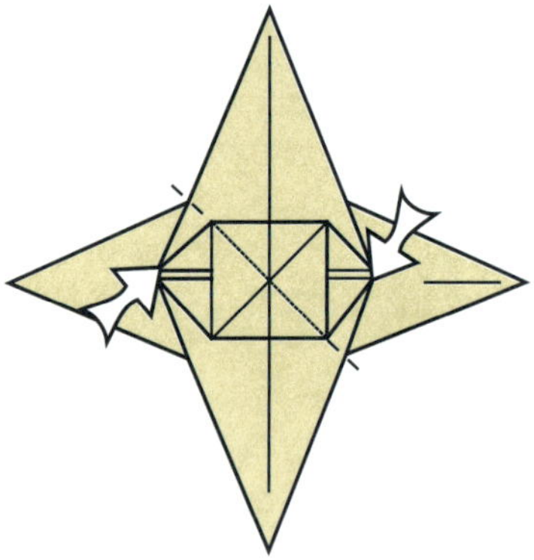

5. Dobras por dentro. Olhe a próxima fase antes de executar.

6. Pronto. Faça quatro ou cinco peças com tamanhos diferentes e junte-as com cola.

6a. Curve as pétalas com um lápis.

7. Selecione um bom papel e faça um arranjo.

Antúrio - intermediário – Usar papéis com tamanhos variados.

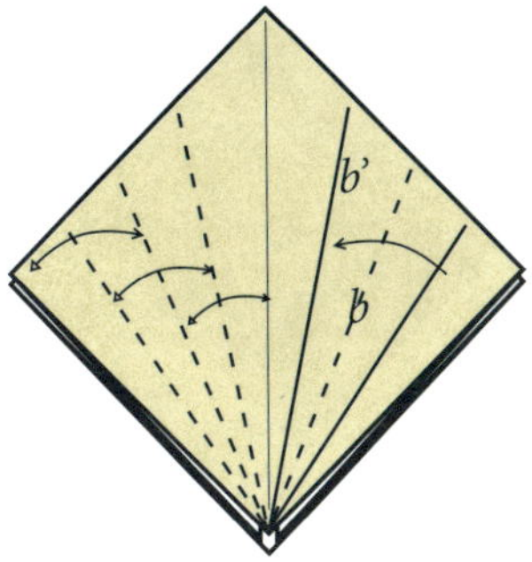

1. A base preliminar tem quatro abas. Dobre e desdobre dividindo os ângulos de 45° em quatro regiões congruentes somente nas duas abas frontais. Veja como proceder nas próximas três fases.

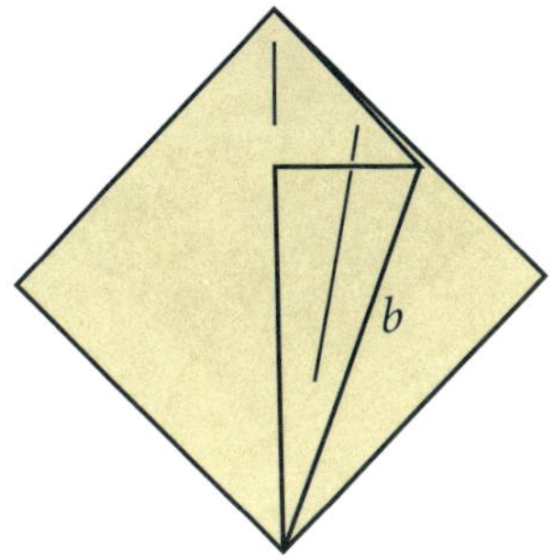

2. A primeira dobra é feita na segunda bissetriz (*b*). Desdobre e dobre como na próxima fase.

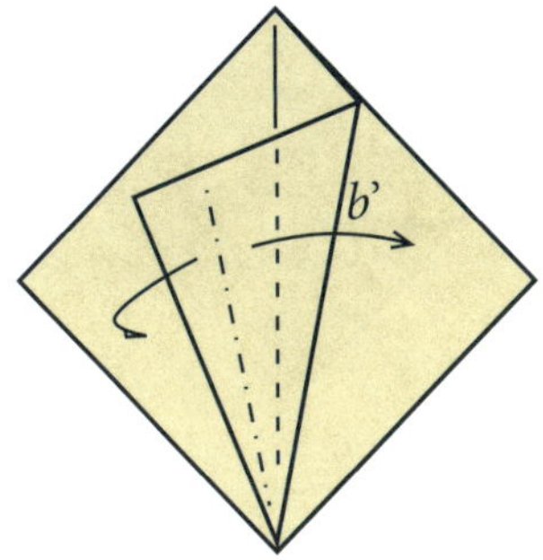

3. A segunda dobra é feita na bissetriz (*b*'). As outras dobras devem ser em leque. Observe a próxima fase.

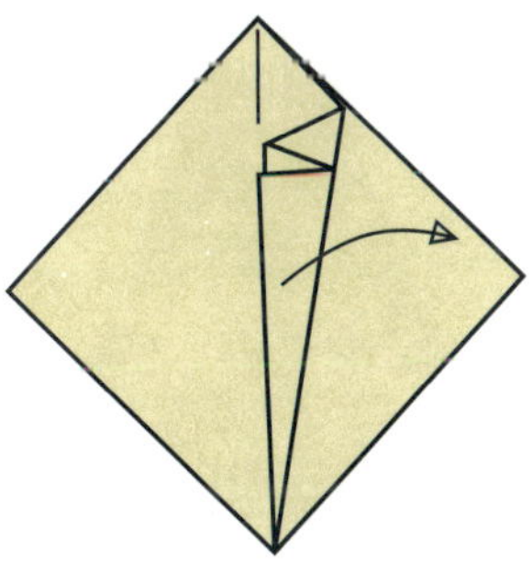

4. Veja como ficaram as dobras. Desdobre toda a aba e repita o procedimento no lado esquerdo.

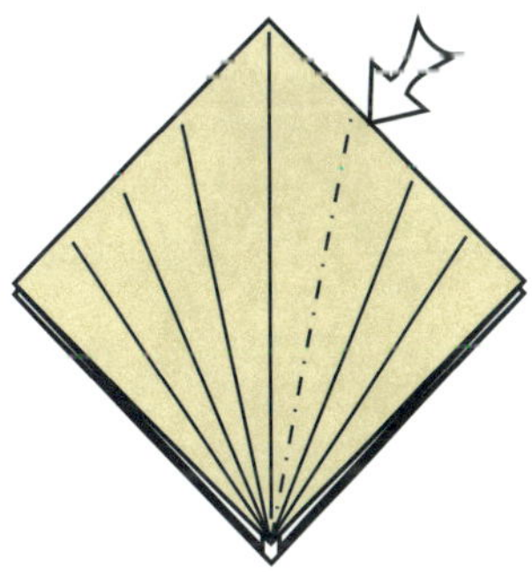

5. Dobre para dentro.

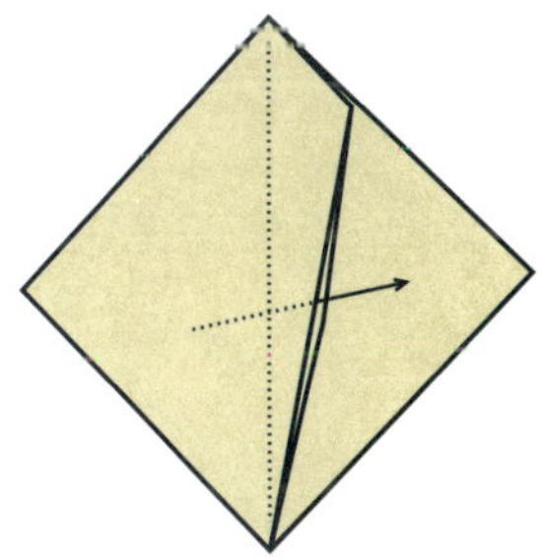

6. Dobre a mesma aba (a parte interna) para fora e pela diagonal.

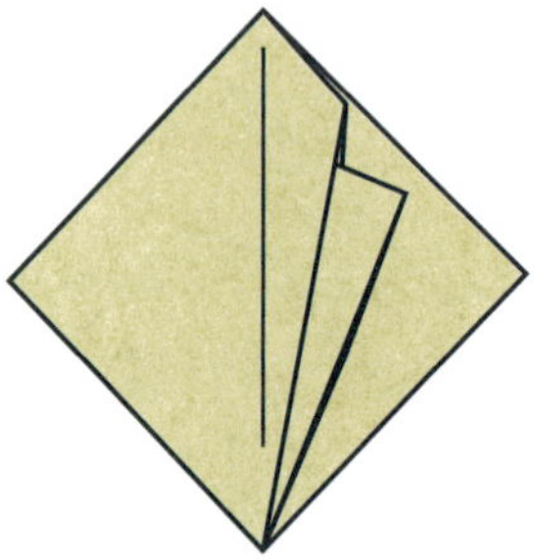

7. Repita no lado esquerdo.

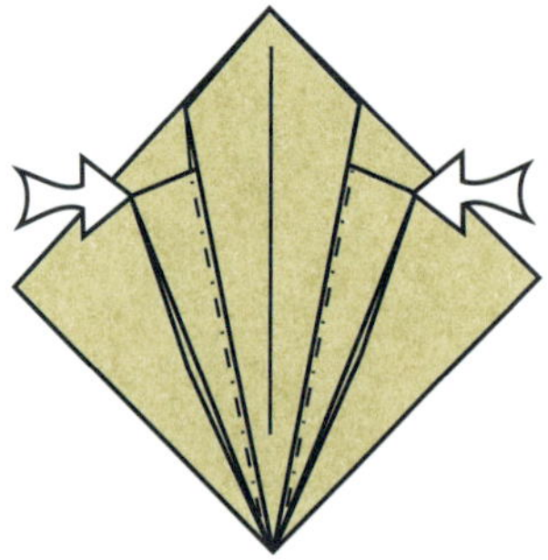

8. Dobre para dentro.

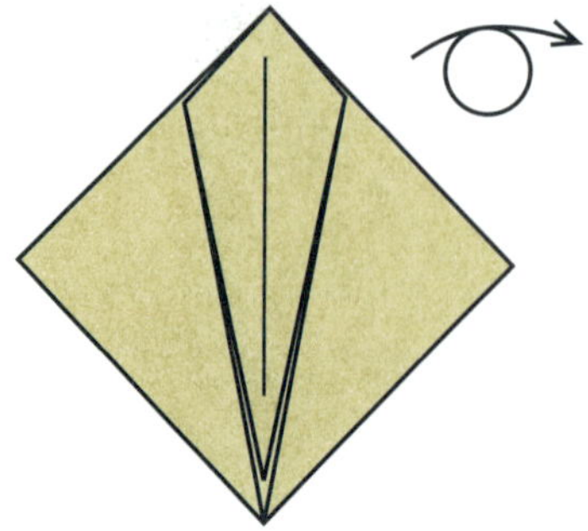

9. Vire o papel.

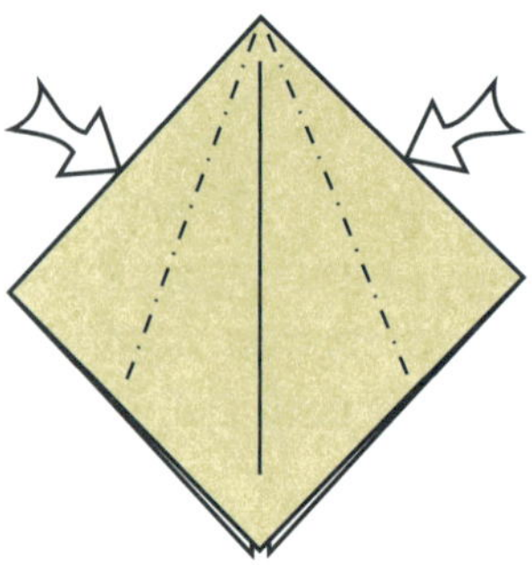

10. Dobre para dentro.

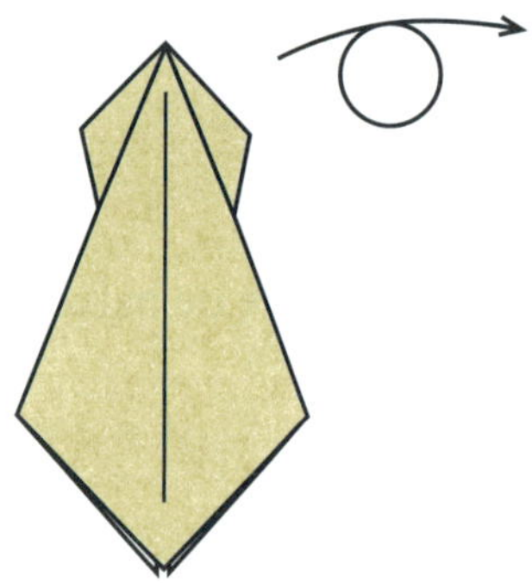

11. Vire o papel.

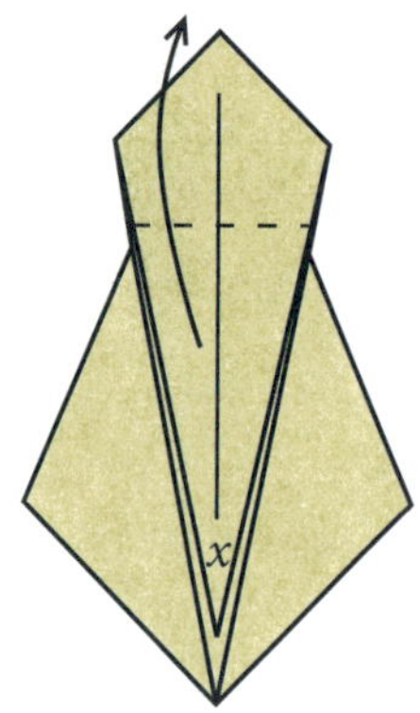

12. Conforme este desenho ampliado, dobre para cima somente a ponta *x*.

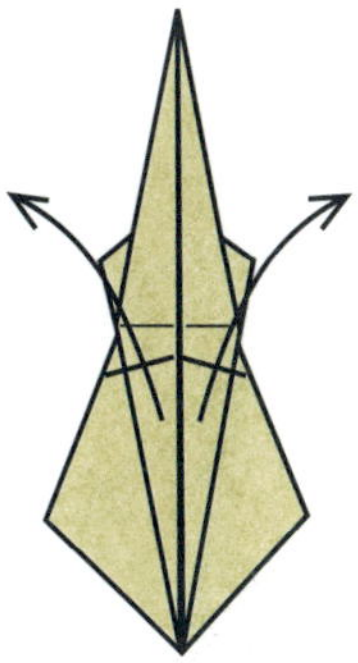

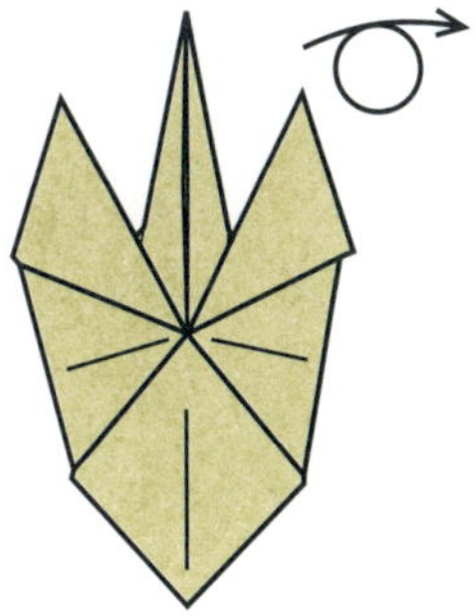

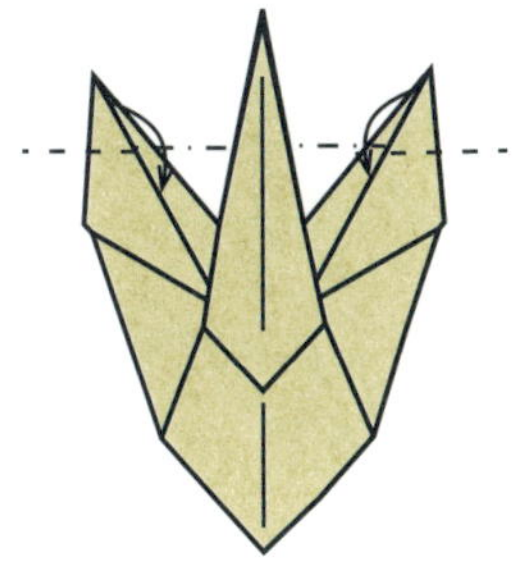

13 e 14. Dobre as pontas, uma para a direita e outra para a esquerda e ambas para cima. Parte do papel irá se abrir quase como um leque. Em seguida, vire o papel.

15. Dobre as pontas para dentro da própria aba. Coloque dois prendedores de roupa para fixar e deixe algum tempo.

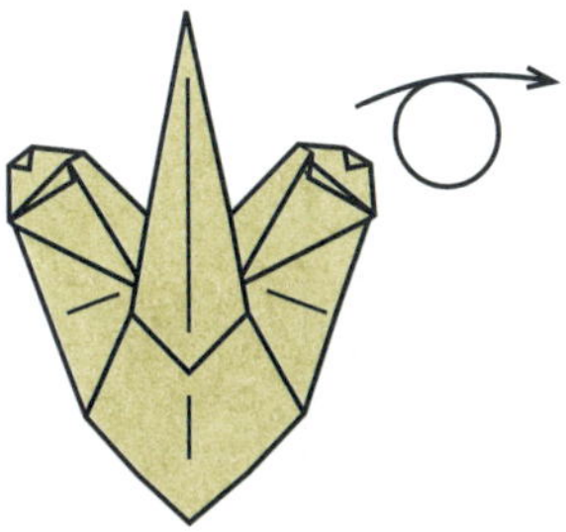

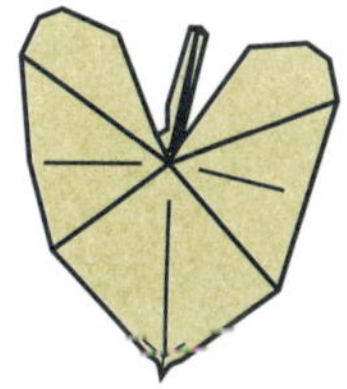

16. Vire o papel.

17. Folha (espata). Afine o cabinho que ficará na parte de baixo.

18. Para obter a flor do antúrio (espádice), repita todas as fases anteriores, mas, ao final, use o cabinho para cima, que será a espiga.

19. Para montar um arranjo, use vime ou qualquer outro material, encaixe na base da flor ou no cabinho da folha e, em seguida, envolva em fita floral.

Tulipa – intermediário - Use papel com 15 cm de lado.

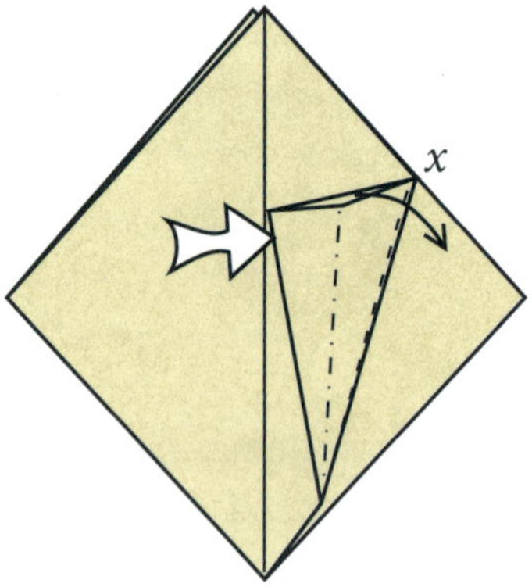

1. Comece pela base preliminar (p. 20). *x* é menos da metade do lado. Em seguida, abra e achate a aba dobrada.

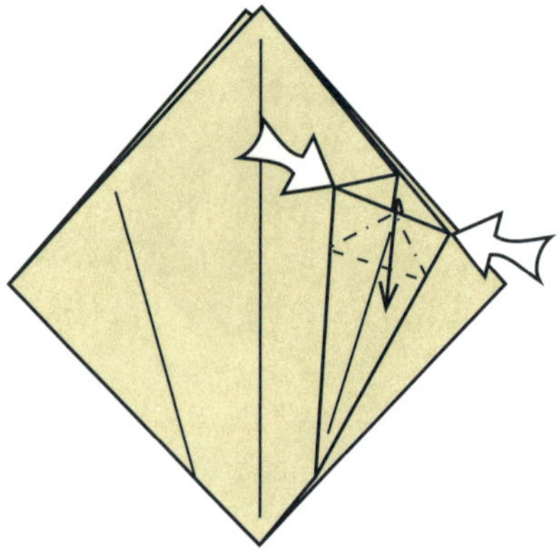

2. Aplique dobra pétala.

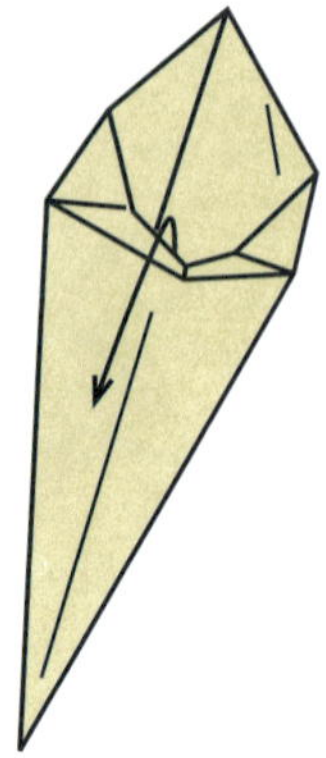

2a. Siga o detalhe ampliado.

2b. Dobre o pequeno triângulo para cima.

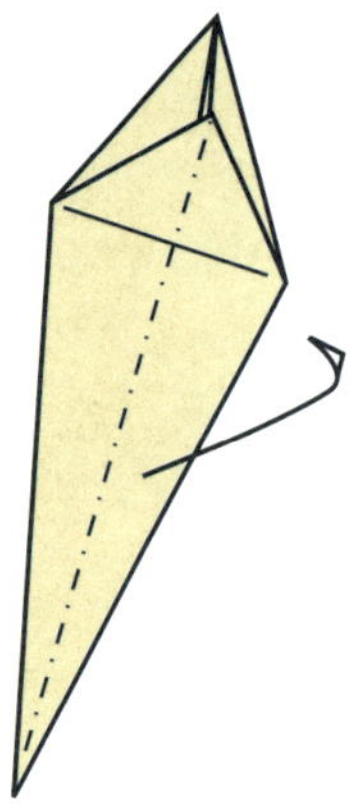

2c. Dobre ao meio para trás.

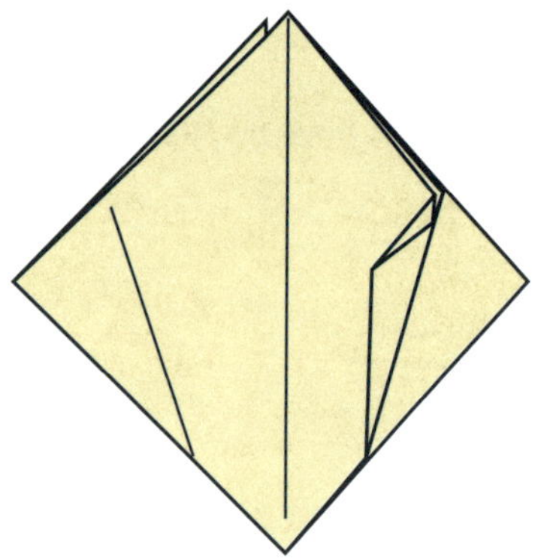

3. Aqui, uma visão geral de como deve ficar. Repita toda a operação nas outras três abas.

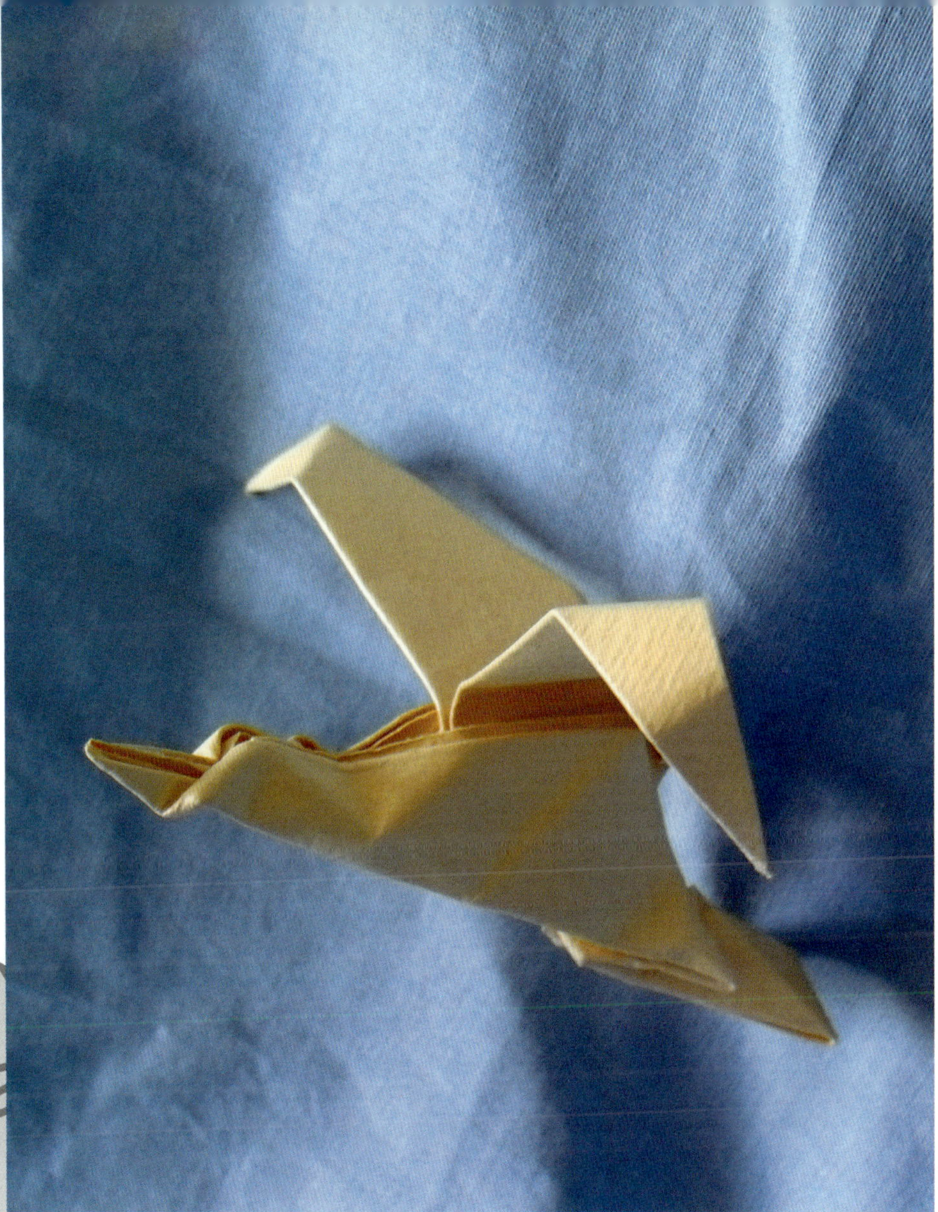

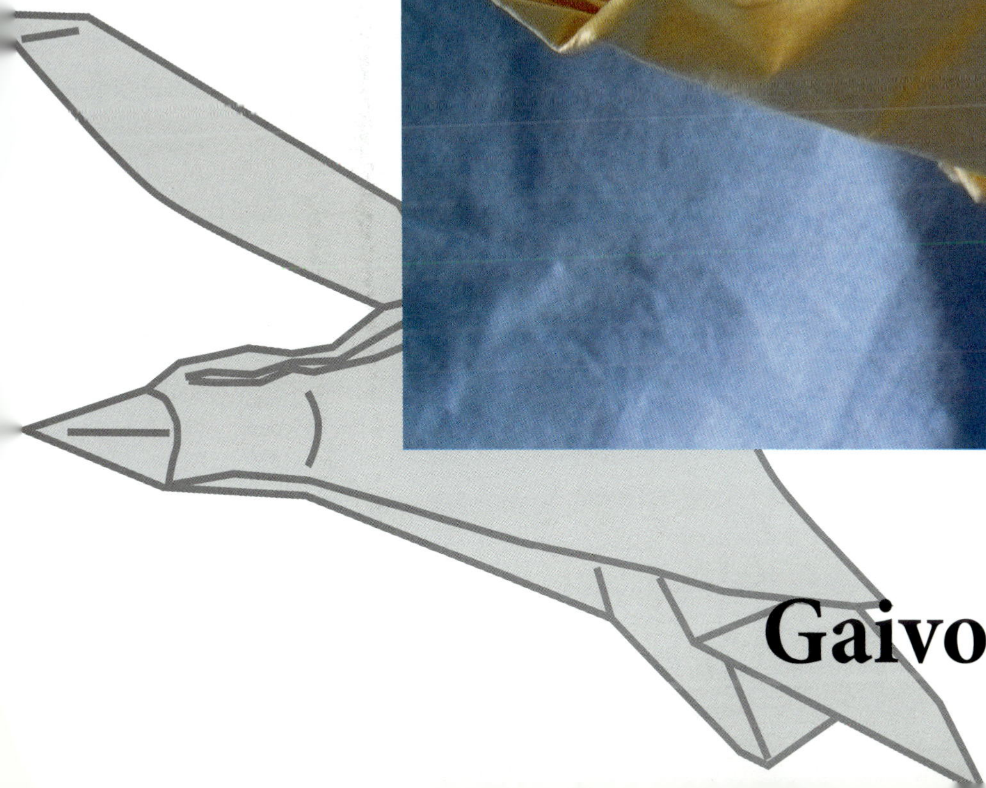

Gaivota – p. 23

Periquito – p. 27

Beija-flor – p. 30

Urubu – p. 33

Ema – p. 37

Lírio – p. 40

Flor de lótus – p. 43

Antúrio – p. 45

Tulipa– p. 48

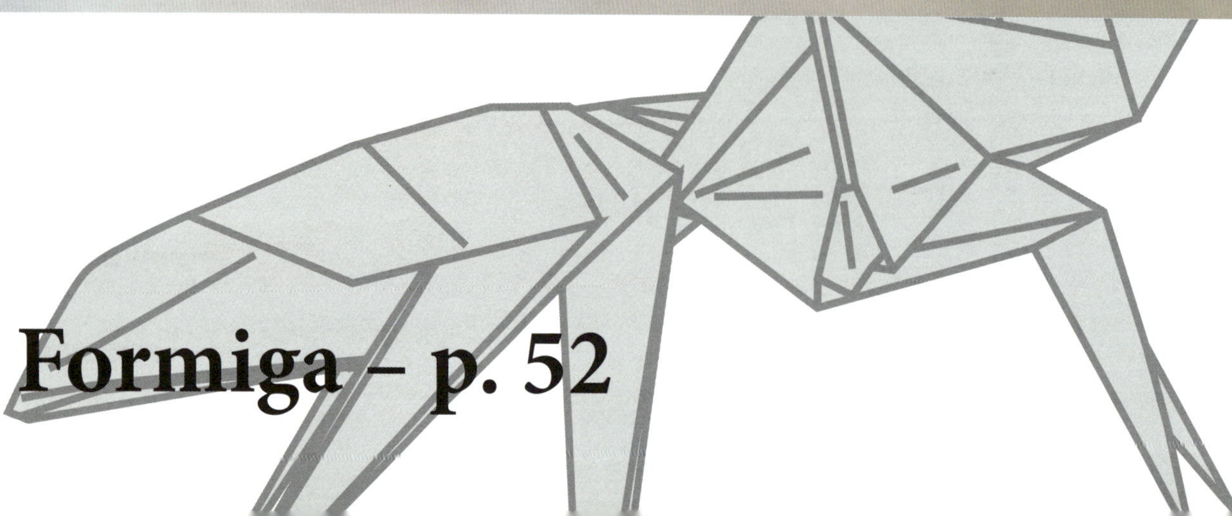

Formiga – p. 52

Mosca – p. 61

Borboleta – p. 65

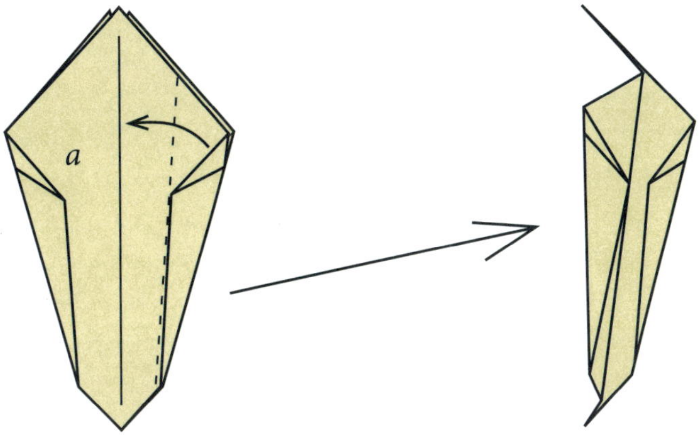

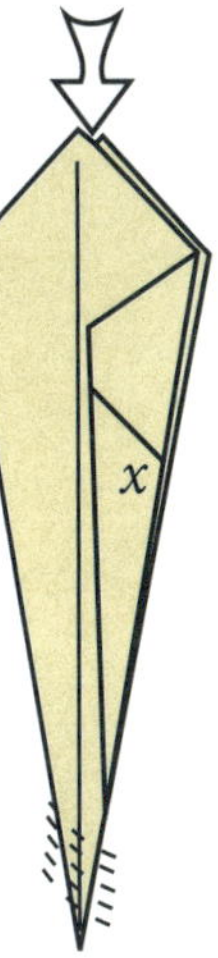

4. Dobre uma aba para a esquerda (veja no detalhe). Passe (*a*) para a direita e repita fase 4. Em seguida, vire o papel e repita nas duas abas restantes simetricamente.

5. Enrole a ponta inferior. Em seguida, abra a flor, pétala por pétala desfazendo as dobras assinaladas (*x*) para manter um desenho externo uniforme.

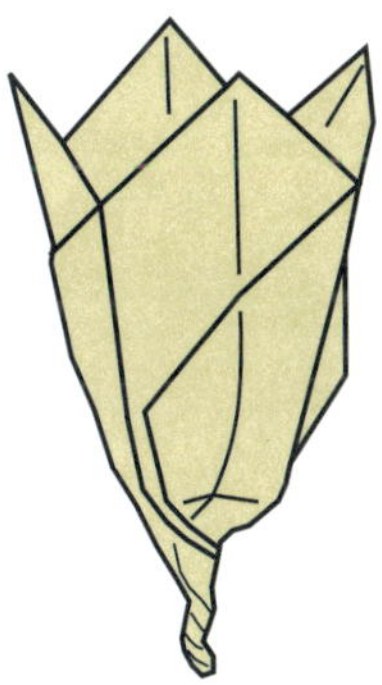

imagem Y

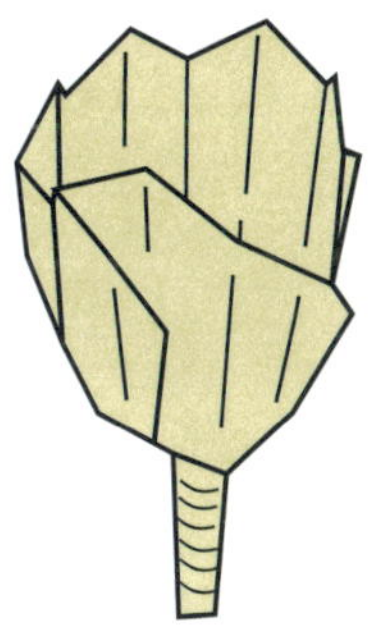

imagem Z

6. Eis a tulipa 1 pronta (imagem Y). A tulipa 2, à direita (imagem Z), foi dobrada a partir de um hexágono regular pelo mesmo método. Para montar a flor use vime como cabinho e passe fita floral.

Formiga

Mosca

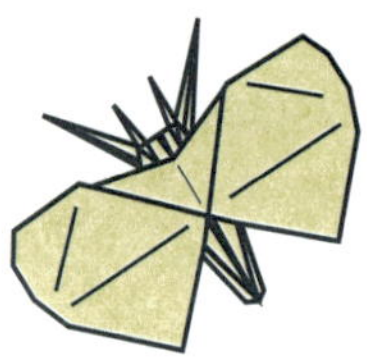

Borboleta

Besouro

III – Oficina dos insetos

Durante sua estada no Brasil, Darwin relata um pequeno episódio sobre formigas: "*Certo dia minha atenção foi atraída por uma corrida de aranhas, aselos e outros insetos, inclusive alguns lagartos, que fugiam em grande agitação através de um pedaço de terra descoberta. A pouca distância atrás, todos os caules e folhas estavam pretos de formiga. A onda, depois de haver atravessado a área nua, dividiu-se e pôs-se a descer por uma velha parede. Em consequência disso, muitos insetos se viram inesperadamente bloqueados, e os esforços desesperados que faziam a fim de se livrarem de morte tão tremenda eram miraculosos. Ao chegarem à estrada, as formigas mudaram de rumo, e novamente subiram a parede. A fim de interceptar a passagem de uma das filas, coloquei-lhe uma pedra no carreiro e, ato contínuo, todo um batalhão de formigas veio atacá-la, retirando-se em seguida. Logo depois, veio novamente carregar sobre a pedra outro destacamento. Mas, como da primeira vez, não tendo conseguido causar nenhuma impressão, as formigas abandonaram inteiramente essa rota, e passaram a costear o obstáculo. Isso certamente seria o que teriam feito, se acaso ali já se achasse a pedra. Atacados, porém, os valentes pequeninos guerreiros zombaram da ideia de ceder à imposição alheia*".

Minha formiga é composta por duas formas básicas clássicas. Para a cabeça utilizei a forma básica do pássaro e para o corpo a forma básica da rã. As duas são ramificações da **base preliminar** e evoluem como mostram as ilustrações abaixo. Experimentem seus próprios métodos para unir as peças.

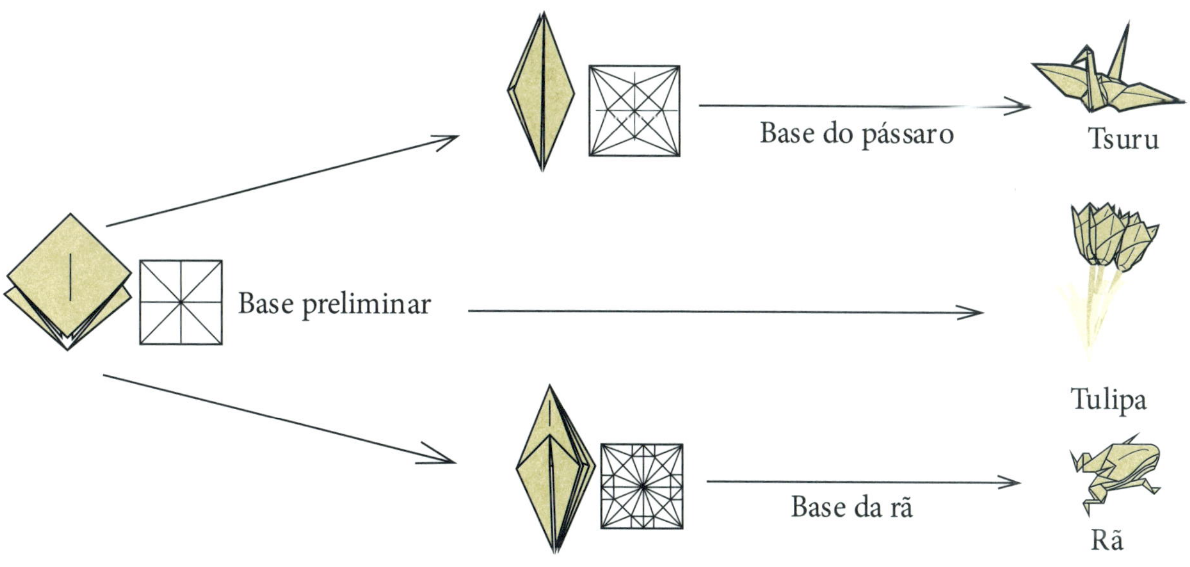

Formiga – complexo

Antes de executar, sugiro fazer uma experiência com uma folha maior de uma sequência muito importante que é parte desta receita (fases 1 a 9). Leia com atenção, depois comece a dobrar e se for necessário repita até adquirir o domínio.

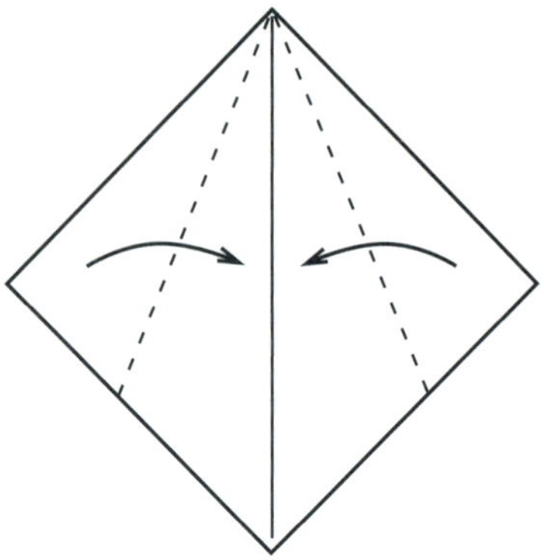

1. Dobre as bissetrizes.

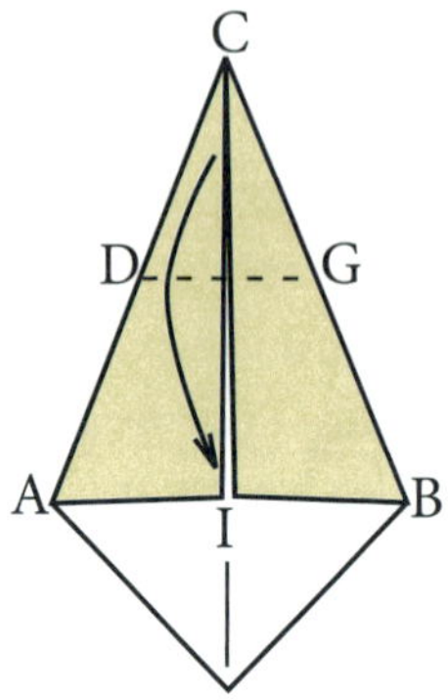

2. Dobre pelo ponto médio de $\overline{CI}$.

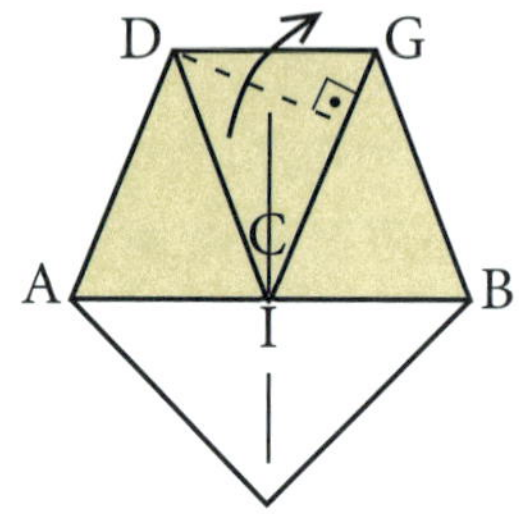

3. Dobre a partir do vértice fazendo ângulo reto com o lado.

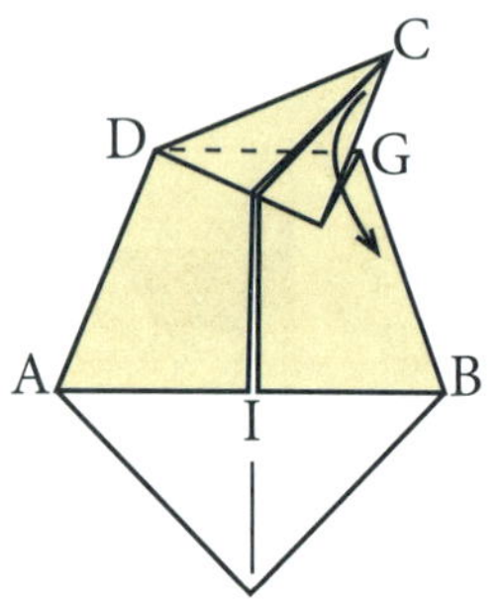

4. Dobre a bissetriz.

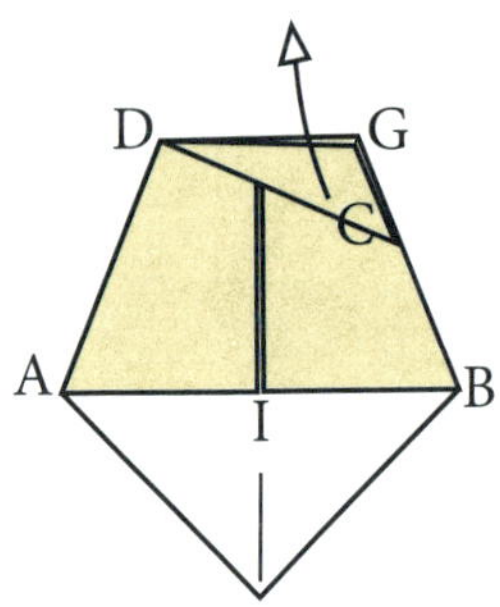

5. Desdobre.

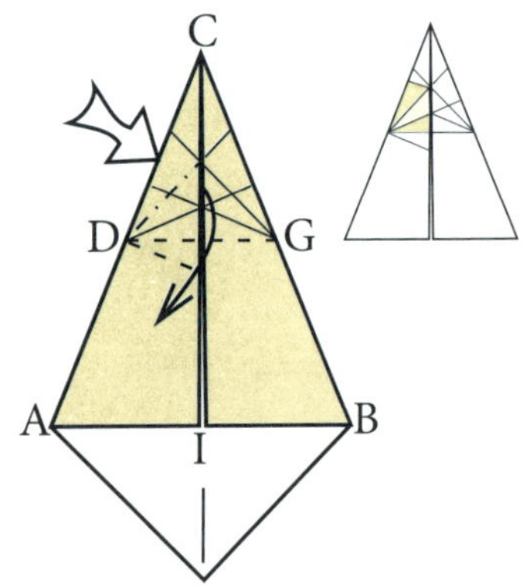

6. O ângulo $C\hat{D}G$ foi dividido em três ângulos congruentes. Seguindo as linhas indicativas, abra e achate.

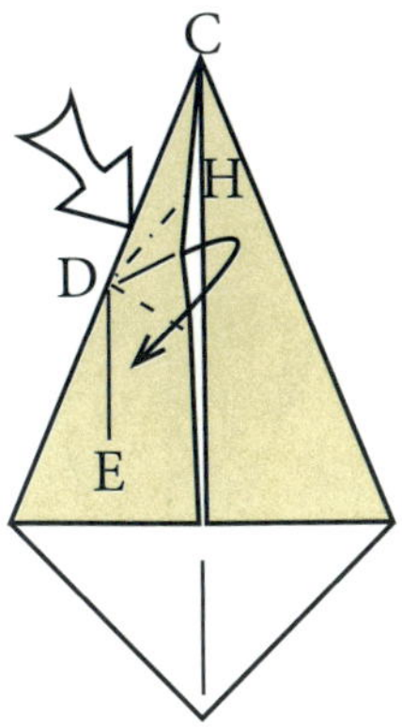

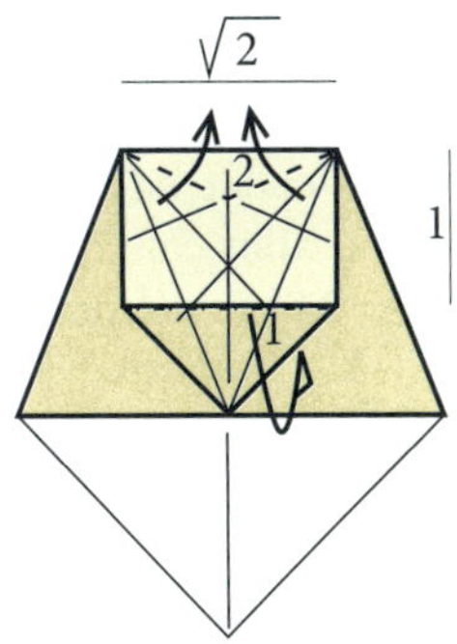

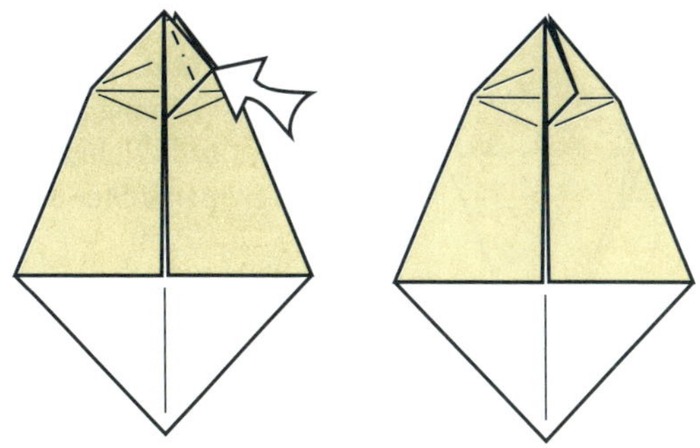

7. Fase anterior em andamento. $\overline{DH}$ cairá sobre $\overline{DE}$. Feito isso, desdobre e repita no lado direito do triângulo e deixe a ponta C abaixada.

8. O resultado é o retângulo sombreado que tem medidas especiais e pertence à família dos papéis A, A1, A2, A3, A4... Razão entre os lados: $\sqrt{2}$
Dobre em ordem numérica.

9. Dobre para dentro. A dobra é bissetriz.

A palavra razão vem do latim *ratio,* que significa divisão. No retângulo, o resultado da divisão do lado maior pelo menor é a razão.

Os ângulos $C\hat{G}D$ e $C\hat{D}G$ foram divididos em três ângulos congruentes.

$$\frac{\overline{DG}}{\overline{GF}} = \sqrt{2}$$

$$\overline{GF} = \overline{GH}$$

Ao dobrar em $\overline{DG}$ para baixo, $\overline{GH}$ cai sobre $\overline{GF}$. O ponto C cai sobre I e depois é dobrado para cima por $\overline{EF}$. EKJD é um quadrado e o arco tem centro em E. A raiz quadrada de dois é a “influência materna” nesse sistema de dobras e as camadas duplas de papel permitem essa “geometria particular”.

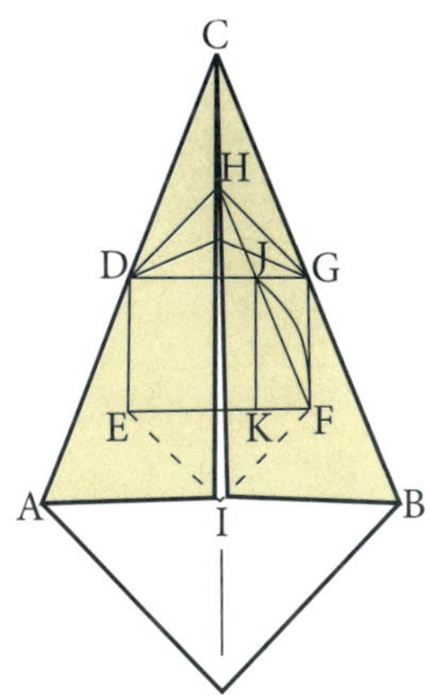

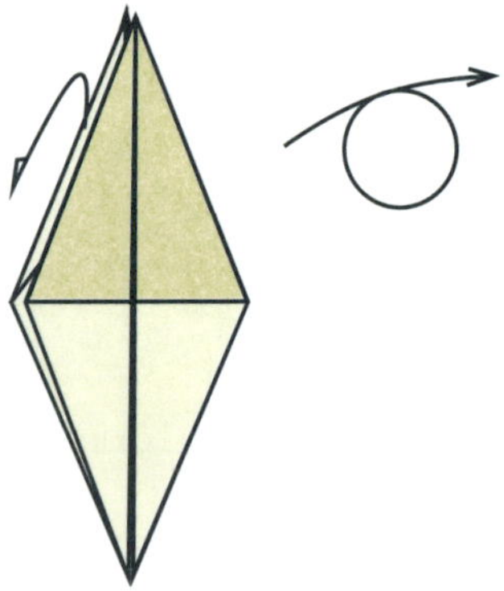

O início da receita da formiga é na fase 10.
O tamanho do papel vai depender da habilidade de cada dobrador. Eu usei quadrados com 5 cm de lado para obter uma formiga com 3,5 cm de comprimento.

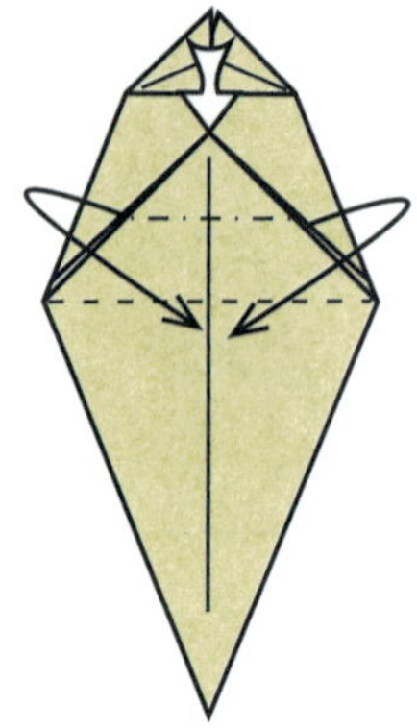

10. Corpo com a base do pássaro (p. 20) Note que o triângulo sombreado é semelhante ao triângulo mostrado na página anterior. Repetir fases 1 a 9 no triângulo sombreado, abaixar a aba traseira e virar o papel.

11. O triângulo retângulo isósceles tem abas duplas. Abra as duas abas e achate.

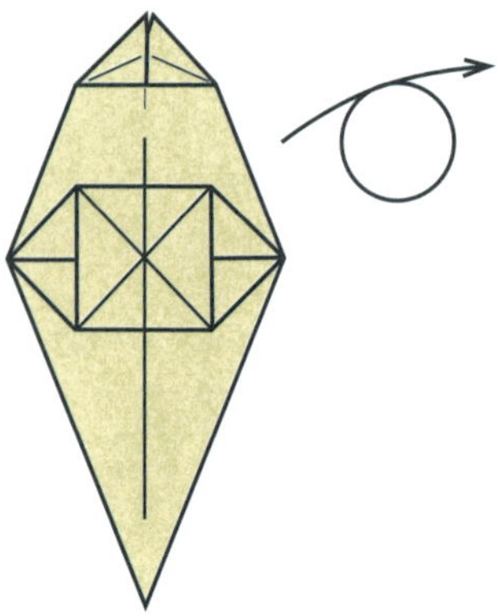

12. Resultado. Vire o papel.

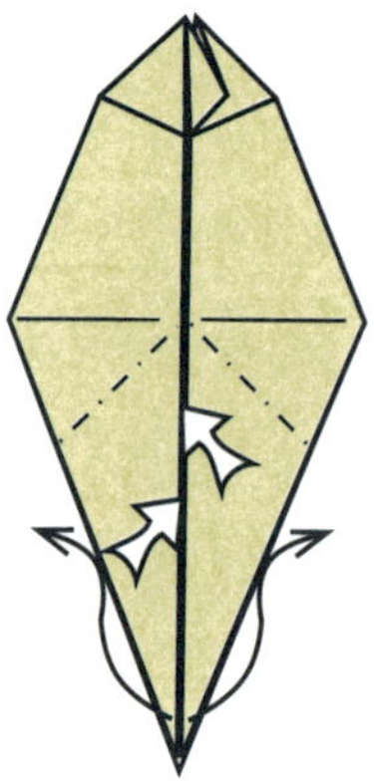

13. As duas pontas têm abas duplas. Abra e achate para fora.

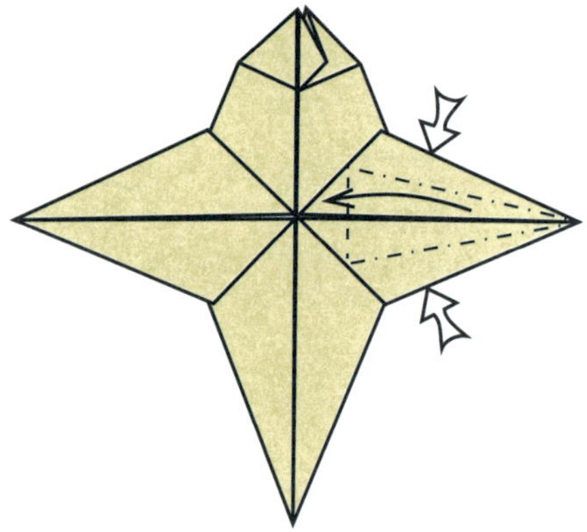

14. Dobra pétala. (p. 20)

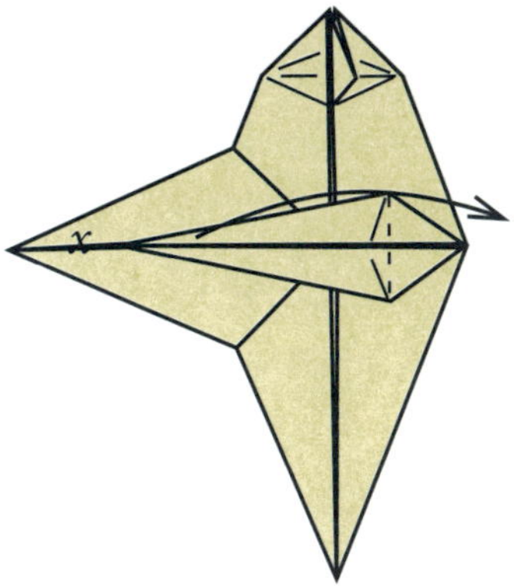

15. Dobre a pétala para direita. Em seguida, repita fases 15 e 16 na ponta com a marca *x*.

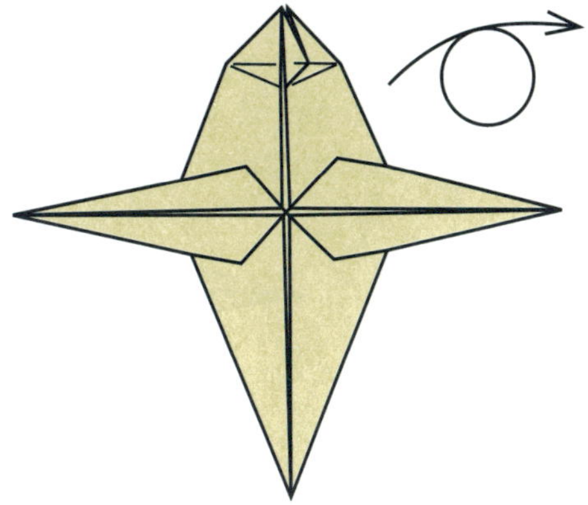

16. Certifique-se de que não há falhas ou sobras. O resultado deve ser simétrico. Vire o papel.

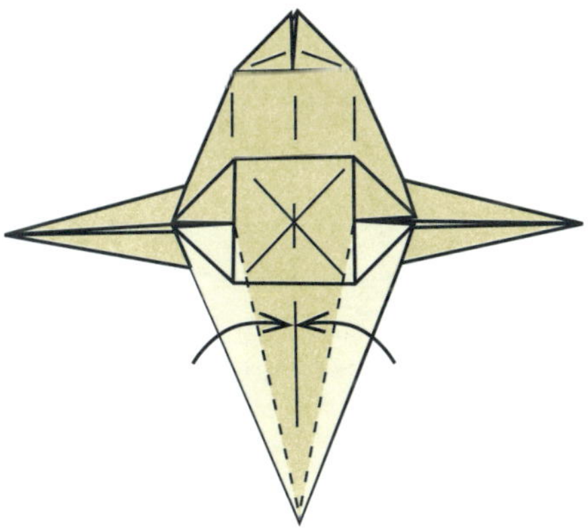

17. Dobrar as abas sombreadas cujas linhas são bissetrizes.

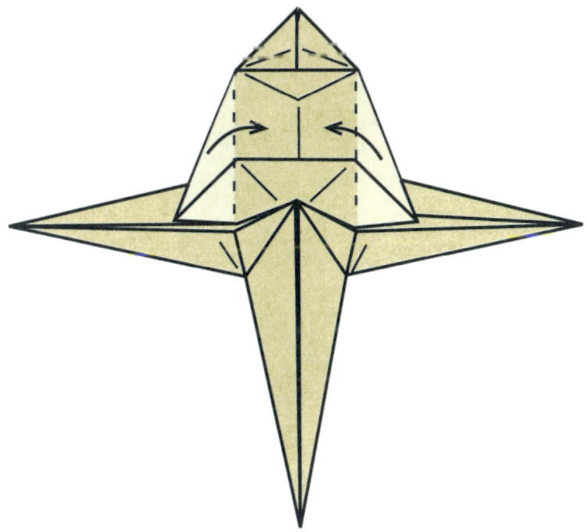

18. Dobrar as abas sombreadas que ficarão sobre parte das abas dobradas na fase anterior.

19. Resultado da fase anterior. Vire o papel para trabalhar a cabeça.

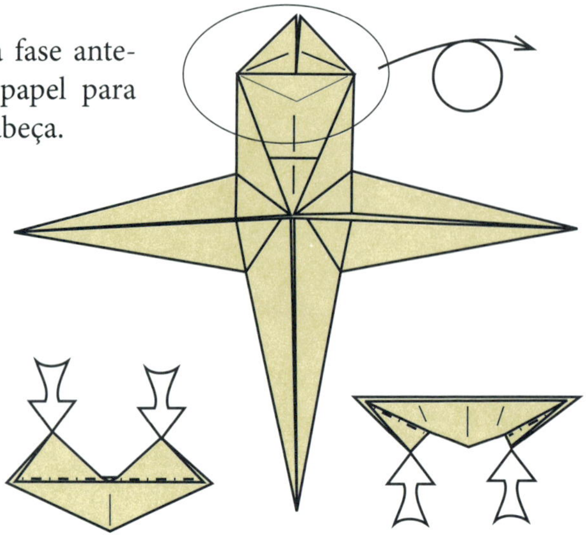

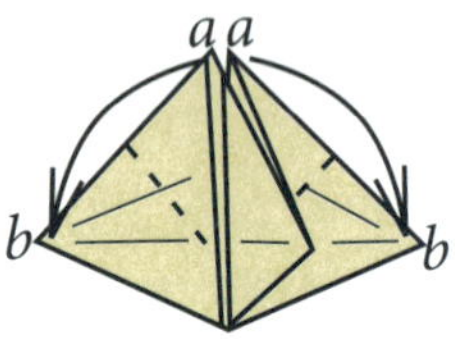

19a. Dobre fazendo coincidir as letras.

19b. Dobre por dentro.

19c. Dobre por dentro.

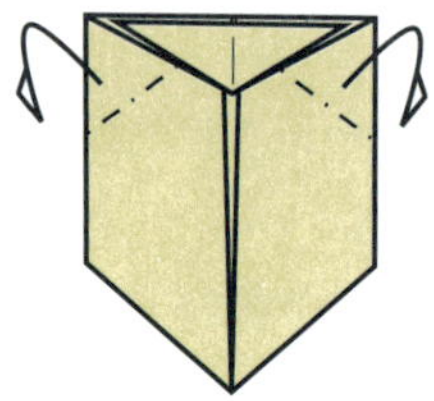

19d e 19e. Dobre por dentro e vire o papel.

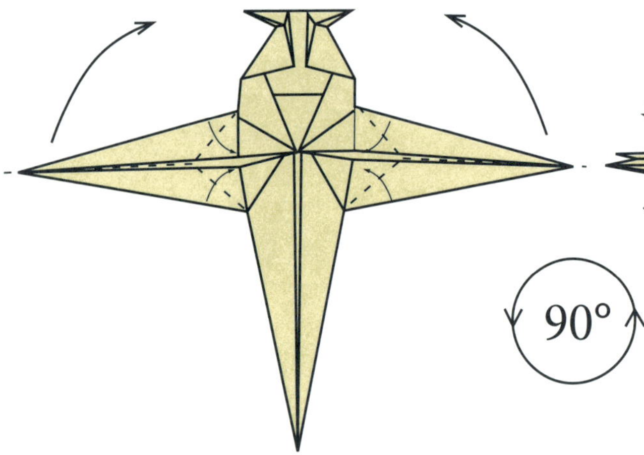

20. Dobre orelha de coelho nas duas pétalas. Gire o papel a 90°.

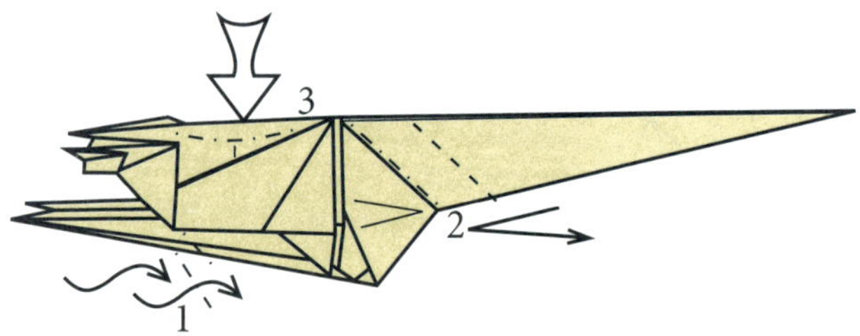

21. Dobre em ordem numérica.
   1. Dobre as pernas por dentro.
   2. Faça uma prega por dentro.
   3. Afunde curvando um pouco.

A parte posterior do corpo é dobrada a partir da base da rã que por sua vez começa pela Base preliminar.

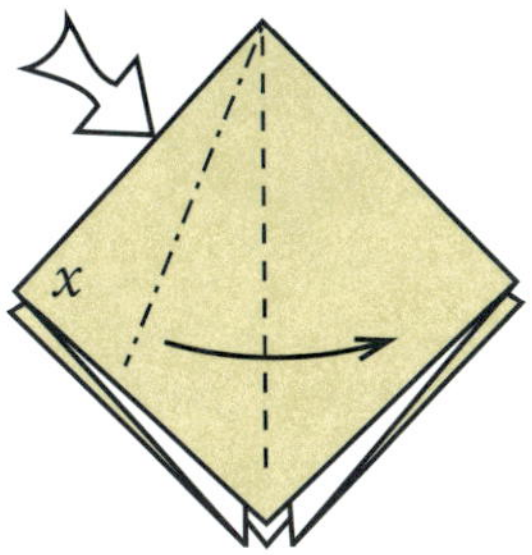

1. Abra e achate. (acompanhe a trajetória do ponto *x*).

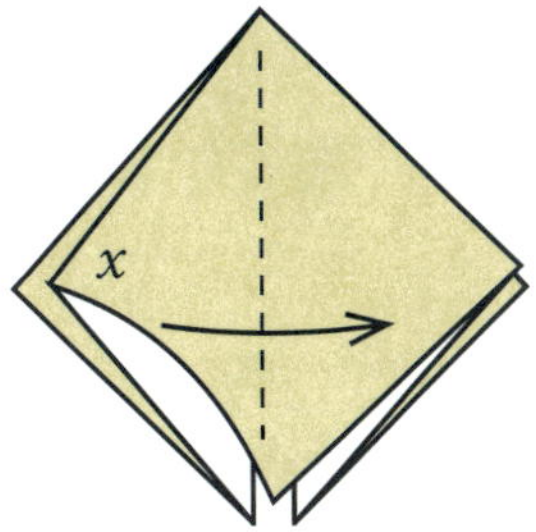

2. Acompanhe a dobra.

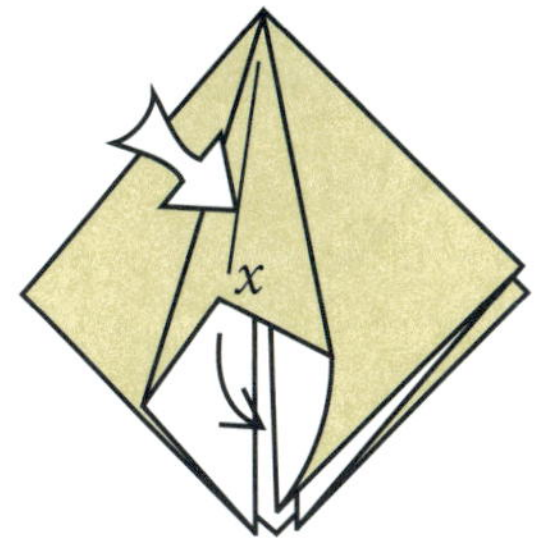

3. Prossiga.

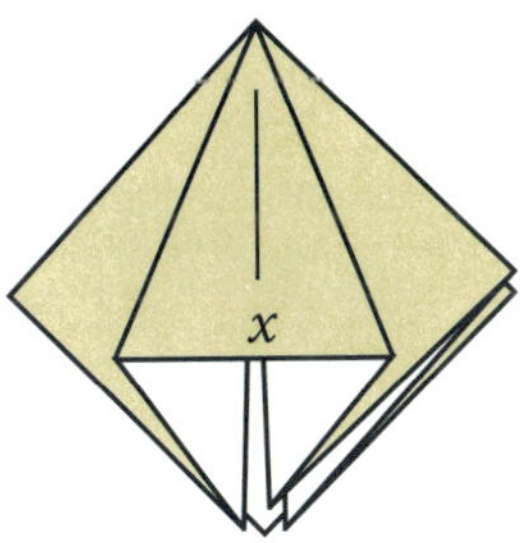

4. Agora que está pronto, note onde repousa o ponto x.

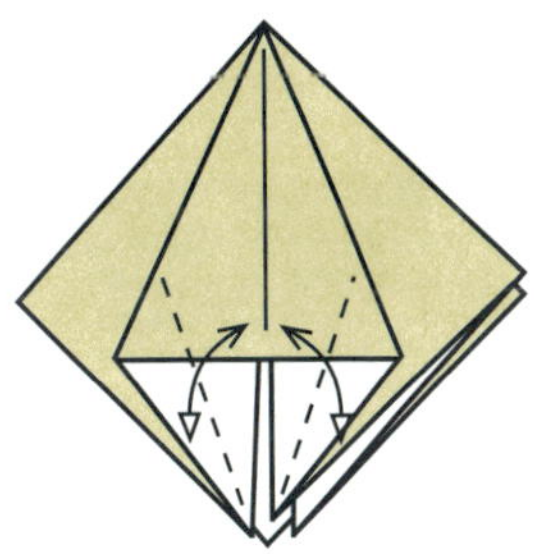

5. Dobre nas bissetrizes para o meio e desdobre.

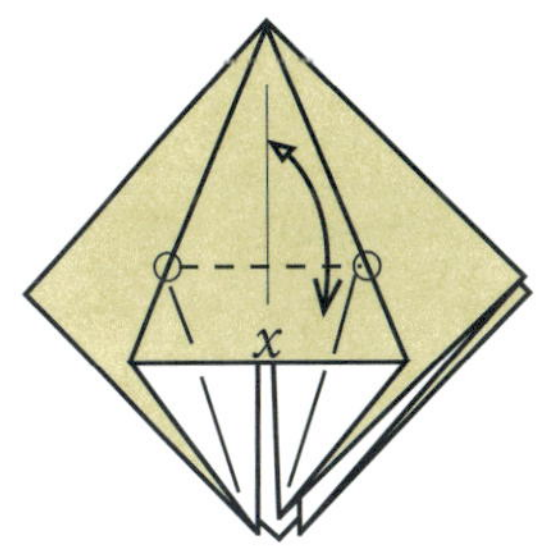

6. Marque dobrando e desdobrando.

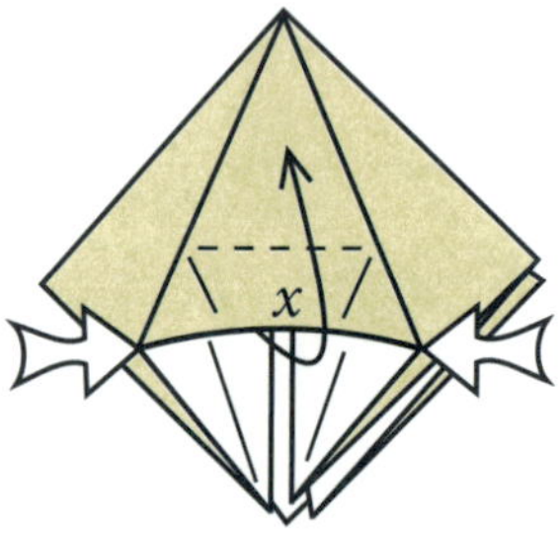

7. Levante a aba, partindo do ponto *x* e feche as laterais.

8. Continue levando para cima e fechando as laterais.

9. Coloque a parte sombreada para dentro do modelo e repita nas outras três abas. Só em uma esse triângulo fica para fora.

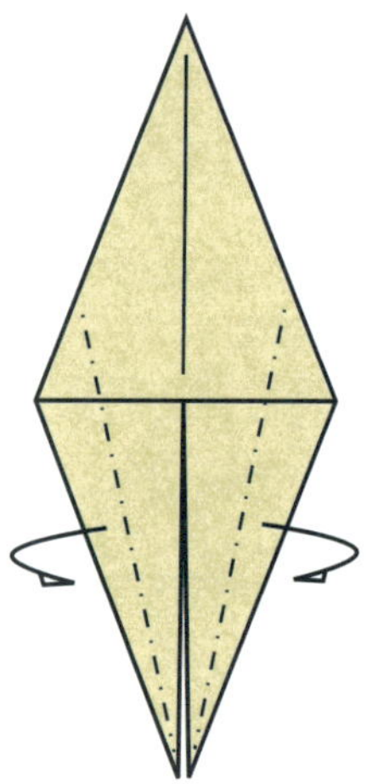

10. Afine as pernas pelas bissetrizes. Vire o papel.

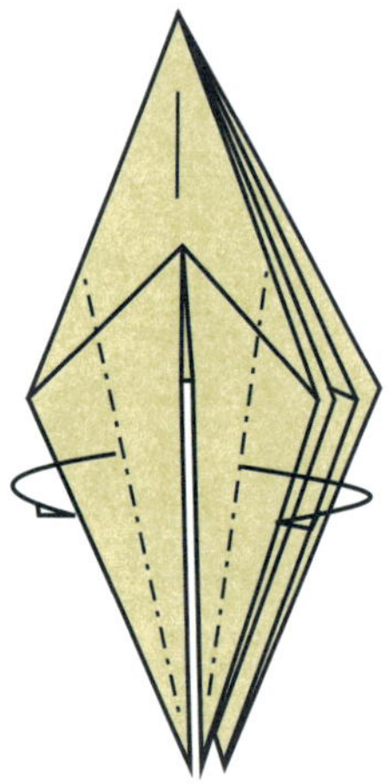

11. Continue afinando as outras pernas.

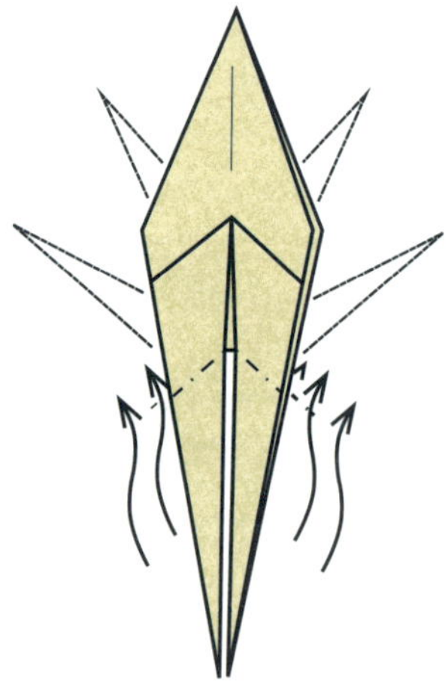

12. Faça quatro dobras invertidas por dentro nas quatro pontas.

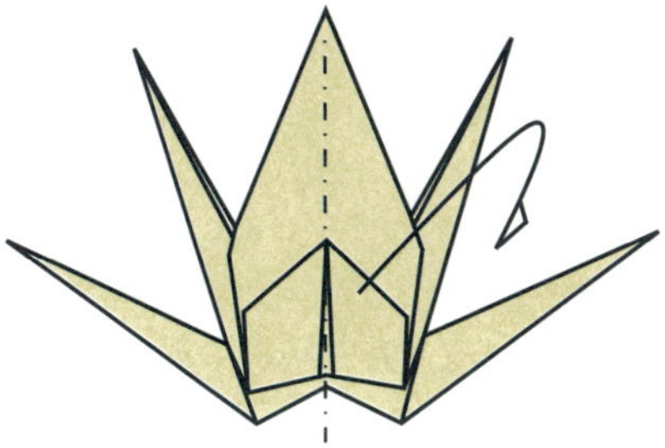

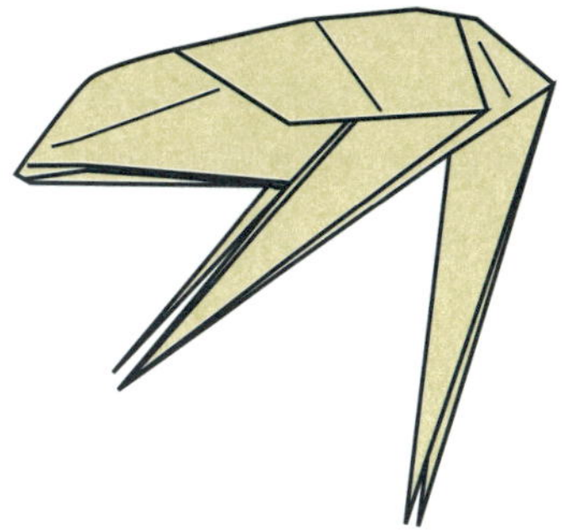

13. Dobre ao meio para trás.

14. A parte posterior do corpo está pronta.

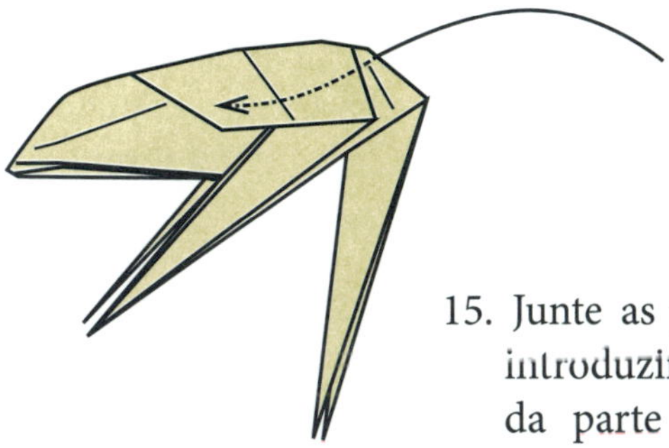

15. Junte as peças reduzindo e introduzindo a ponta dentro da parte traseira. Use um pingo de cola.

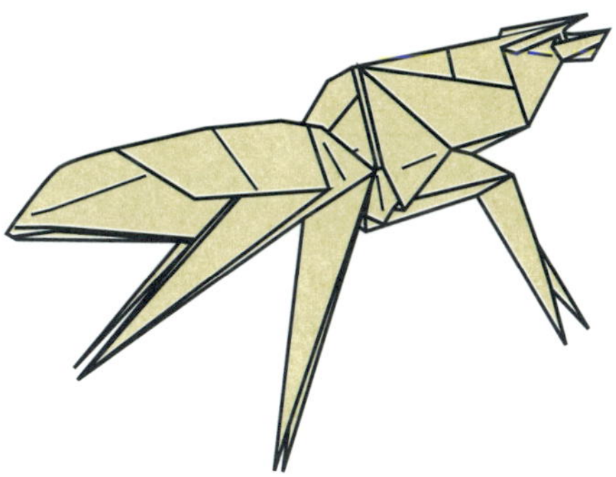

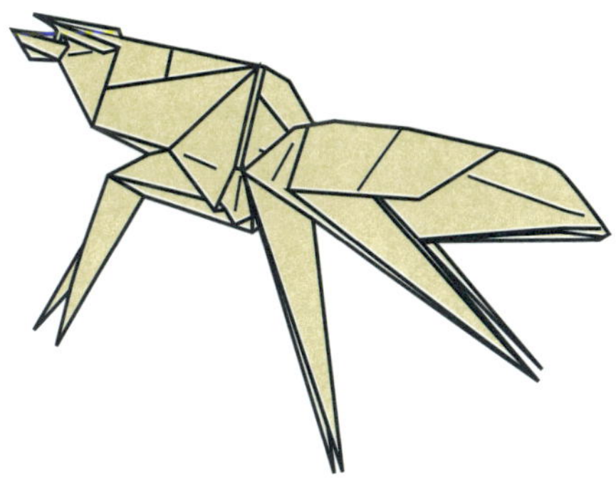

16. Dobre as pernas de tal modo que a peça fique em equilíbrio. As pernas centrais devem abrir-se para as laterais. Guie-se pela imagem no caderno de fotos.

Antes de chegar a Fernando de Noronha, Darwin escreveu sobre os Rochedos de São Paulo: "*... uma simples planta, nem um líquem sequer, cresce nessa ilhota, o que não impede, todavia, que seja habitada por vários insetos e aranhas. A lista que segue, creio, completará a fauna terrestre: uma môsca* (Olfersia), *vivendo à custa do pelicano, e um carrapato...*".

Noutro trecho ele escreveu: "*Durante nossa permanência no Brasil, reuni grande coleção de insetos... Os grandes lepidópteros, de cores brilhantes... Refiro-me somente às borboletas... Os hábitos da* Papilio feronia *muito me surpreenderam. Esta borboleta não é rara, e frequenta geralmente as laranjeiras. Conquanto voe sempre alto, amiúde pousa nos troncos das árvores. Nessas ocasiões a cabeça fica voltada para baixo e as asas, ao invés de se colarem verticalmente, como comumente acontece, estendem-se abertas num plano horizontal. Esta foi a única borboleta que vi servir-se das pernas como meio de locomoção*".

Comecemos então pela mosca, depois a borboleta e, em seguida, o besouro. Como na formiga, trabalharemos com duas folhas, uma para a parte anterior do corpo e outra para a posterior. Para a parte posterior usaremos a mesma base (rã) que usamos para a formiga apenas mudando a posição das pernas como mostram os desenhos abaixo. Não há necessidade de repetir a receita da base e o leitor pode exercitar suas habilidades tentando adaptá-la para cada inseto.

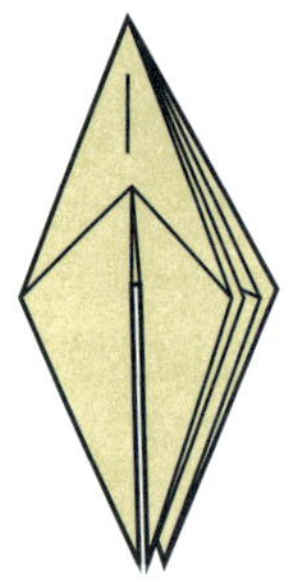

Base para a produção dos corpos.

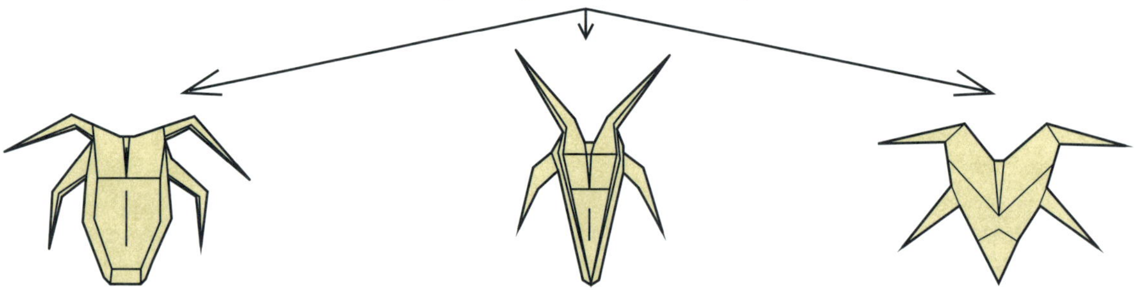

besouro borboleta mosca

Mosca - Complexo - Usar papel A6 para a parte anterior e quadrado com 5 cm de lado para a parte posterior ou medidas proporcionais de sua preferência.

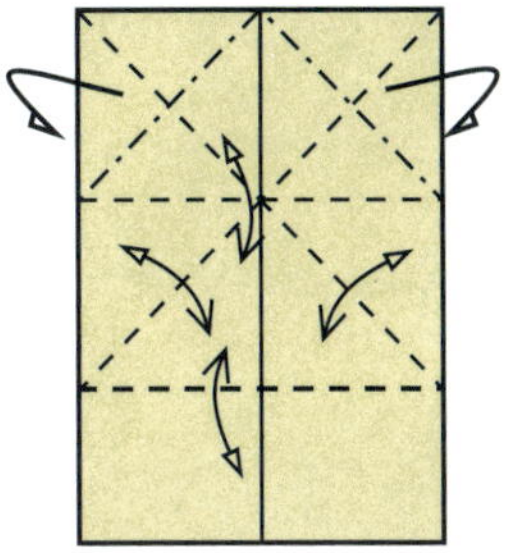

1. Dobre e desdobre nas linhas tracejadas e dobre para trás nas linhas traço e ponto.

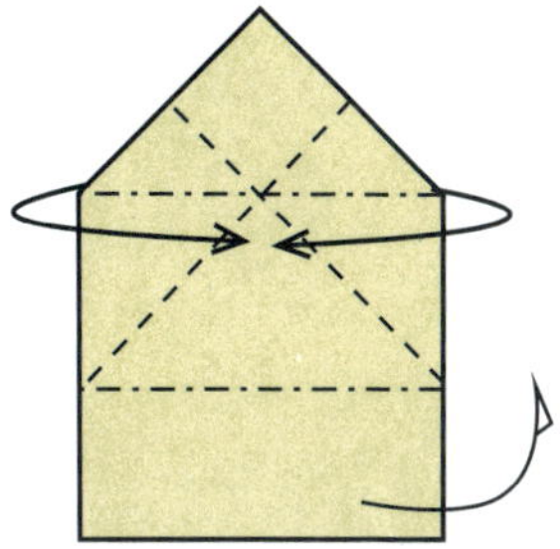

2. No topo, a dobra é semelhante à base preliminar. Dobre o retângulo inferior para trás.

3. Eis o resultado. Vire o papel.

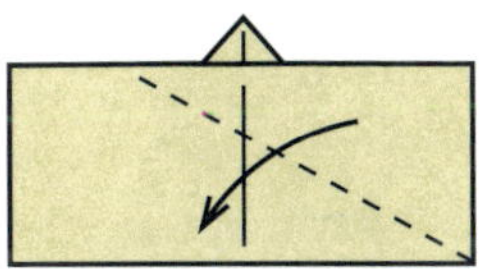

4. Dobre para baixo fazendo o lado superior tocar o ponto médio do lado inferior.

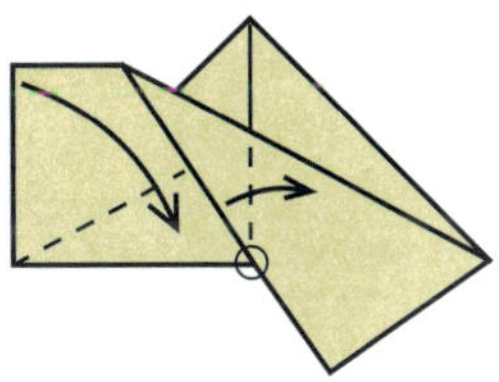

5. Dobre semelhante à orelha de coelho.

6. Aplique dobra pétala. Vire o papel.

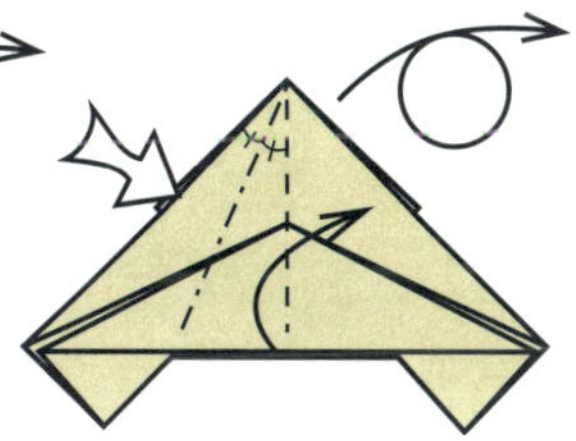

6a. Abra e achate. Repita no lado direito e vire o papel.

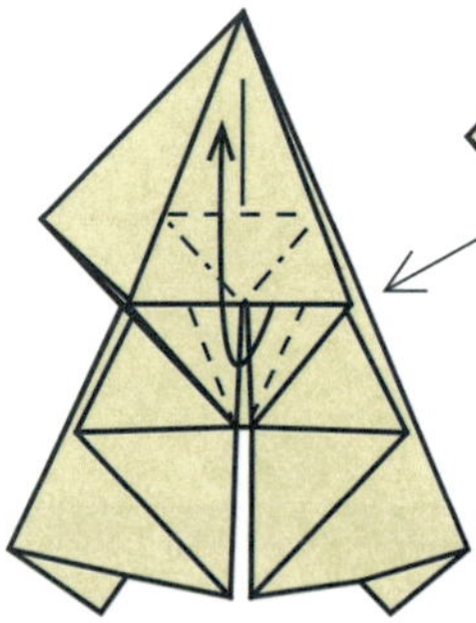

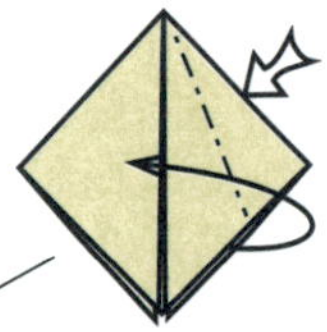

7a. Abra e achate.

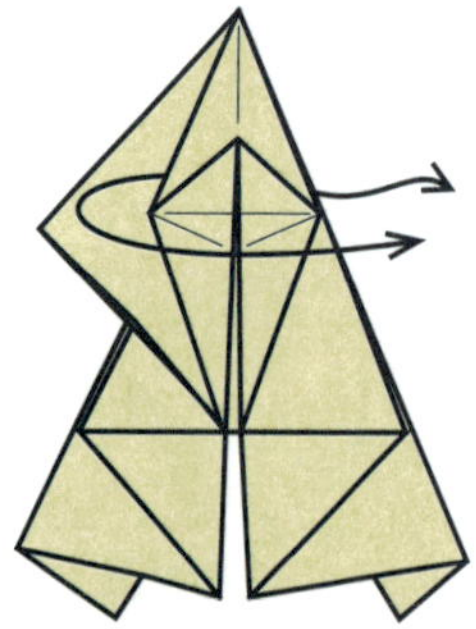

7. Aplique dobra tipo pétala. No quadrado formado na fase 3, mostrado a direita do desenho da fase 7, deve-se abrir e achatar primeiro a metade da direita e depois a da esquerda.

8. Retire o triângulo que foi dobrado para trás na fase 1.

9. Abra e achate. Veja como executar nos detalhes a seguir.

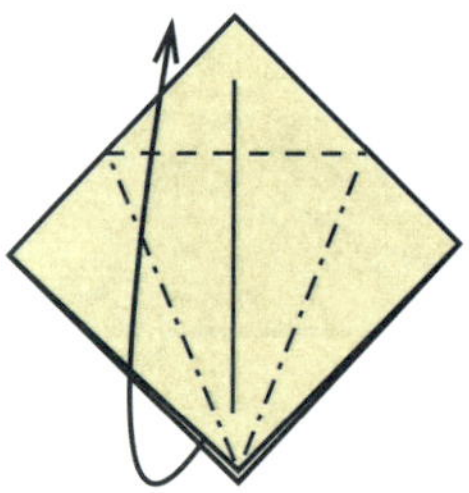

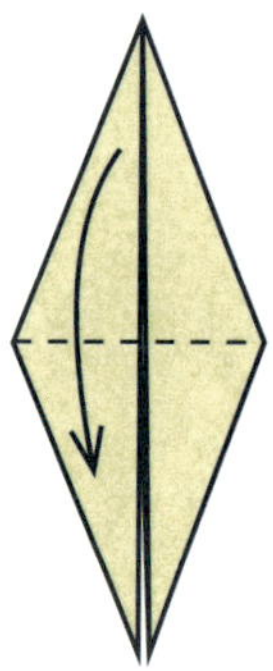

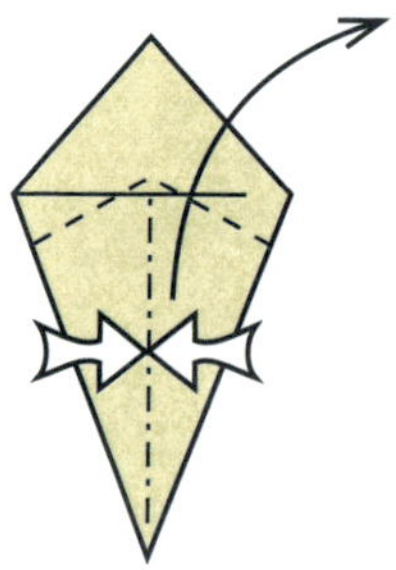

9a. Observe o detalhe em destaque. Aplique dobra pétala.

9b. Dobre para baixo.

9c. Veja o detalhe ampliado.

10. Desenho completo. Repita fases 6 até 9c no lado esquerdo do papel.

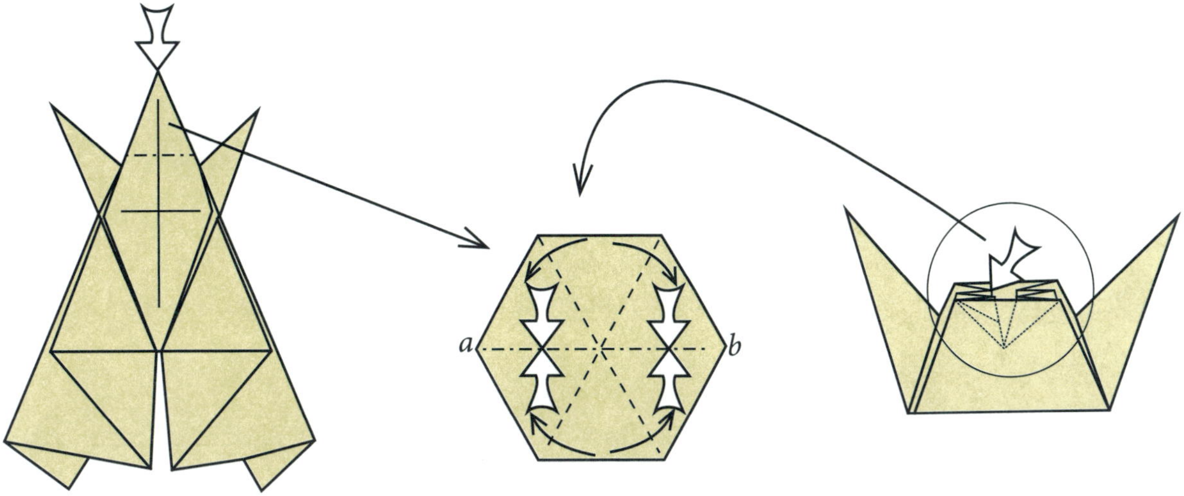

11. (11a, 11b e 11c são desenhos parciais).
Para afundar a ponta que tem várias abas é preciso abrir o papel. Em seguida, vagarosamente, forme um hexágono regular e feche redobrando como mostrado na fase 11a. Olhe para a fase 11b e veja como deverá ficar o afundamento. Note que dobras internas serão feitas para formar apenas duas pontas centrais.

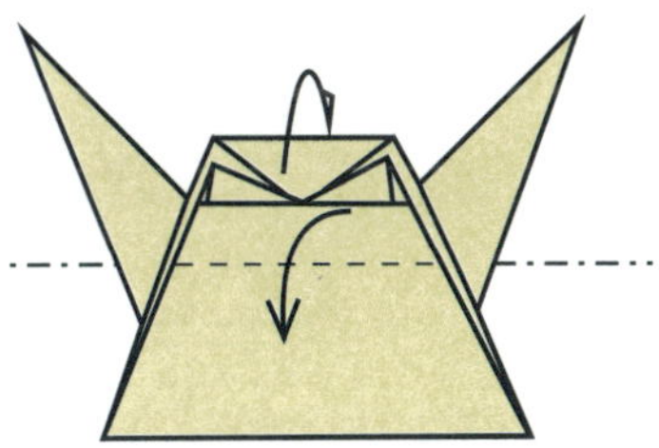

11c. Dobre uma aba para a frente e outra para trás, liberando as duas pontas como mostra a próxima fase.

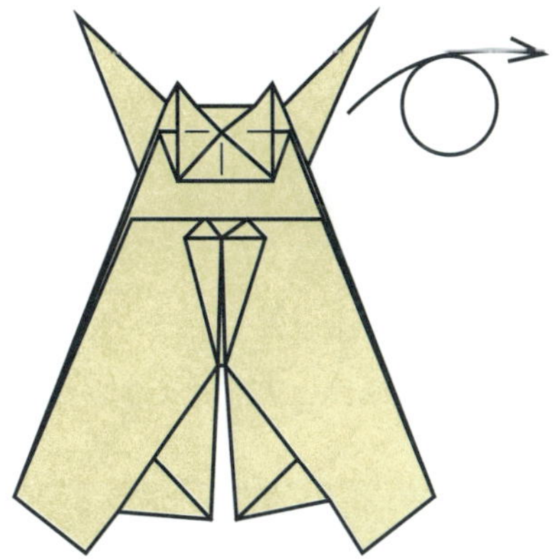

12. Aqui uma visão geral de como ficará. Vire o papel.

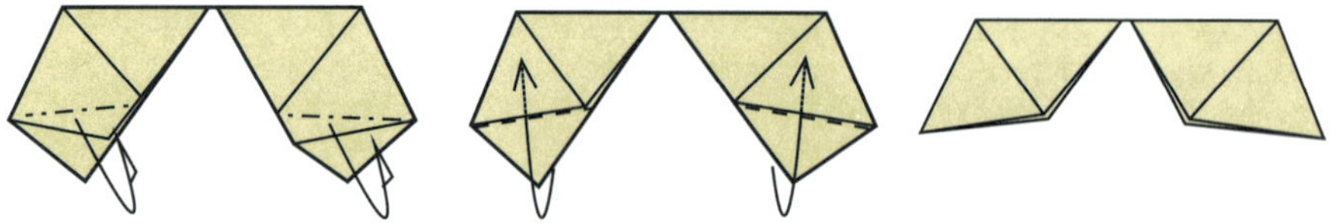

13. Eis o detalhe da extremidade das asas. Veja em 13a, 13b e 13c como dobrar para dar acabamento nas pontas das asas.

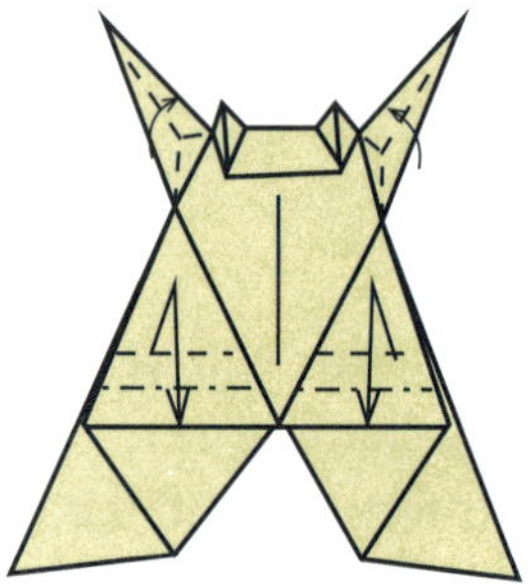

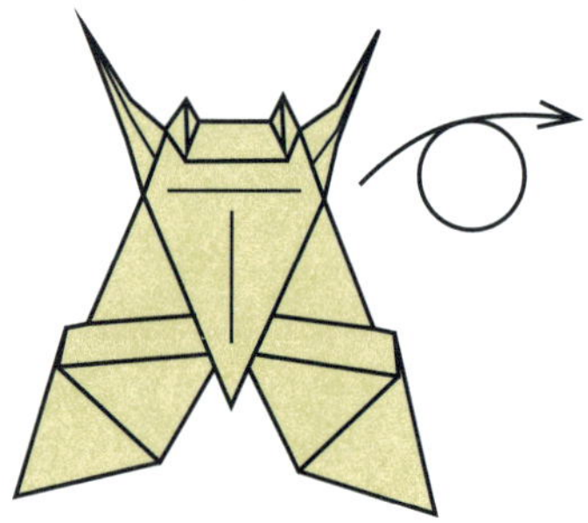

14. Aplique orelha de coelho nas pernas dianteiras. Em seguida, faça uma prega em todas as abas juntas.
15. Vire o papel.

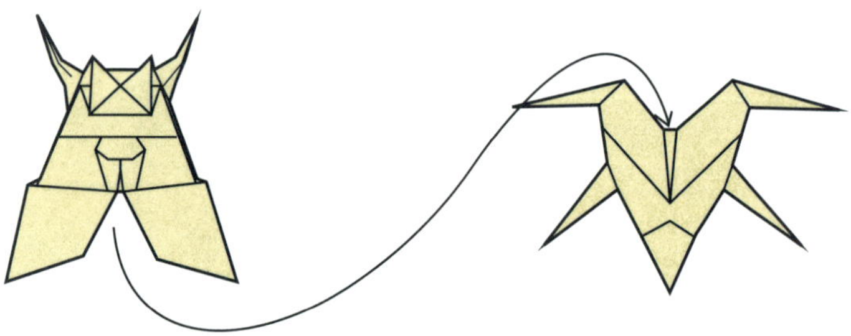

16. Use um pingo de cola para fixar as partes evitando que soltem durante o manuseio.

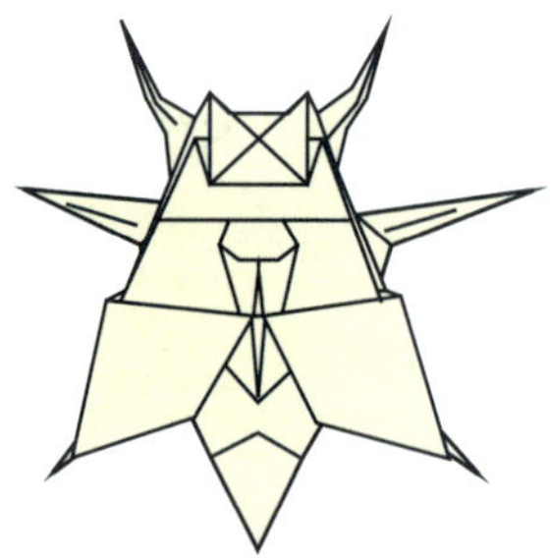

17. As partes unidas formam a mosca.

Borboleta - complexo - Existe uma borboleta que é exceção entre seus pares, já que possui quatro pernas. Imita a borboleta-monarca como forma de proteção e isso se deve a um longo período da evolução. Assim escapa do ataque das aves confundida com a outra de gosto não agradável aos pássaros. Use papel A5 para a parte frontal e quadrado com 10 cm de lado para a parte abdominal.

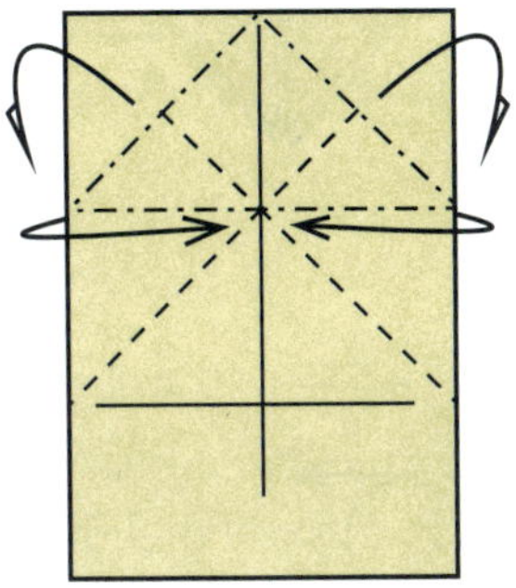

1. Dobre os dois cantos superiores para trás. Em seguida, dobre como na base preliminar.

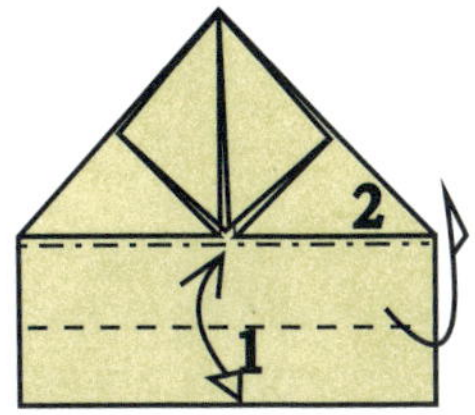

2. Veja o quadrado formado. Dobre e desdobre o retângulo ao meio e depois dobre para trás.

3. Dobre no retângulo semelhante à base do balão.

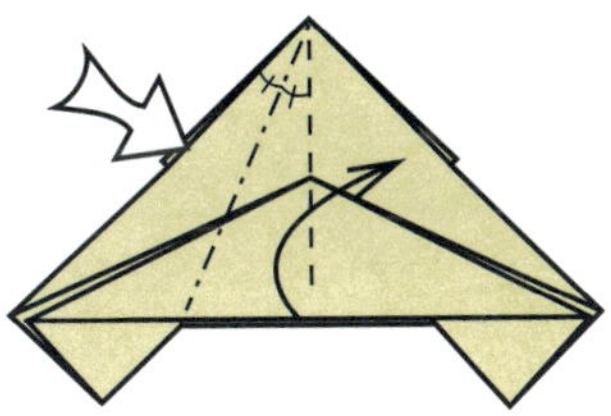

4. Abra e achate.

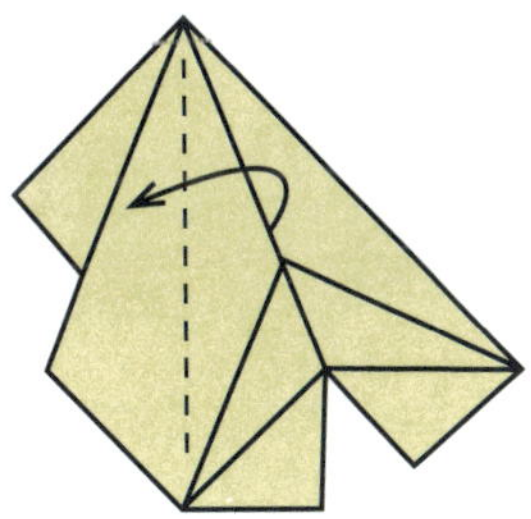

5. Passe a aba para a esquerda.

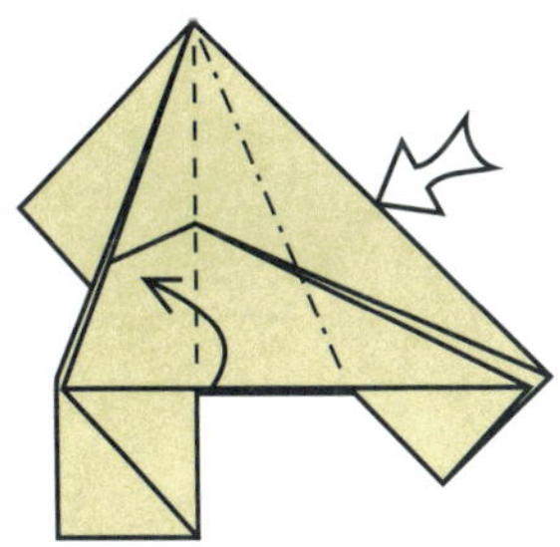

6. Abra, achate e passe a aba para a direita.

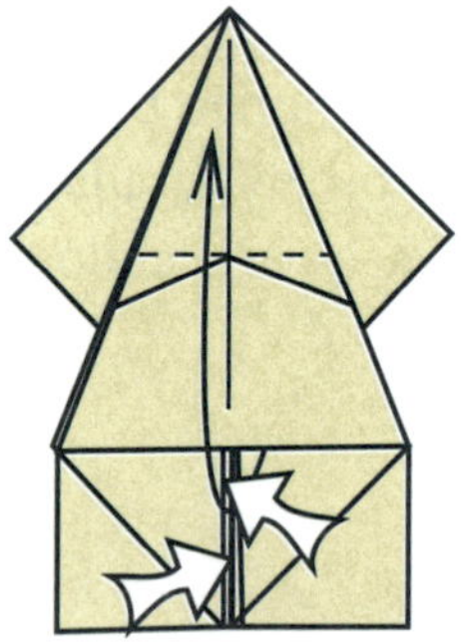

7. Dobre para cima e ao mesmo tempo pressione as abas onde indicam as setas brancas.

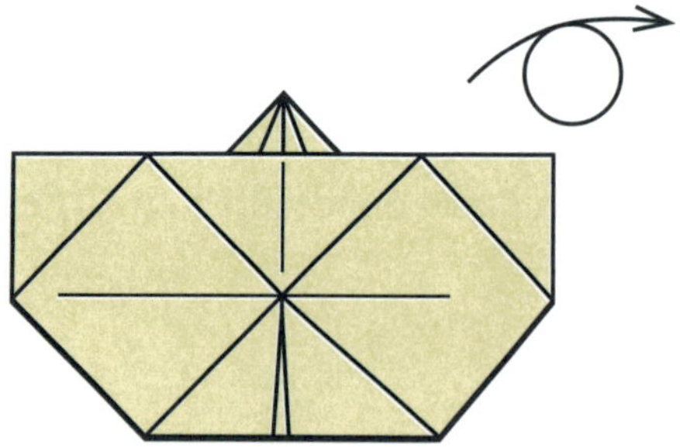

8. Veja o resultado. Vire o papel.

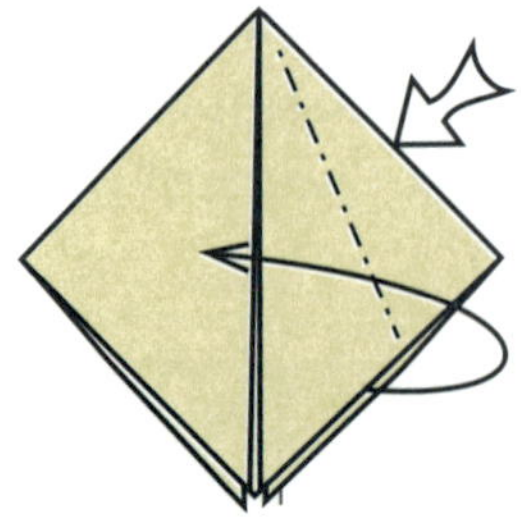

9. Desenho parcial. Vamos trabalhar somente o quadrado feito na fase 2. (½ base preliminar) Abra e achate.

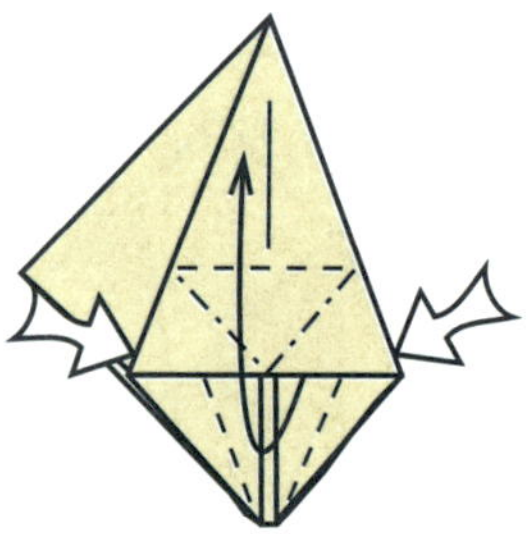

10. Aplique dobra pétala. (p. 20).

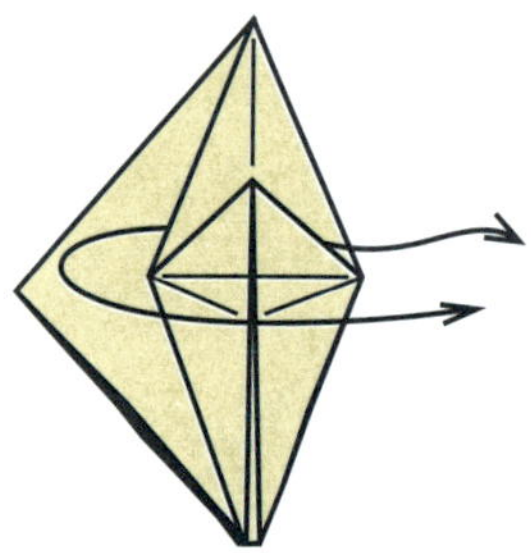

11. Retire os triângulos dobrados para trás na fase 1.

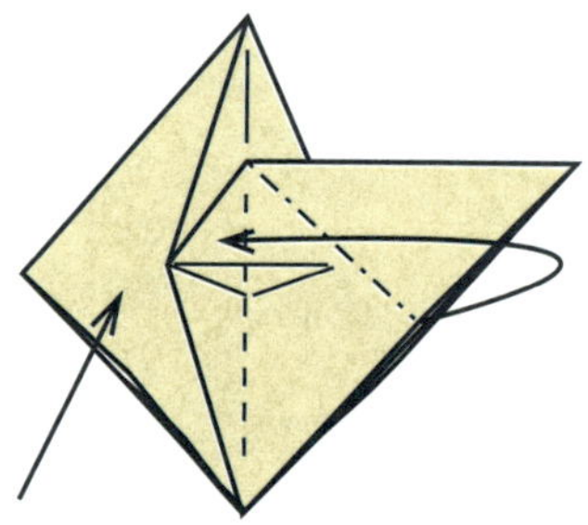

12. Abra e achate. Em seguida, repita as fases 9 a 11 no lado esquerdo do papel.

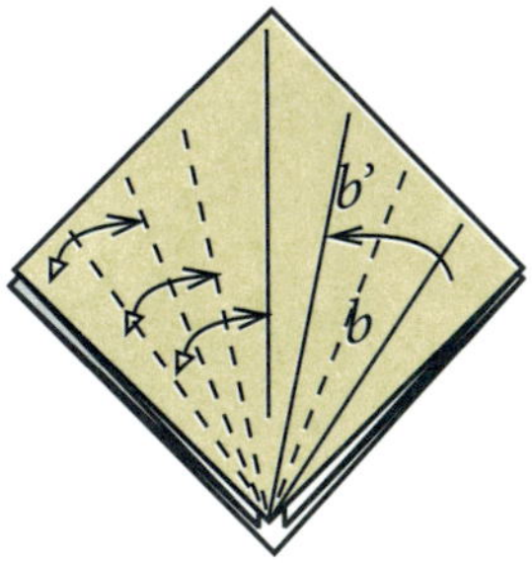

13. Formaram-se dois quadrados. Vamos trabalhar um de cada vez. Dobre e desdobre todas as bissetrizes. Depois dobre na linha marcada com a letra *b*.

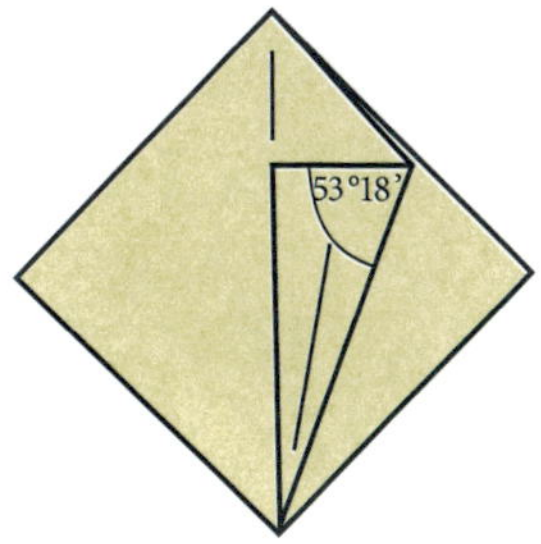

14. Veja o resultado. Desdobre e dobre na linha marcada com a letra *b*' na fase 13. Veja os ângulos formados a cada dobra.

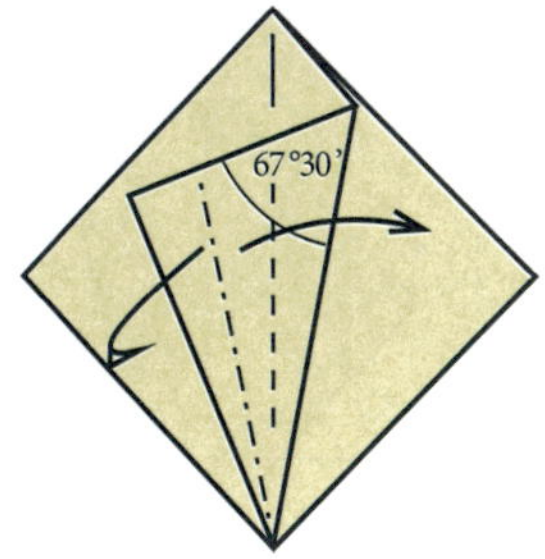

15. Veja o resultado. Dobre nas linhas vale e montanha.

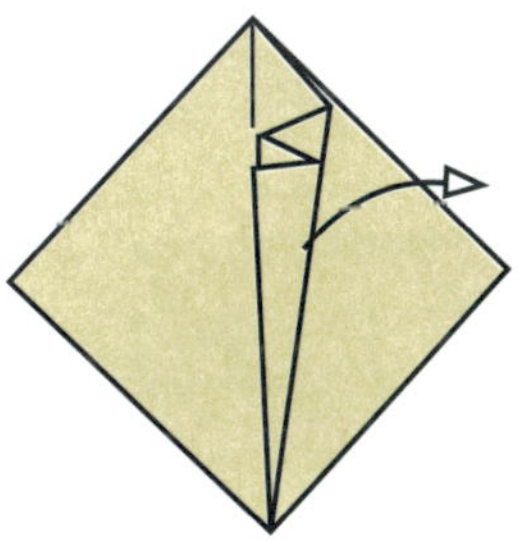

16. Veja o resultado. Desdobre.

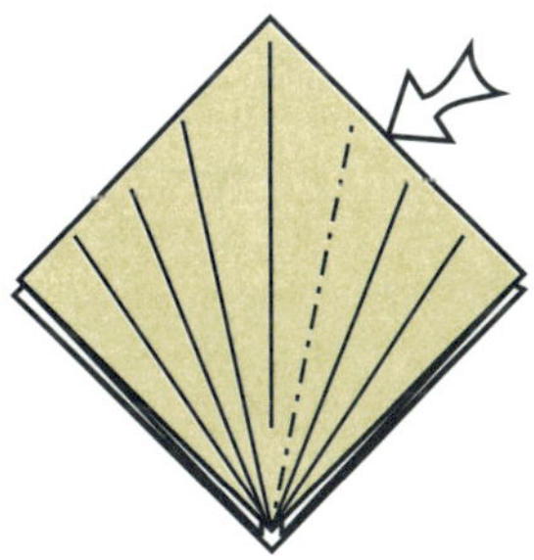

17. Dobre para dentro.

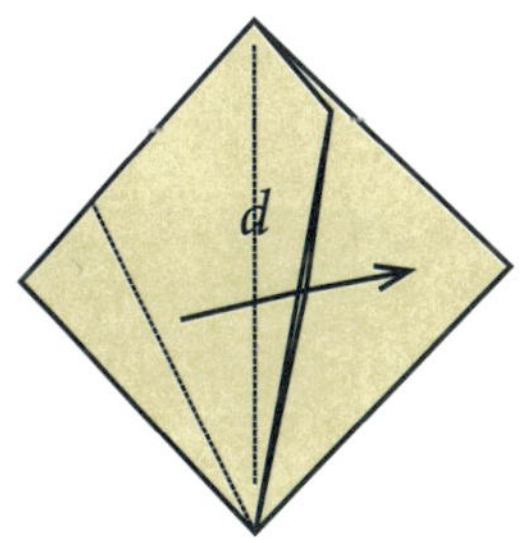

18. Dobre para fora na diagonal *(d)*.

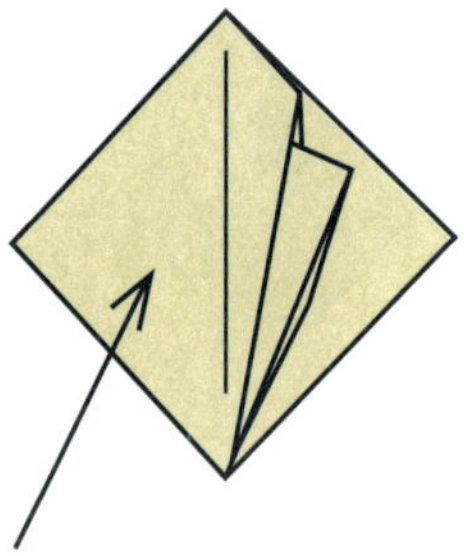

19. Repita fases 13 a 18 no lado esquerdo do papel.

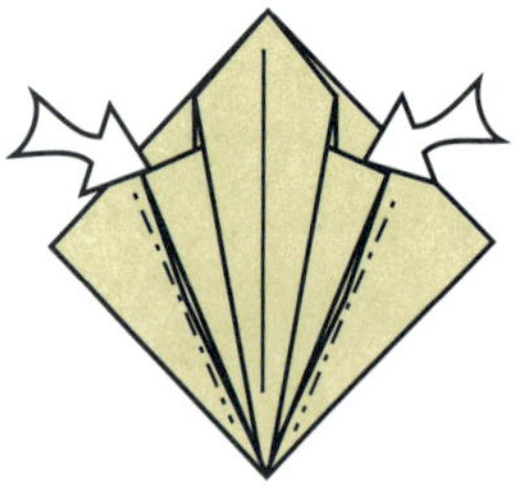

20. Dobre para dentro.

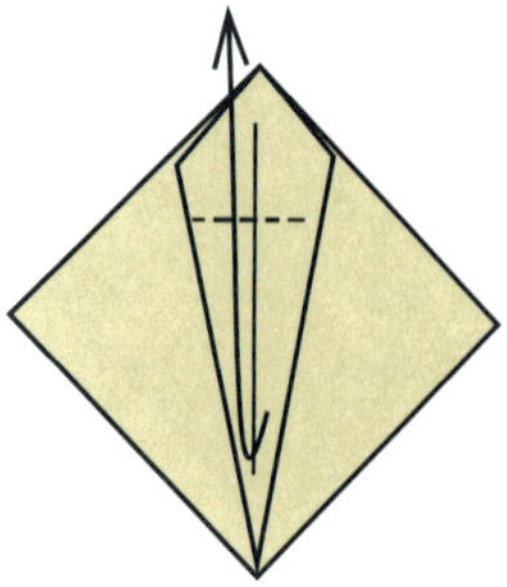

21. Dobre para cima.

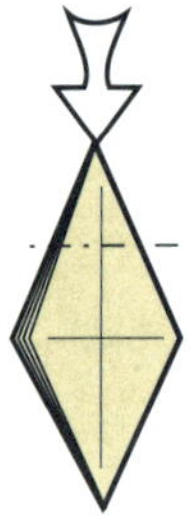

21a. Terminada a fase 21 é preciso fazer um afundamento da ponta conforme mostram estes dois desenhos em detalhe.

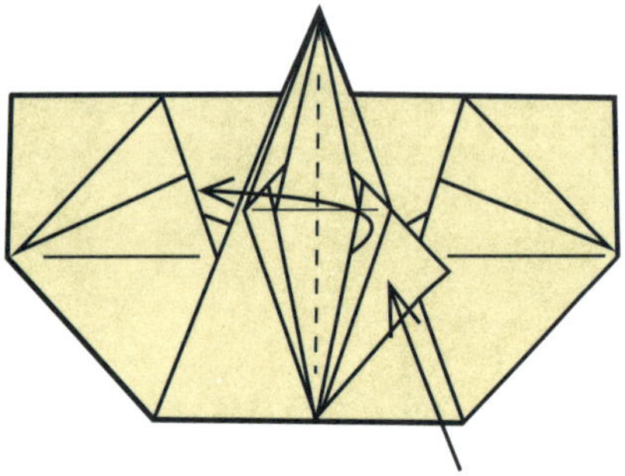

22. Passe a aba para a esquerda. Em seguida, repita toda a operação no quadrado da direita.

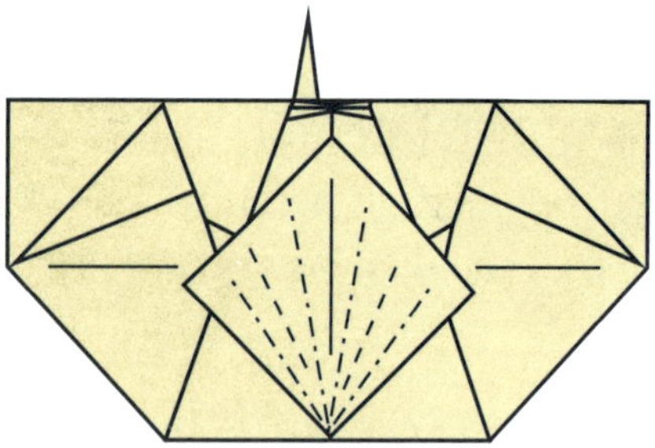

23. Veja as linhas das dobras. Repita fases 13 a 22 nesse quadrado.

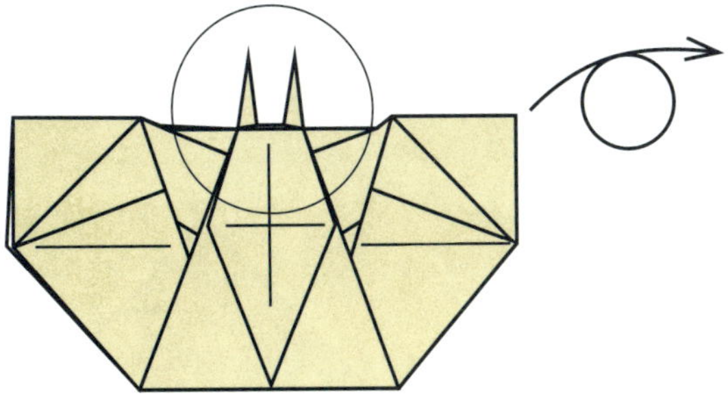

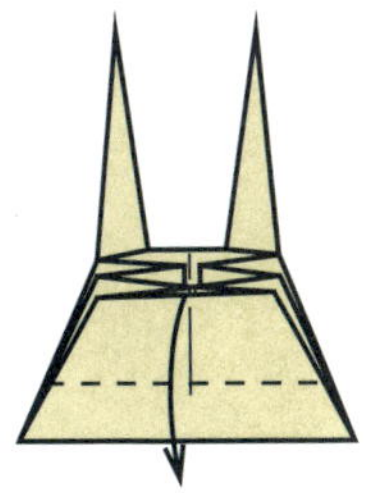

24. Vamos trabalhar só a cabeça. (Parte dentro do círculo). Para executar vire o papel.

25. Puxe a parte da frente para baixo e achate as outras abas ao mesmo tempo.

26. Veja o hexágono formado. Esta parte está embaixo da aba que representa as asas.

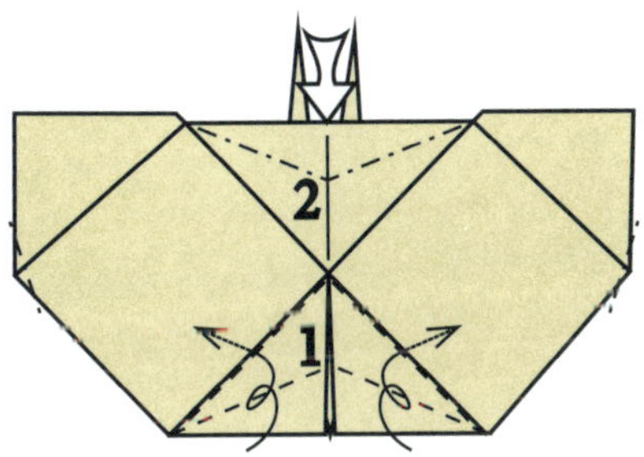

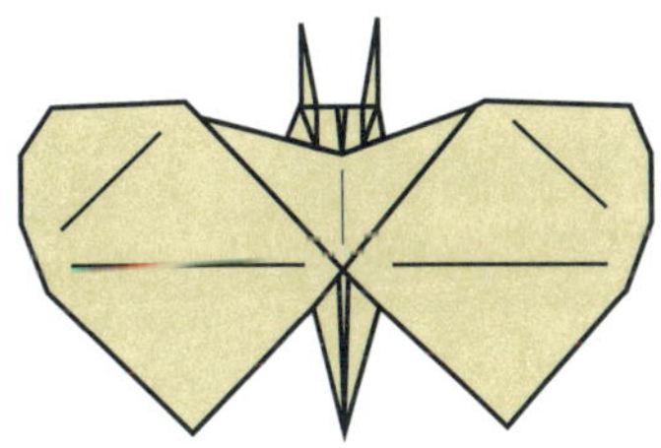

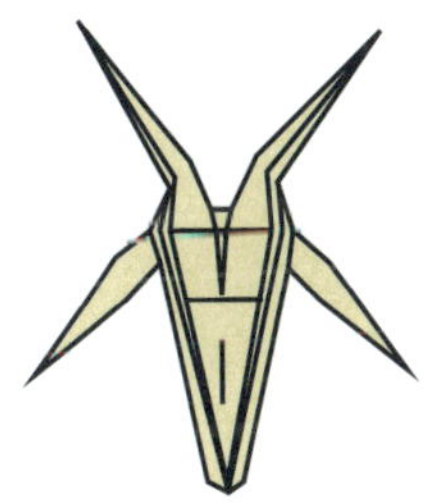

27. Dobre em ordem numérica. As abas inferiores são dobradas para dentro do modelo. A superior deve ser afundada um pouco como mostra o próximo desenho. Caso o leitor queira, pode omitir as pernas deixando a borboleta como está nesta fase.

28. O corpo feito com a base da rã. (opcional)

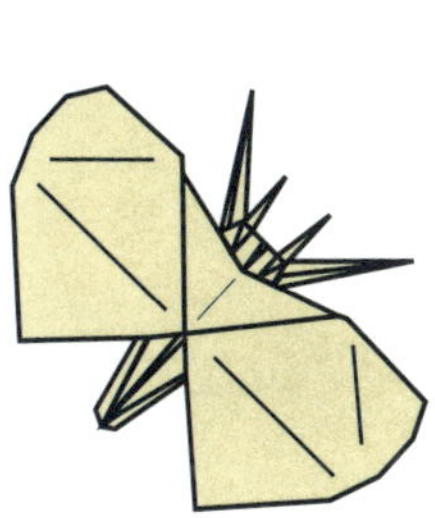

29. Eis a borboleta.

Besouro de chifres – complexo – Use folhas quadradas com medidas de sua preferência.

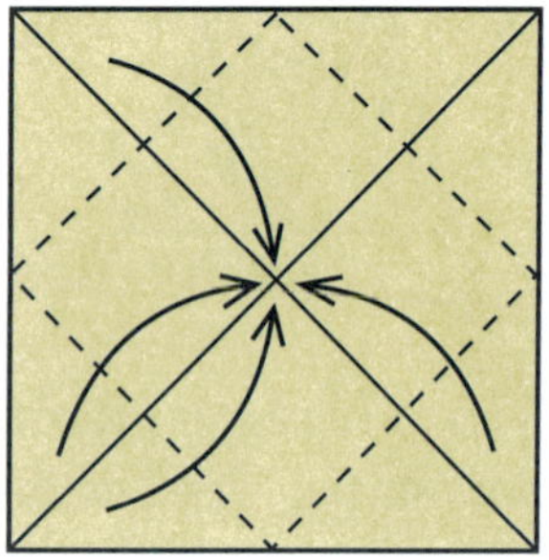

1. Dobre os quatro cantos para o centro. O quadrado maior tem o dobro da área do menor.

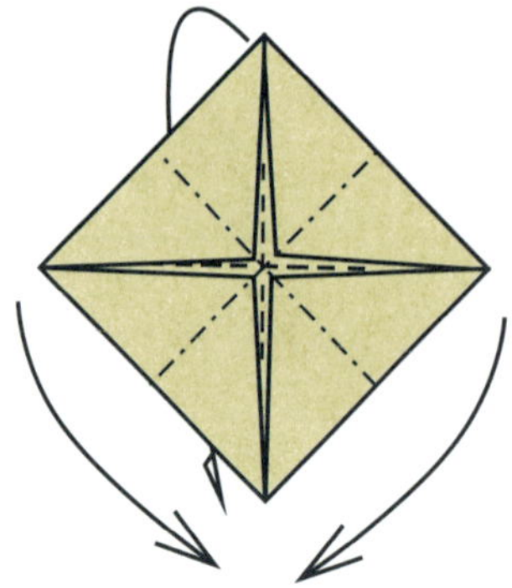

2. Dobre a base preliminar.

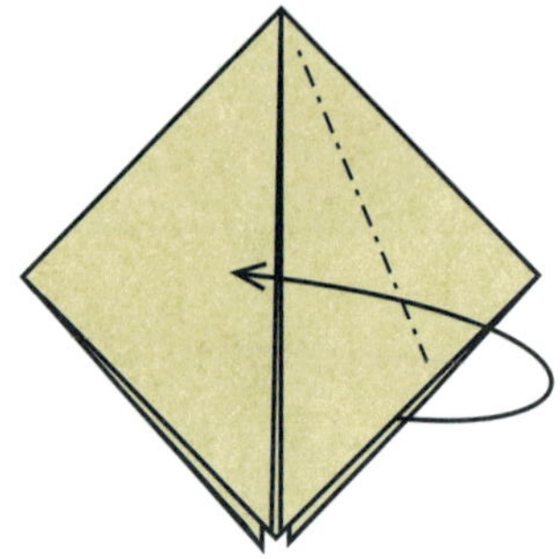

3. Abra e achate.

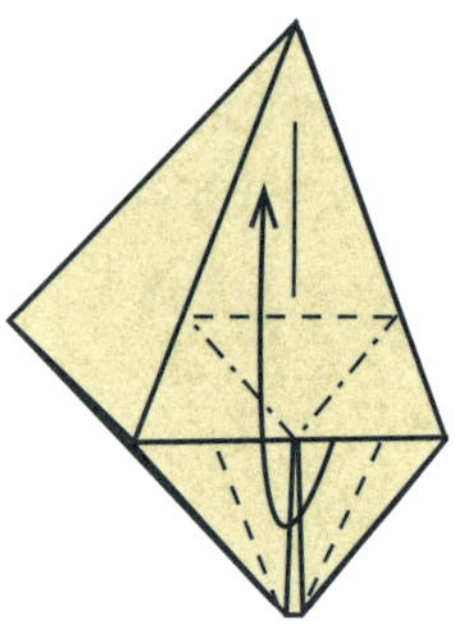

4. Aplique dobra pétala.

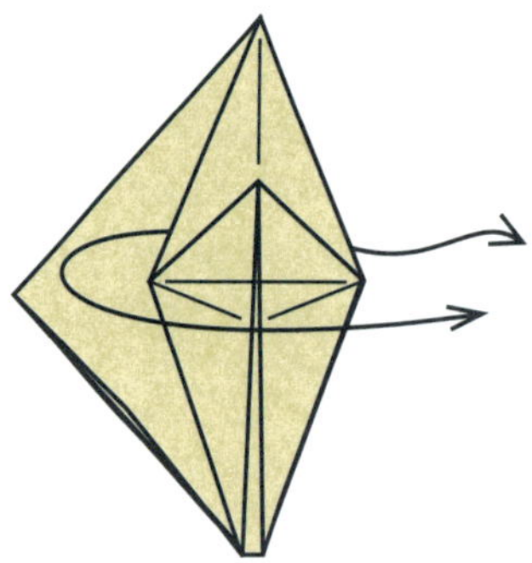

5. Retire o triângulo dobrado para o centro na fase 1.

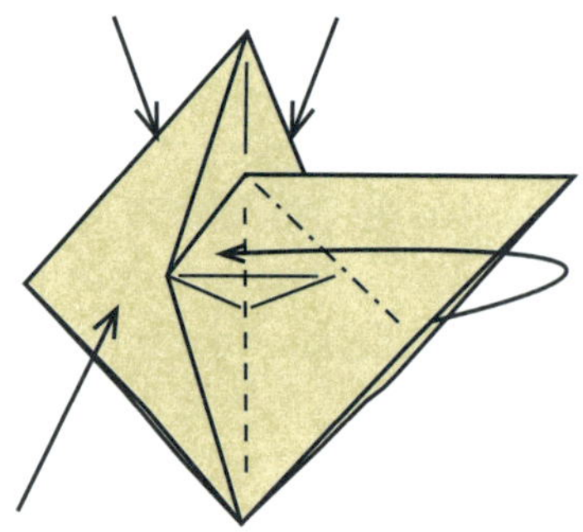

6. Abra e achate. Repita fases 3 a 6 nos outros três quadrados.

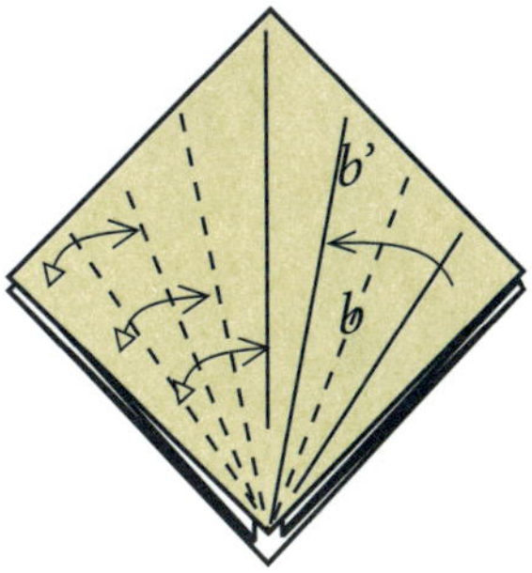

7. Dobre e desdobre como foi feito na fase 13 da borboleta.

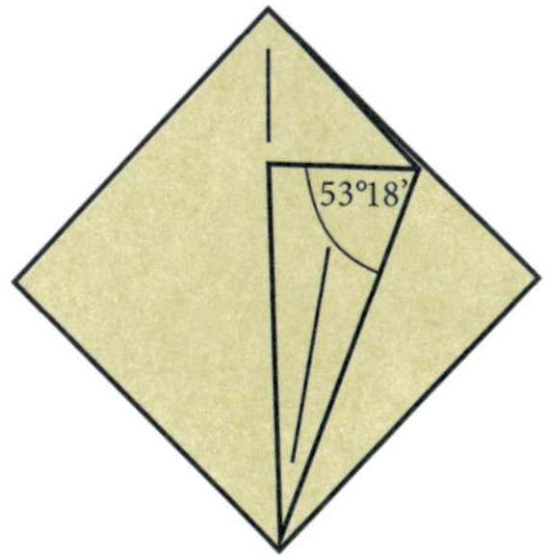

8. Veja o resultado. Desdobre e dobre na linha marcada com a letra *b*' na fase anterior.

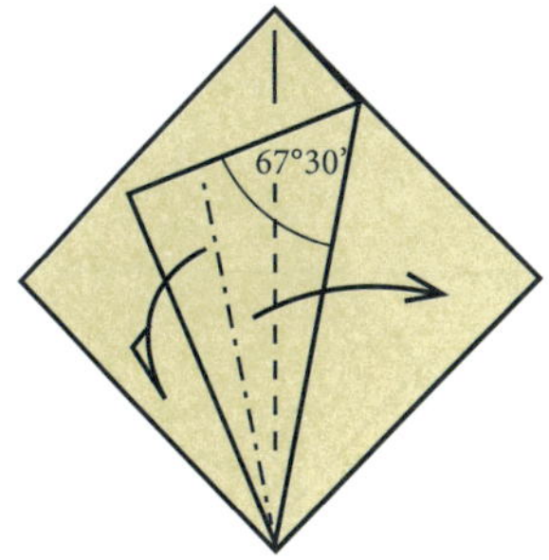

9. Veja o resultado. Dobre nas linhas vale e montanha.

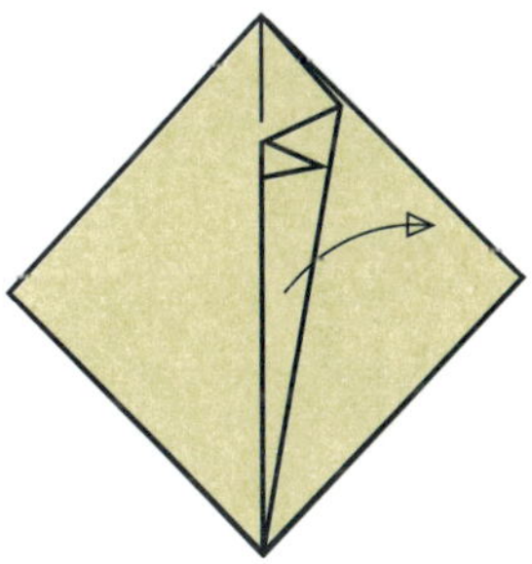

10. Veja o resultado. Desdobre.

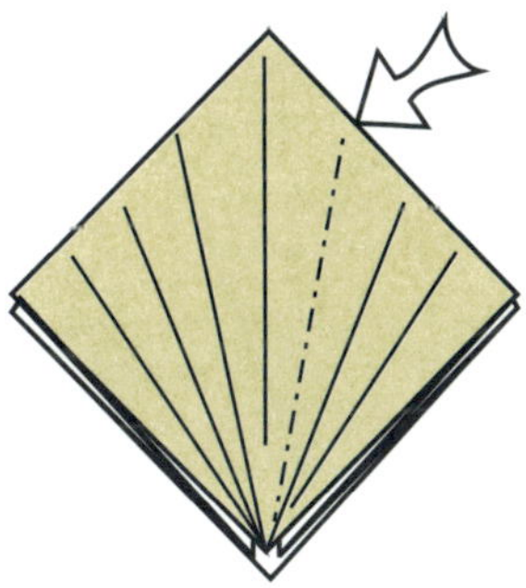

11. Dobre para dentro.

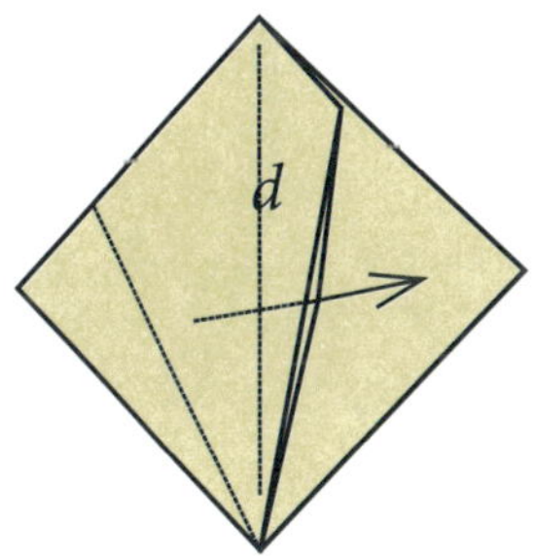

12. Dobre para fora pela diagonal (*d*).

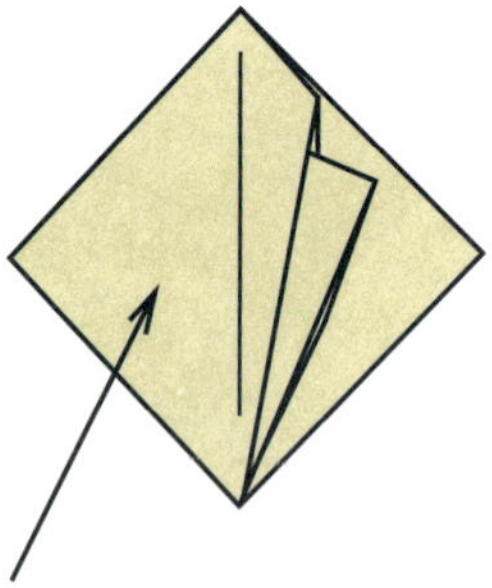

13. Repita fases 7 a 13 no lado esquerdo do papel.

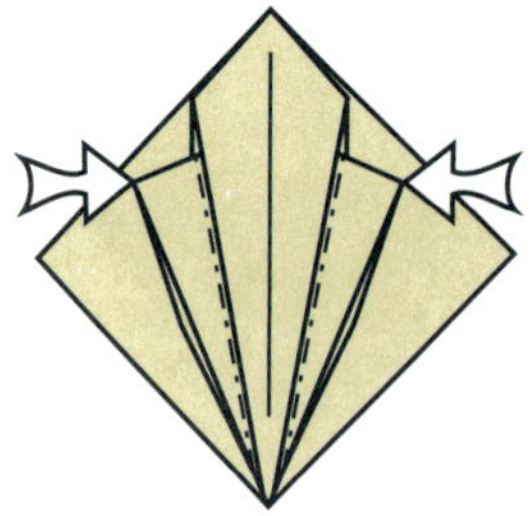

14. Dobre para dentro.

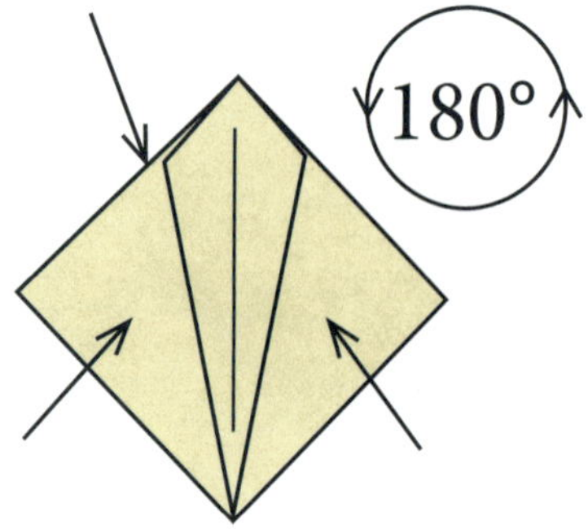

15. Repita fases 7 a 14 nas outras três abas. Em seguida, gire a peça 180º.

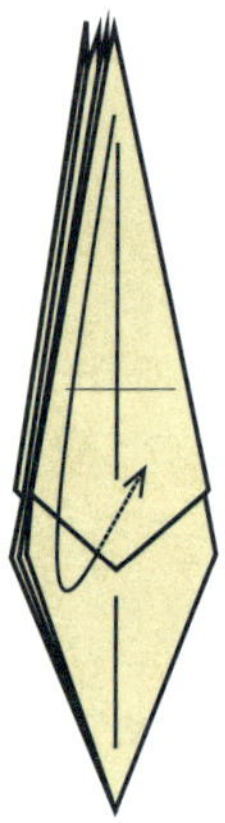

16. Aqui temos uma visão geral de como está. Na parte superior, há oito pontas das quais apenas quatro são mostradas. Dobre uma ponta introduzindo onde está indicado.

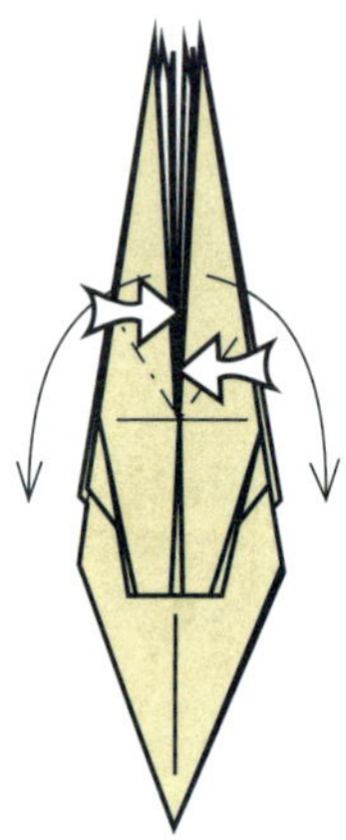

17. Dobre por dentro, duas pontas para as laterais.

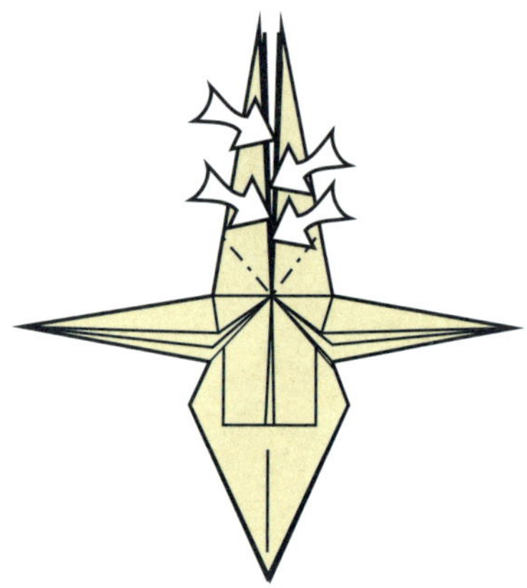

18. Dobre por dentro as outras quatro pontas para as laterais.

19. Eis o resultado. Vire o papel.

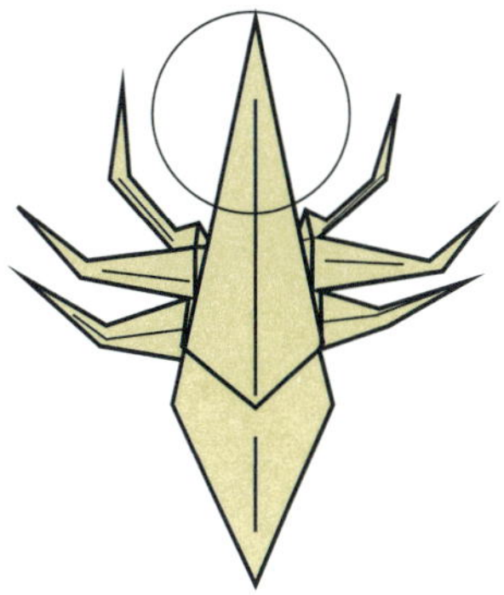

20. Segue um desafio: tente obter duas pontas a partir da ponta no círculo.

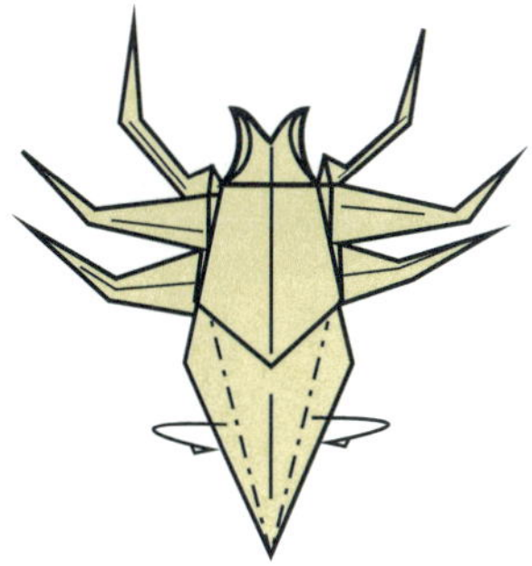

21. Aqui está o resultado. Afine o corpo dobrando pelas bissetrizes. Repita nas outras abas.

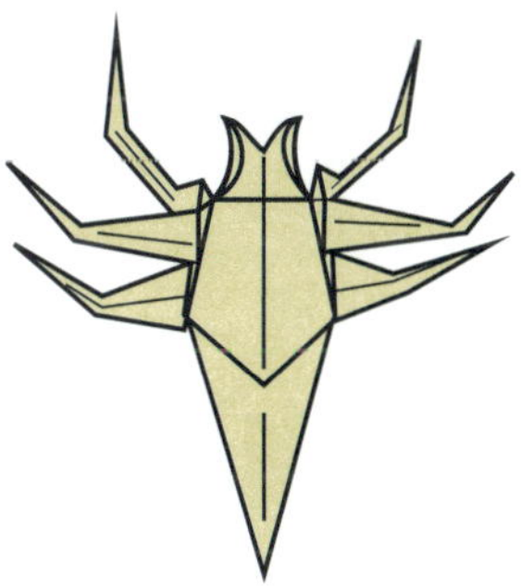

22. Cabeça, pinças e pernas dianteiras é o que já temos.

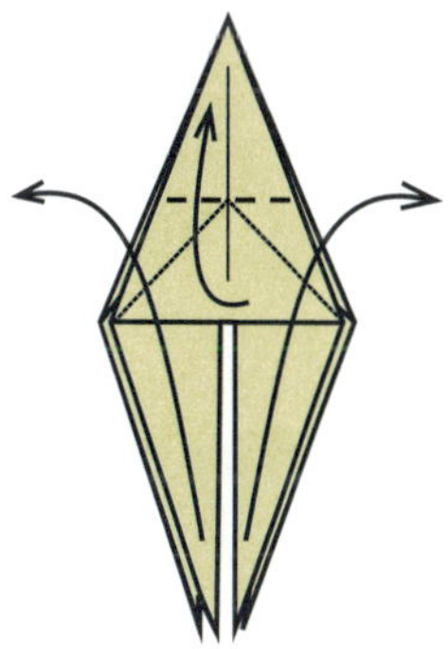

23. Inicie a parte traseira pela base da rã. Três das quatro pequenas pontas são introduzidas dentro do modelo (pontilhado).

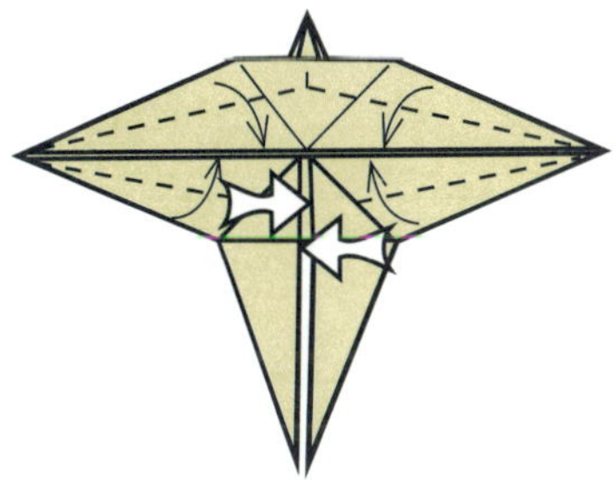

24. Dobre pelas bissetrizes, uma por vez.

25. Faça uma prega. Em seguida, vire o papel.

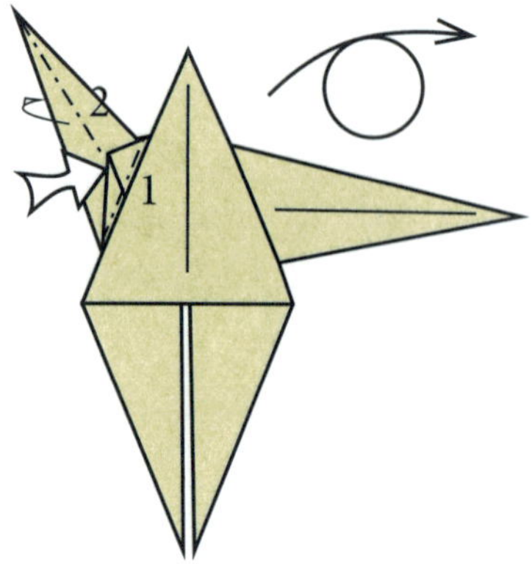

26. Dobre em ordem numérica e vire o papel.

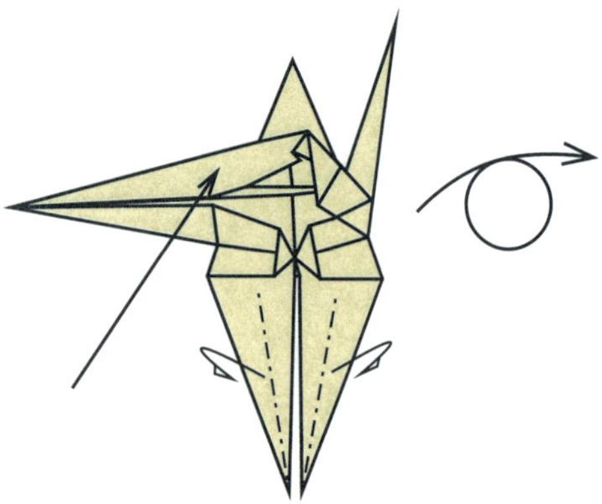

27. Repita a operação na ponta da esquerda. Em seguida afine as pontas inferiores dobrando pelas bissetrizes. Vire o papel.

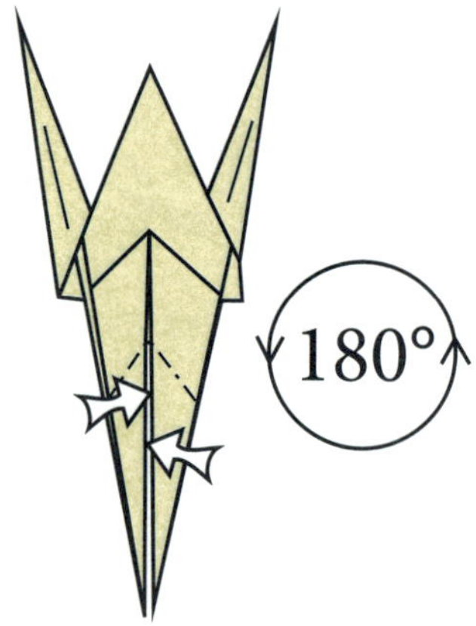

28. Dobre por dentro duas pontas para as laterais. Em seguida gire o modelo.

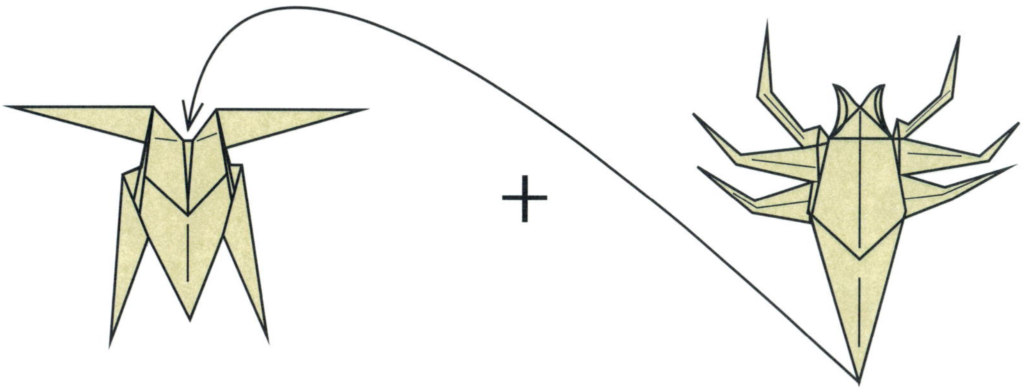

29. A soma destas duas partes formam o besouro. As pernas da parte traseira devem ser trabalhadas, afinadas e dobradas como mostra o desenho do besouro completo que é apenas referência. O resultado pode ser um pouco diferente dependendo da sequência de dobras.

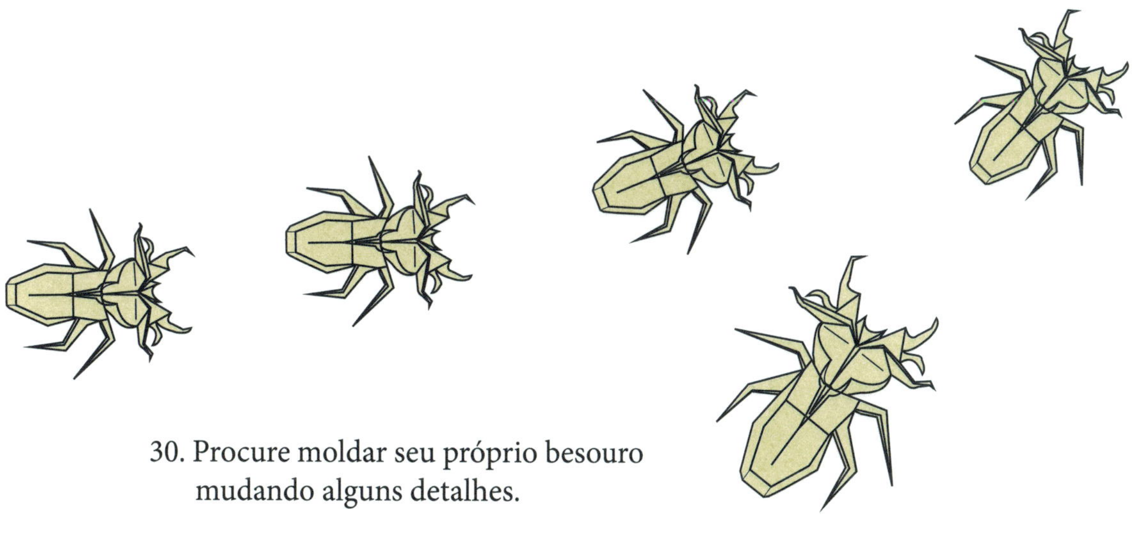

30. Procure moldar seu próprio besouro mudando alguns detalhes.

Tartaruguinha

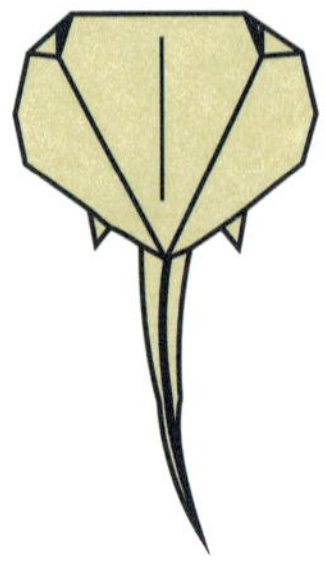

Arraia

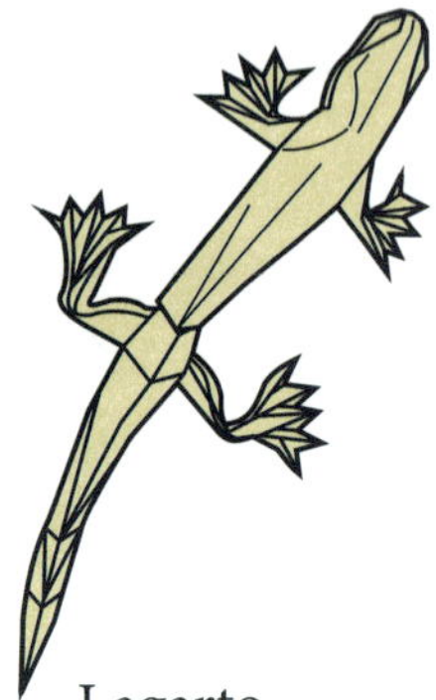

Lagarto

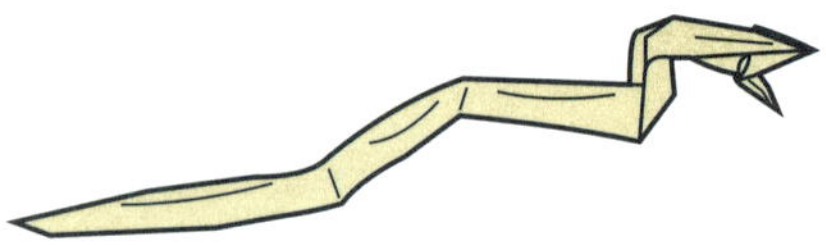

Cobra

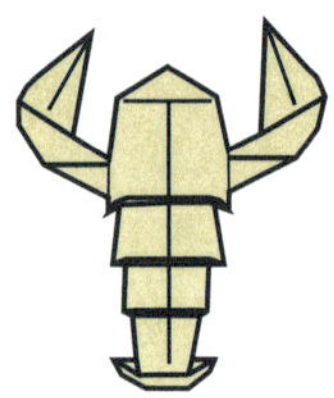

Lagosta

Caranguejo

IV – Oficina de crustáceos, répteis e raia

Tartaruga – intermediário – Use folha quadrada medindo 21 cm de lado.

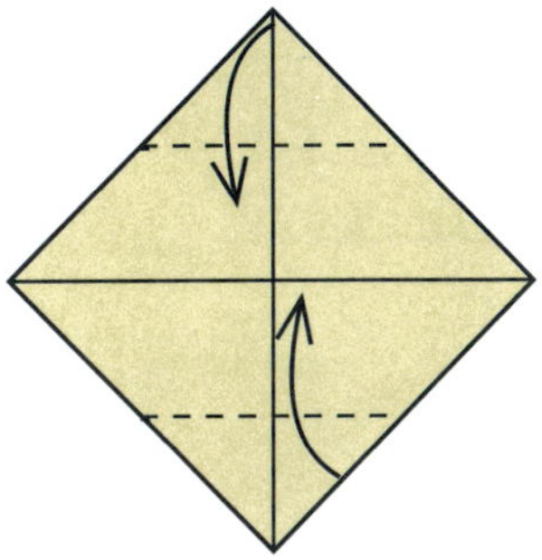

1. Dobre e desdobre as diagonais da folha. Em seguida dobre dois cantos para o centro.

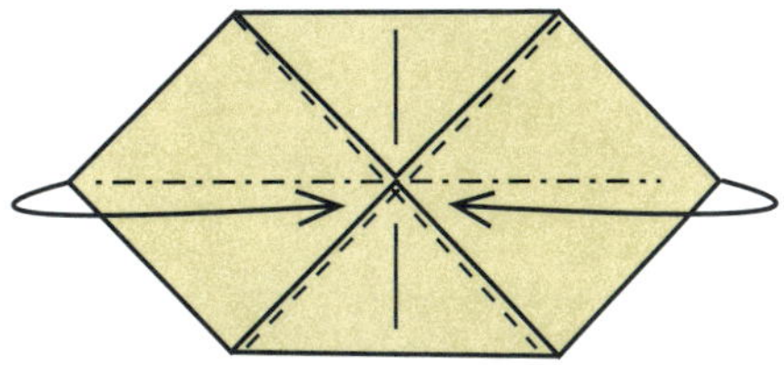

2. Vinque e depois dobre seguindo as linhas vale e montanha.

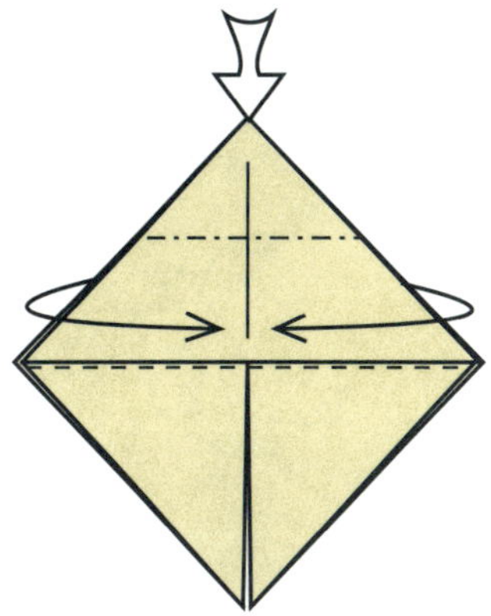

3. Abra e achate em cima transformando o triângulo num quadrado.

4. Vire o papel.

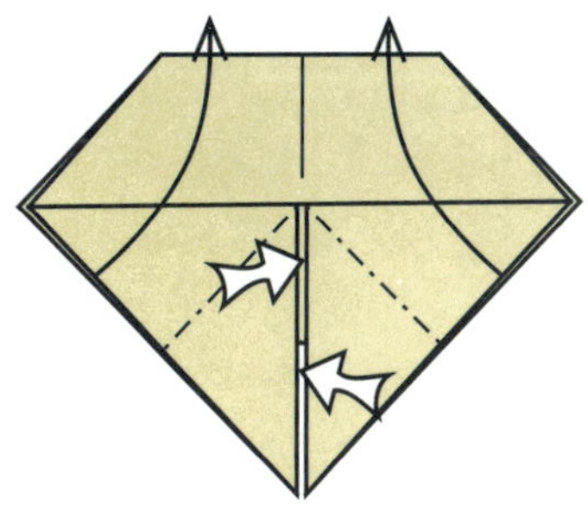

5. Abra e achate.

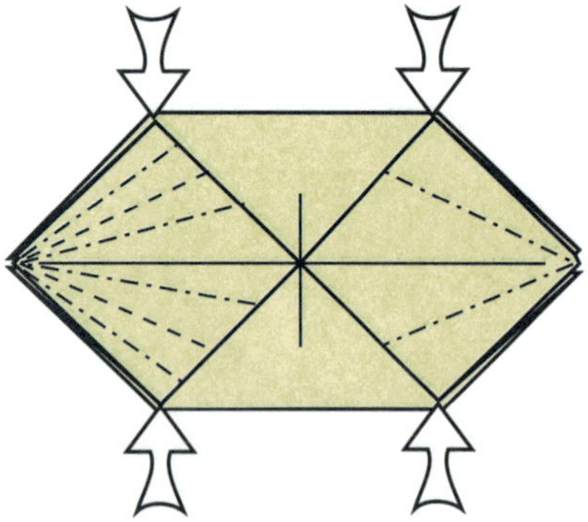

6. Dobre para dentro seguindo as linhas vale e montanha. Na esquerda efetue dobras sucessivas para dentro e para fora.

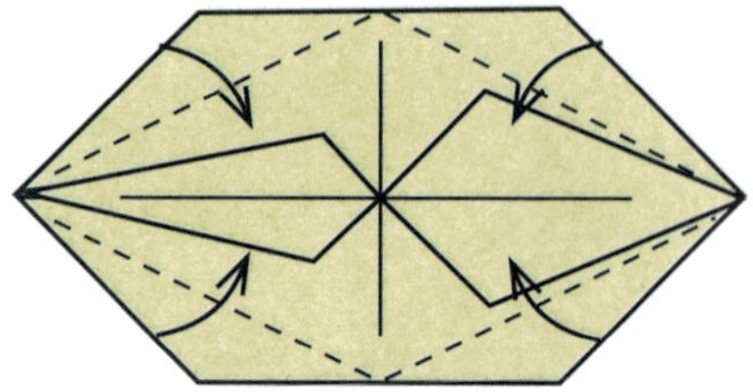

7. Dobre as laterais. Parte delas ficará sob os quadriláteros.

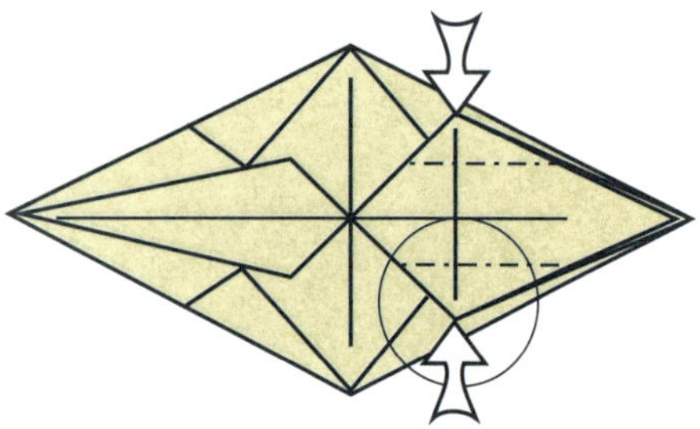

8. Afunde as laterais para formar pescoço e cabeça.

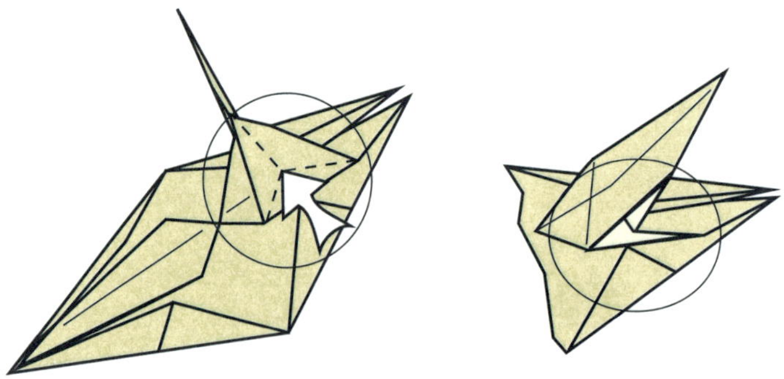

9 e 10. Acompanhe o detalhe do afundamento. Repita no outro lado.

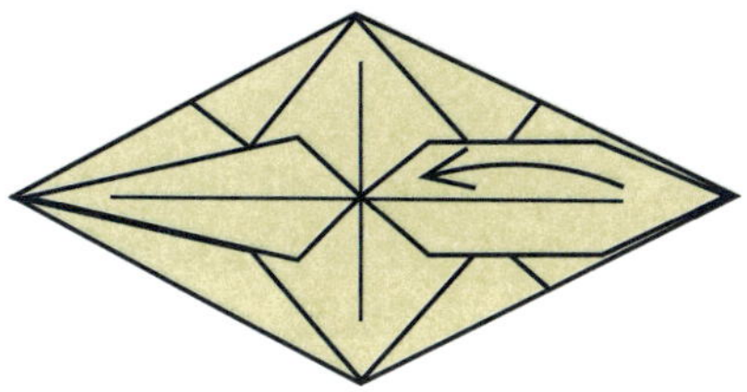

11. Passe a ponta da cabeça para a esquerda.

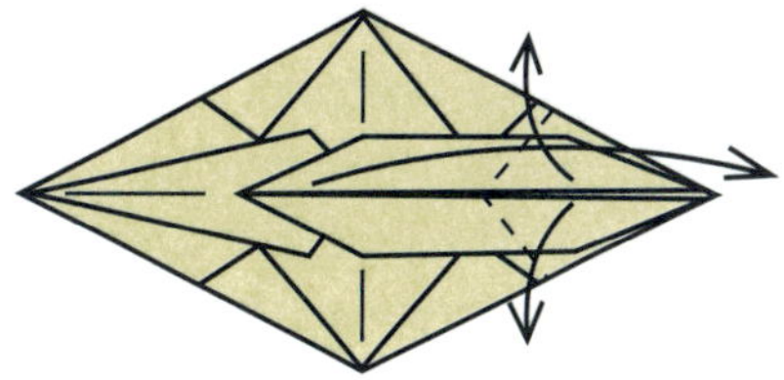

12. Dobre as duas patas dianteiras para fora e retorne a ponta da cabeça para a direita.

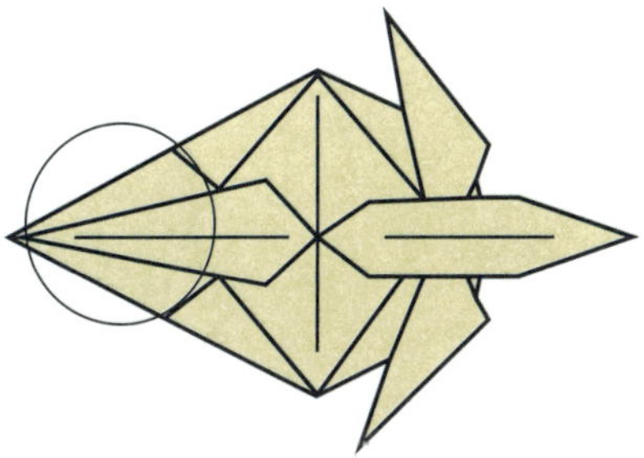

13. Dobre as duas patas traseiras para fora no local indicado pelo círculo.

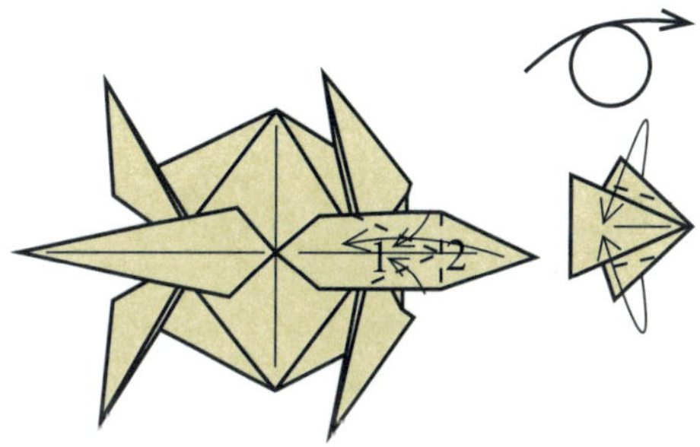

14. Para fazer a cabeça dobre em ordem numérica. Dê o acabamento com duas dobras como mostra o detalhe.

15. A tartaruguinha está pronta. Assopre no centro da barriga para dar volume ao casco.

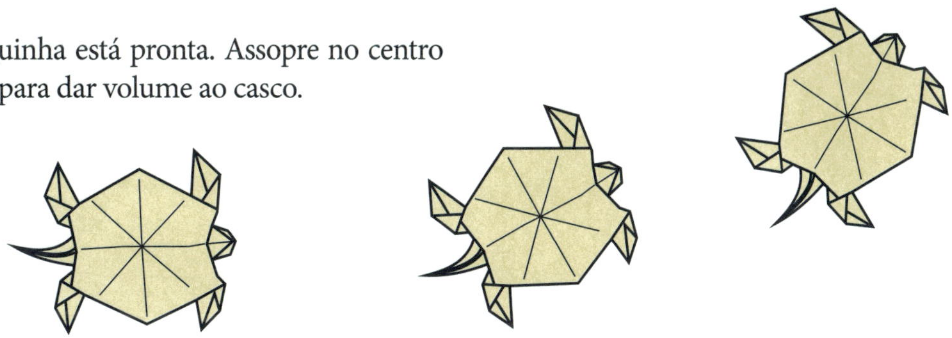

Aqui estão alguns trechos das anotações de Darwin na Argentina:
"*Répteis há de muitas espécies: uma cobra que devia ser excessivamente venenosa, haja vista o tamanho do canal excretor do veneno... Havia muitas espécies de lagartos, mas somente uma se fazia notar pelos hábitos. Vive sobre a areia nua, próxima da costa do mar...*" Em Galápagos: *Passarei primeiramente a descrever os hábitos da tartaruga a que tantas vezes tenho me referido. Esses animais se encontram, creio, em todas as ilhas que compõem o arquipélago: certamente na grande maioria delas...*"

Raia (ou arraia) – complexo – Use folha quadrada medindo 21 cm de lado, fina e resistente.

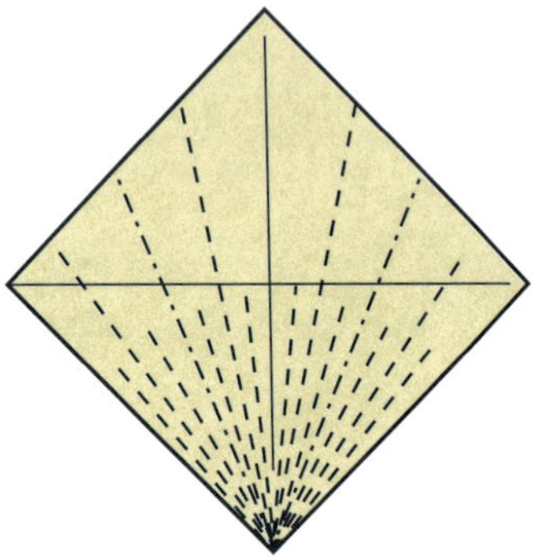

1. Divida o ângulo reto em 16 regiões congruentes vincando bem.

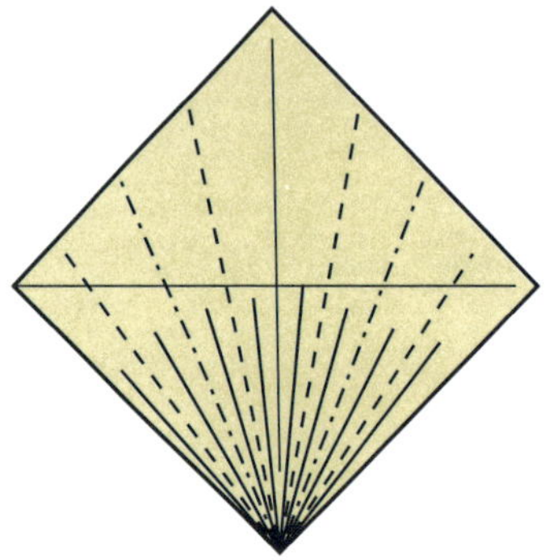

2. Dobre nas linhas vale e montanha.

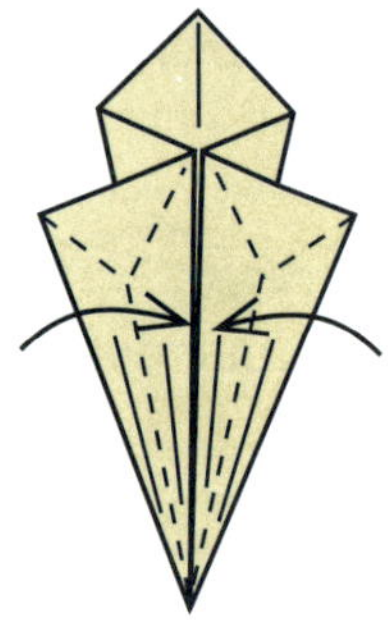

3. Dobre nas bissetrizes.

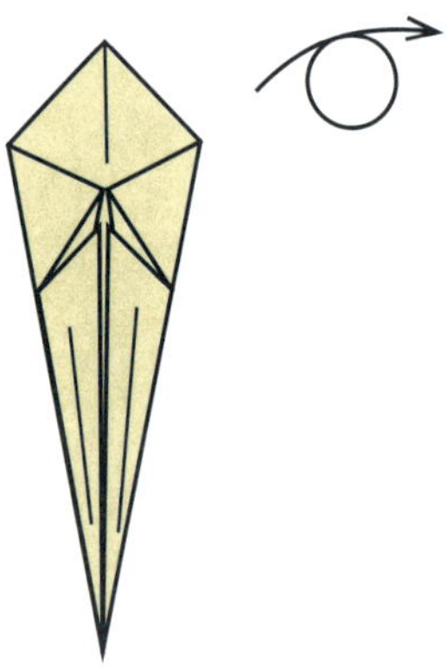

4. Vire o papel.

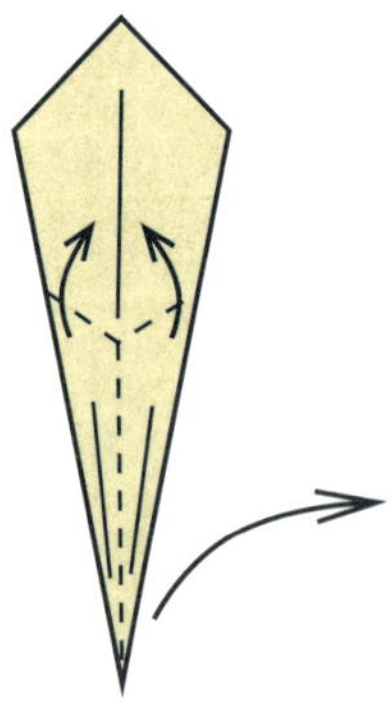

5. Aplique orelha de coelho.

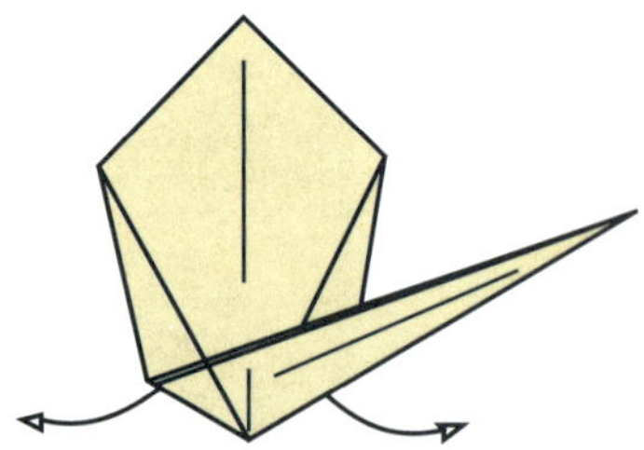

6. Desdobre o papel que está embaixo.

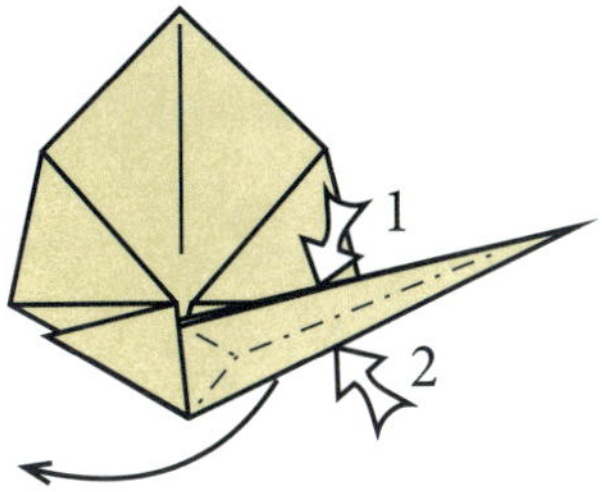

7. Aqui você terá duas opções:
   1. Aplique dobra pétala.
   2. Abra e achate (intervalos assimétricos entre as abas).

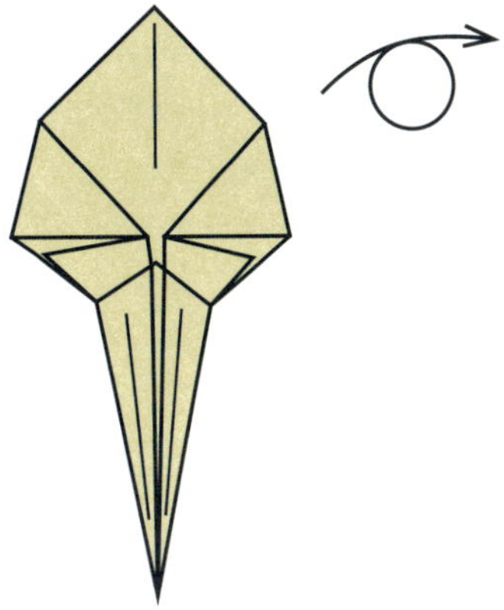

8. Vire o papel.

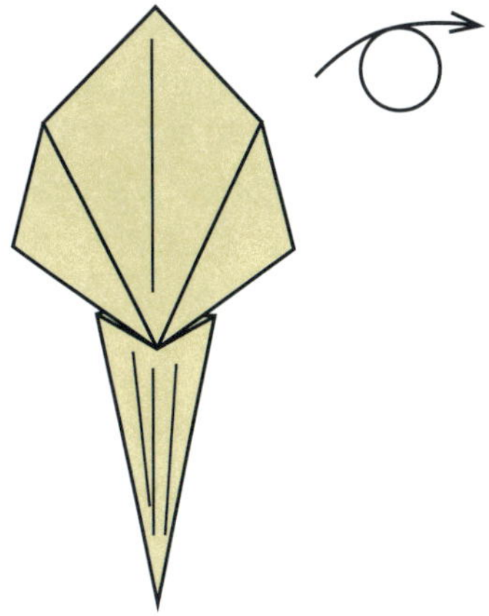

9. Observe o resultado. Vire o papel novamente.

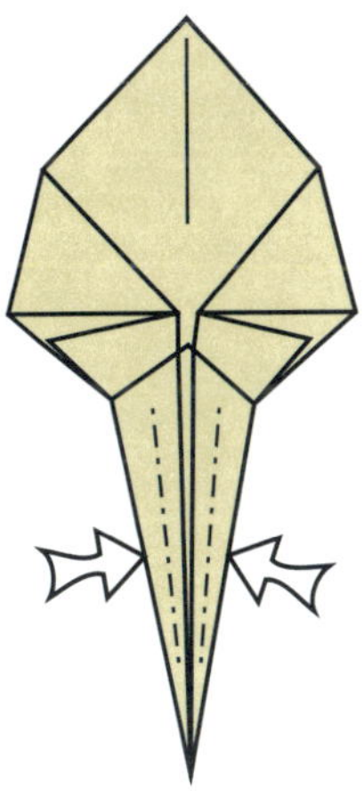

10. O afinamento do rabo pode ser feito agora ou parcialmente no final da receita apenas apertando as laterais.

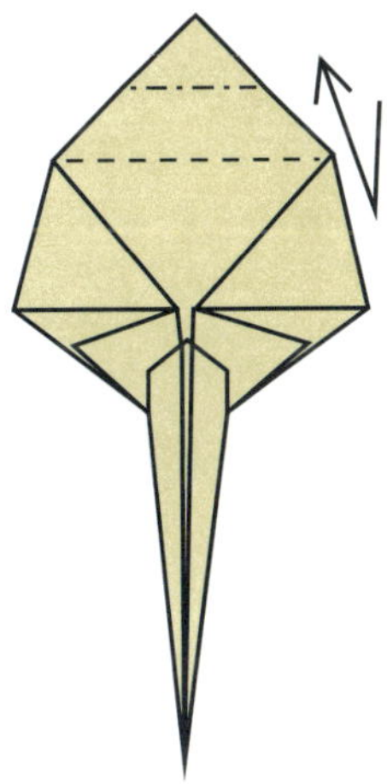

11. Faça uma prega.

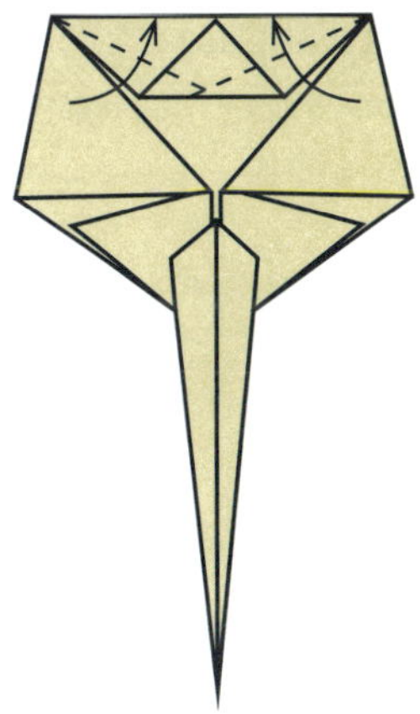

12. Dobre nas bissetrizes.

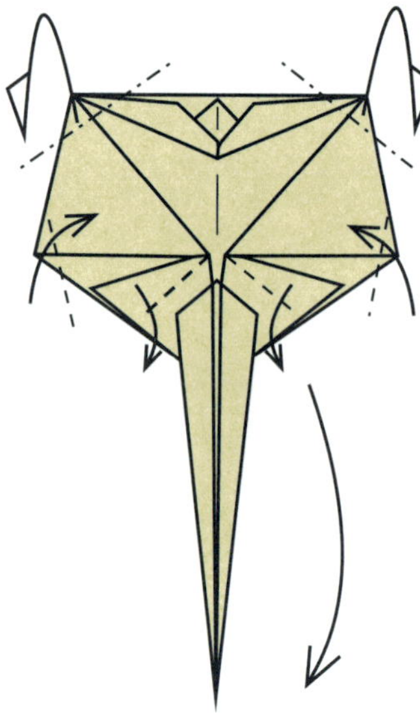

13. Dobre nas linhas vale e montanha simetricamente. Em seguida, curve o rabo.

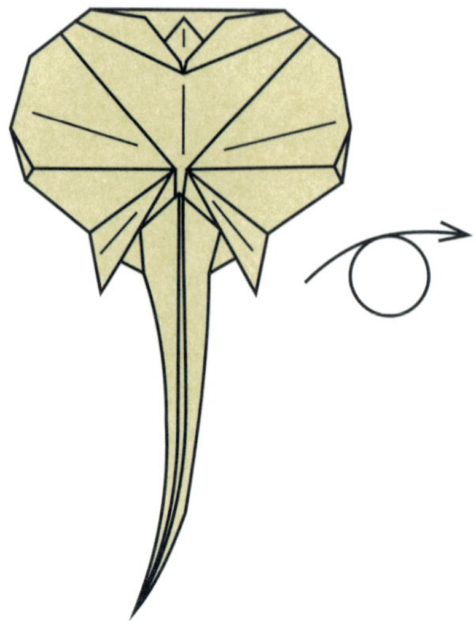

14. Raia vista por baixo.

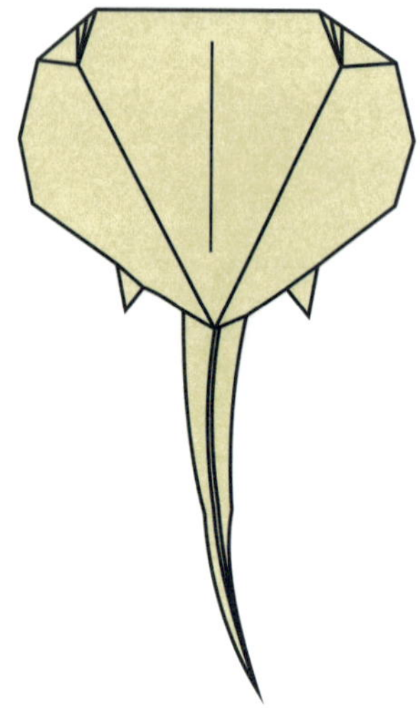

15. Vista por cima.

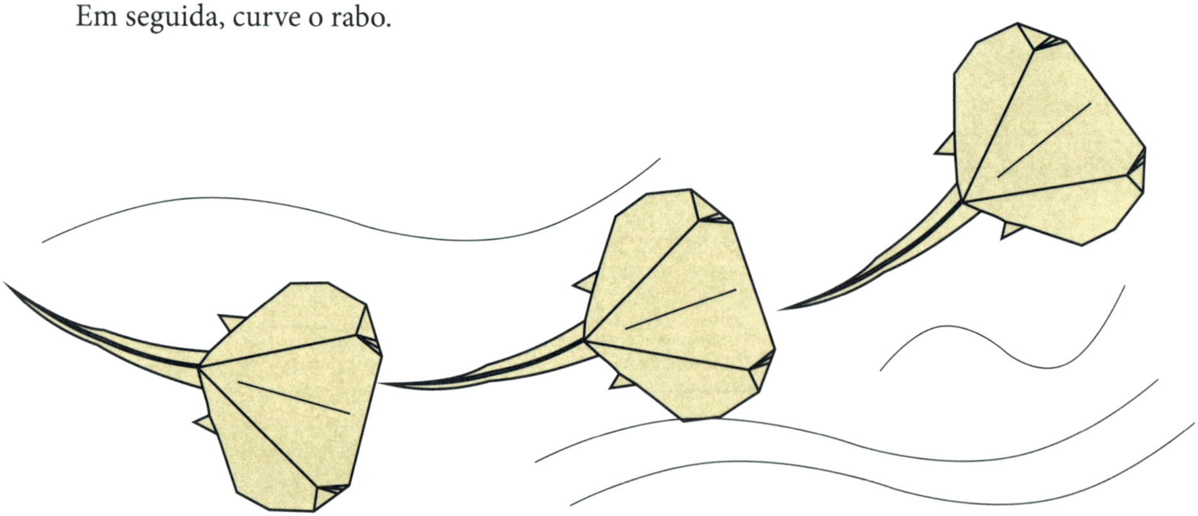

Parte dianteira do lagarto - complexo - Use tamanhos de sua preferência.
Para a parte frontal, use uma folha quadrada menos 1/6 como mostra o primeiro desenho.

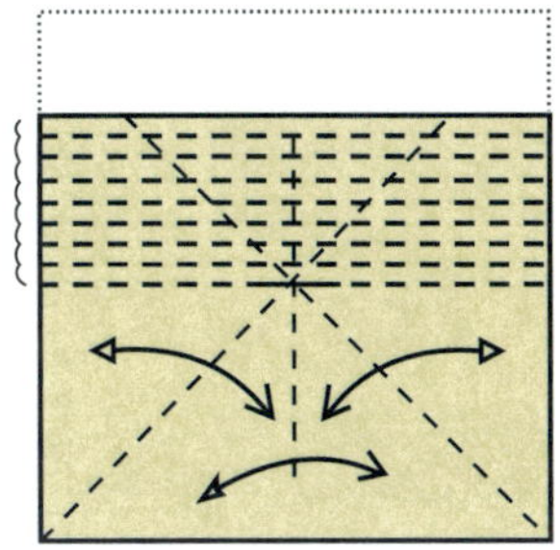

1. Dobre e desdobre as bissetrizes dos ângulos retos inferiores. A partir do ponto de intersecção, divida a parte superior em oito regiões congruentes.

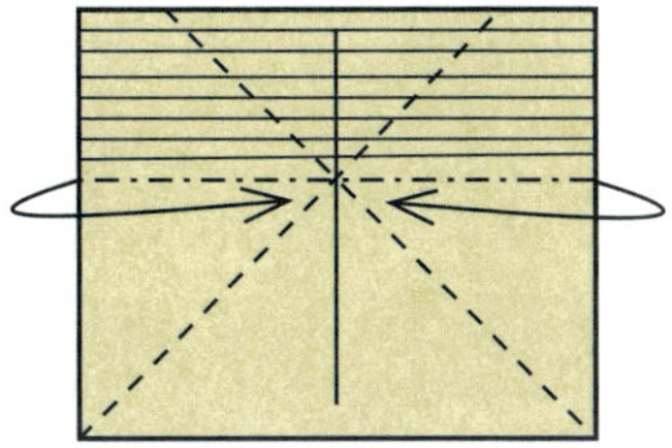

2. Dobre seguindo as linhas vale e montanha. (ver p. 17) Dobra semelhante à Base do Balão.

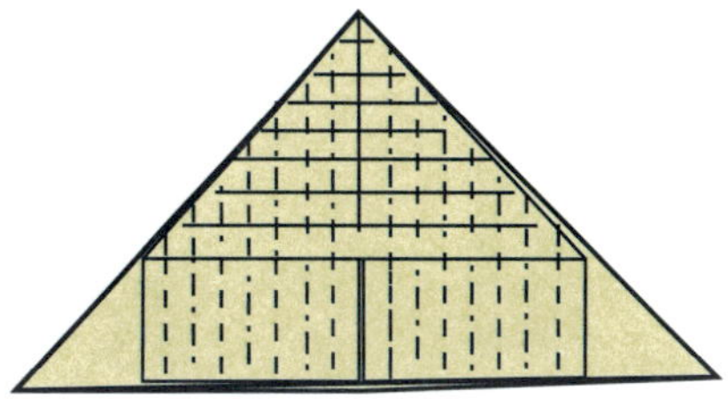

3. Dobre e desdobre com cuidado só as abas de cima. A divisão é em 16 partes. Em seguida, faça uma sucessão de dobras para dentro e para fora nas abas duplas. Veja o resultado na próxima fase.

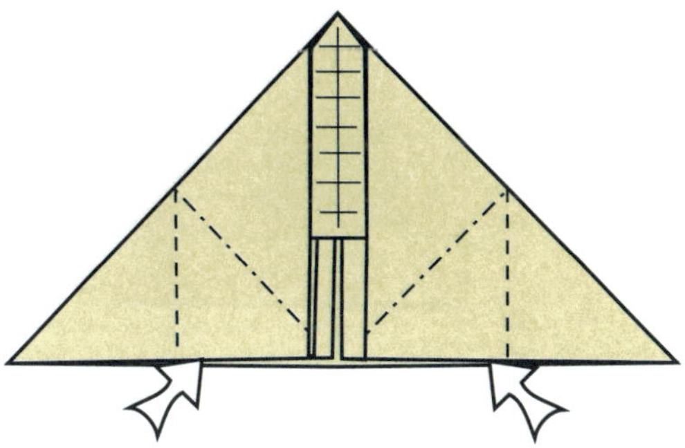

4. Dobre para dentro seguindo as linhas vale e montanha.

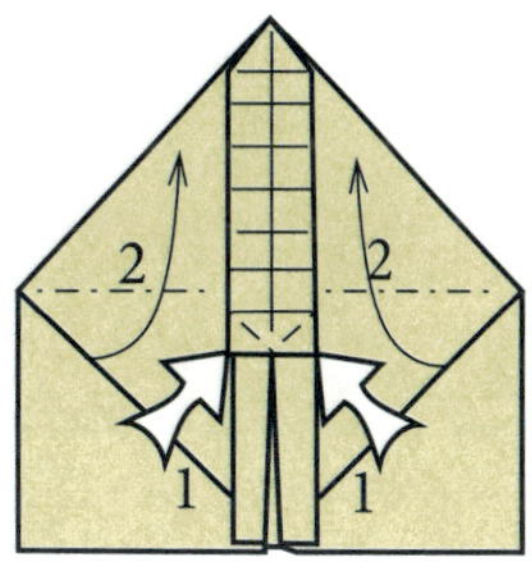

5. Dobre em ângulos de 45º todas as pequenas abas duplas (1). Em seguida, dobre dois triângulos para cima (2).

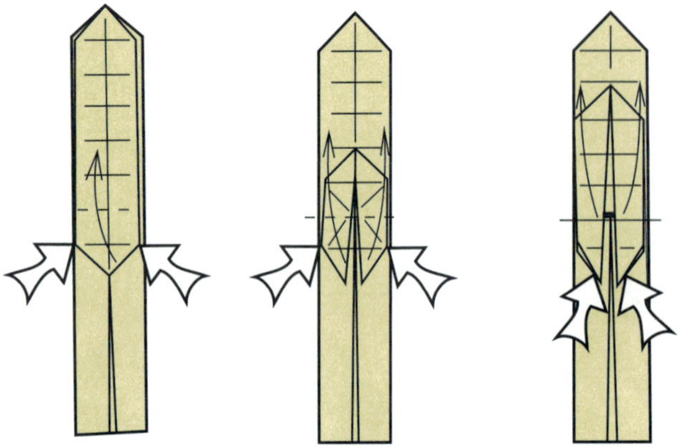

6. O procedimento é esticar a ponta para cima e ao mesmo tempo achatando as laterais, uma, duas, três vezes até a ponta coincidir com a outra ponta.

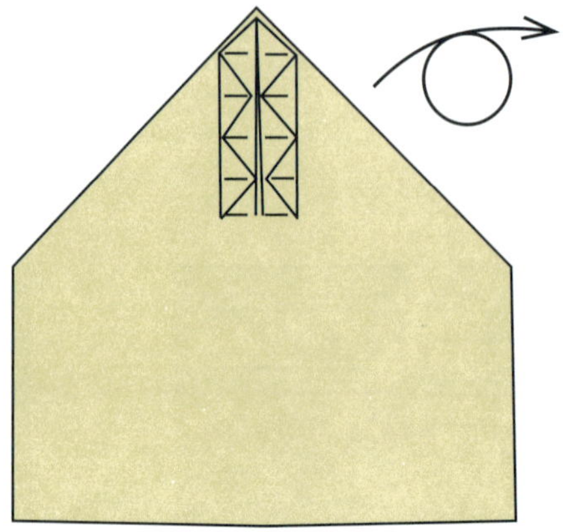

7. Desenho ampliado e resumido. Observe o resultado do esticamento anterior. Vire o papel.

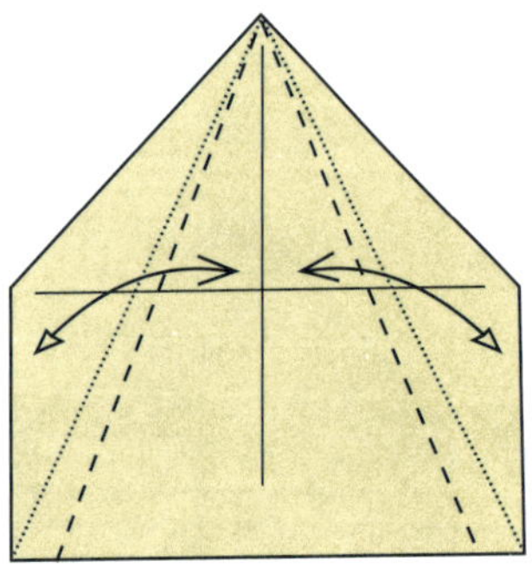

8. Dobre e desdobre nas duas bissetrizes ou vértice a vértice se preferir. A receita seguirá com as bissetrizes ignorando as linhas pontilhadas.

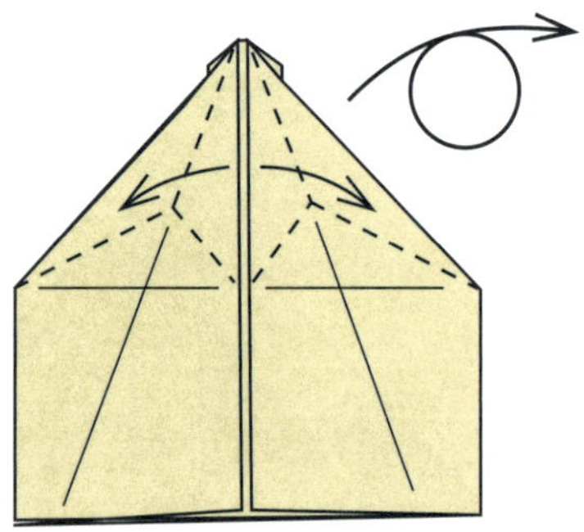

9. Dobre orelha de coelho levando as pontas superiores para as laterais.

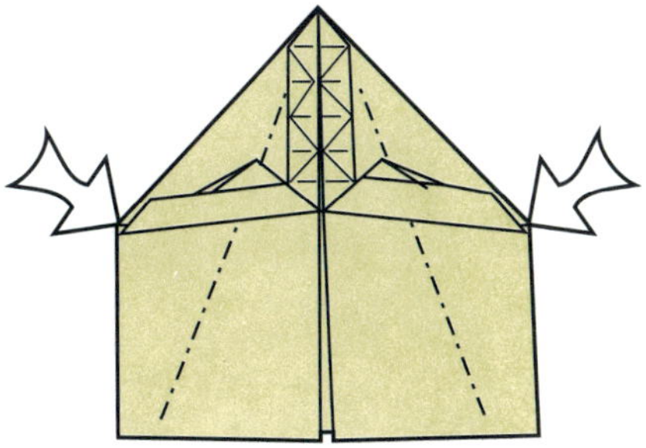

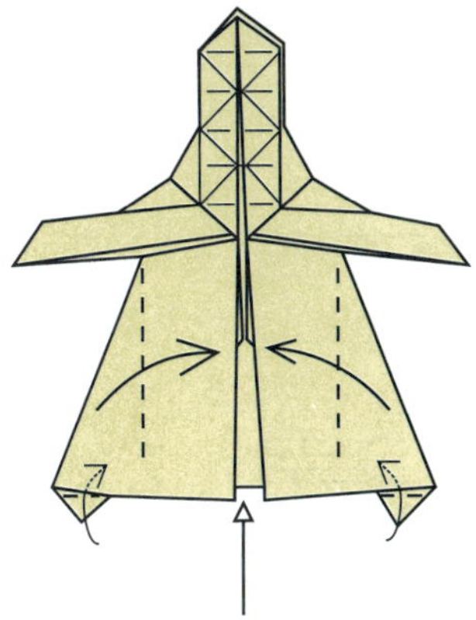

10. Dobre para dentro nas bissetrizes vincadas na fase 8. Em seguida, vire o papel.

11. Dobre os pequenos triângulos para dentro. Dobre as laterais, firme. A parte traseira será encaixada nesse vão.

Os desenhos acima mostram como encaixar as duas partes. Agora vamos dobrar a parte traseira utilizando uma folha quadrada com medida igual ao quadrado da parte dianteira do qual tiramos 1/6.

Parte traseira do lagarto – Complexo – Use uma folha quadrada com medida igual a anterior, mas inteira.

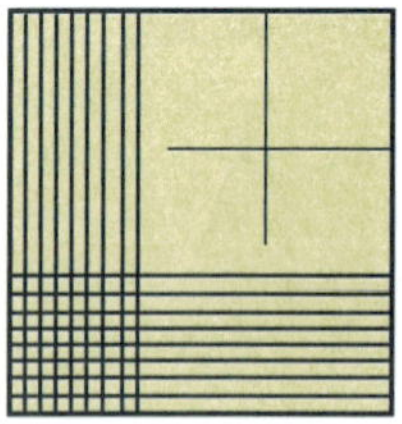

1. Divida 1/3 de cada lado em oito retângulos congruentes.

2. No quadrado menor será dobrada a base do pássaro.

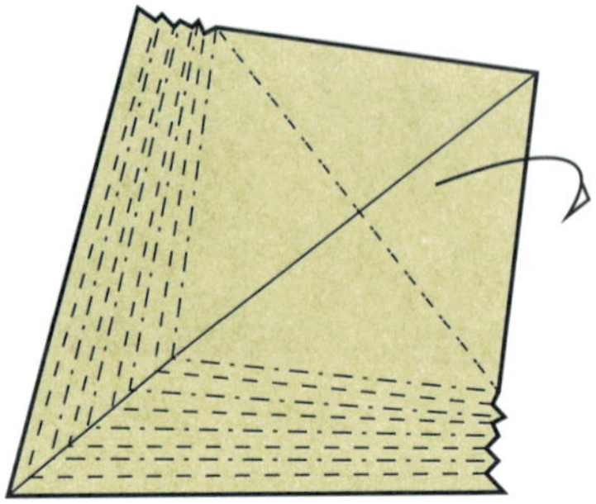

3. Seguindo este desenho ampliado, dobre o triângulo para trás. Em seguida, dobre pelas linhas vale e montanha como se fosse fechar um leque.

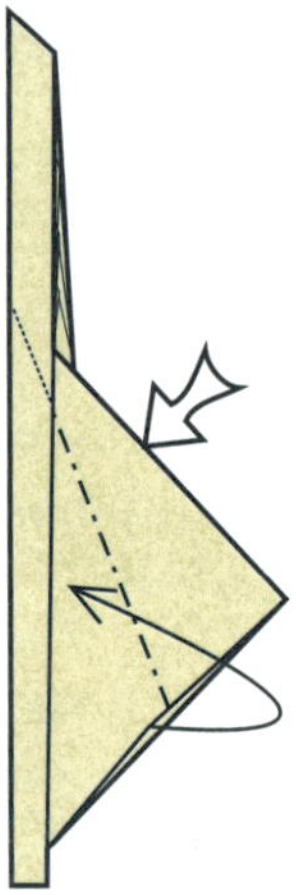

4. Abra e achate.

5. Continue achatando.

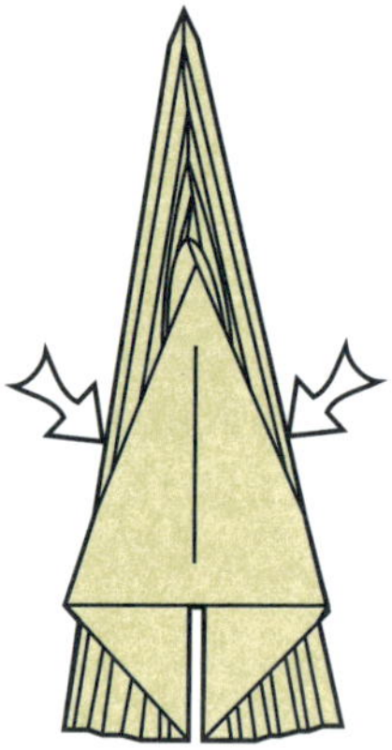

6. Continue até fechar.

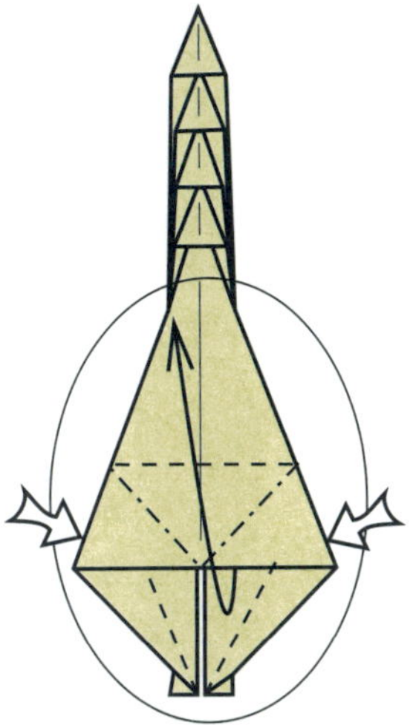

7. Assim que estiver pronto, use dobra do tipo pétala e siga acompanhando os detalhes nas próximas fases com desenhos parciais.

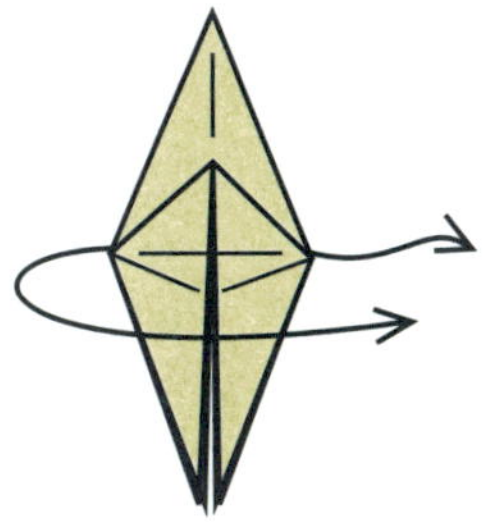

7a. Retire o papel escondido.

7b. Abra e achate.

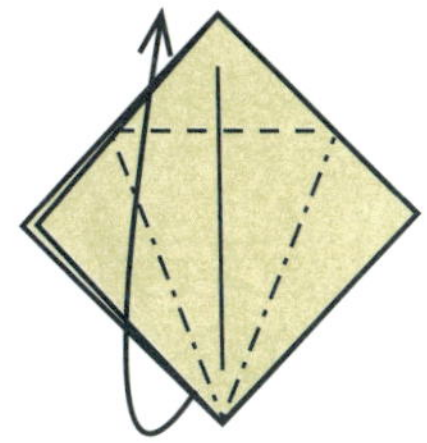

7c. Faça dobra pétala.

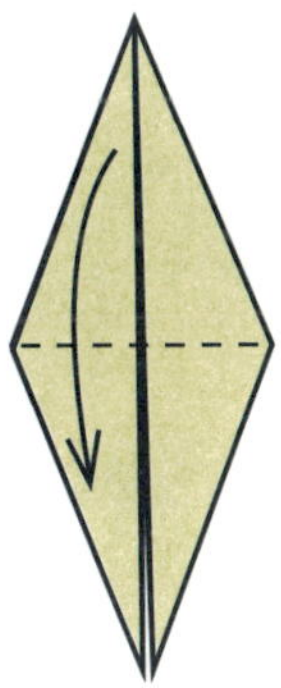

7d. Dobre para baixo.

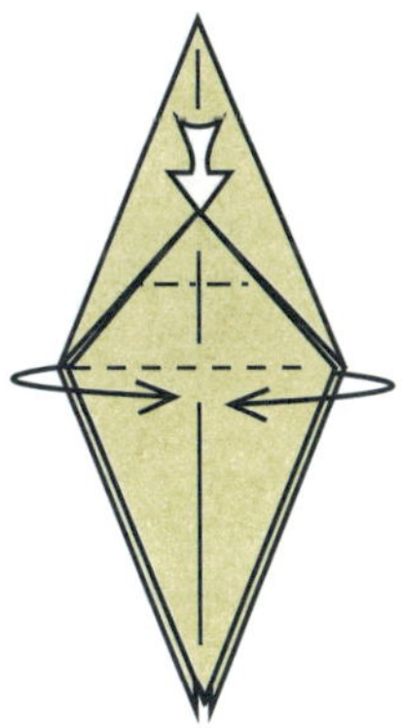

7e. Abra e achate.

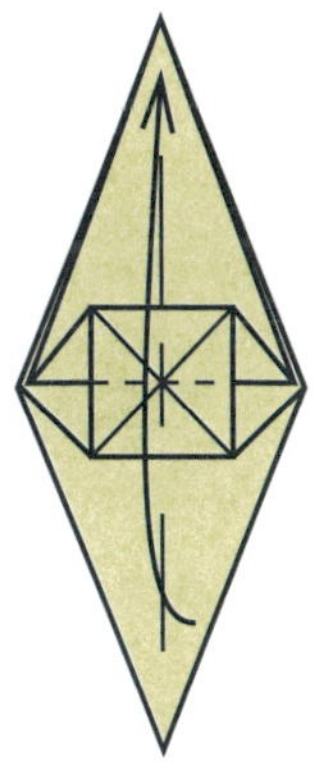

7f. Dobre para cima.

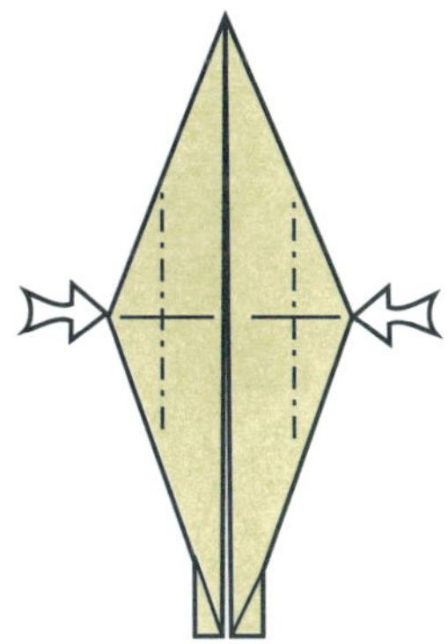

7g. Afunde.

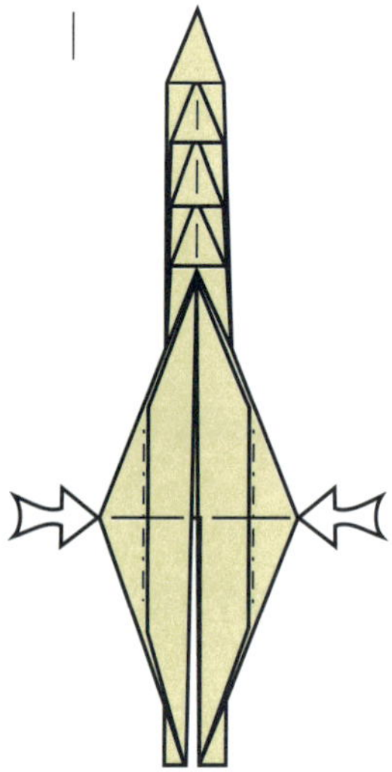

8. Eis uma visão geral de como está.
Afunde as laterais restantes.

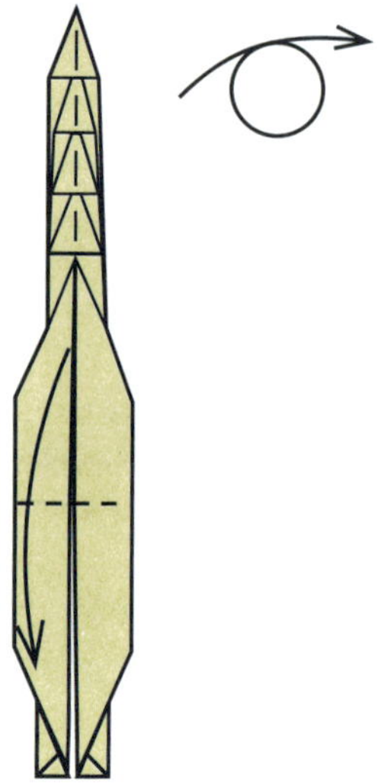

9. Dobre para baixo.

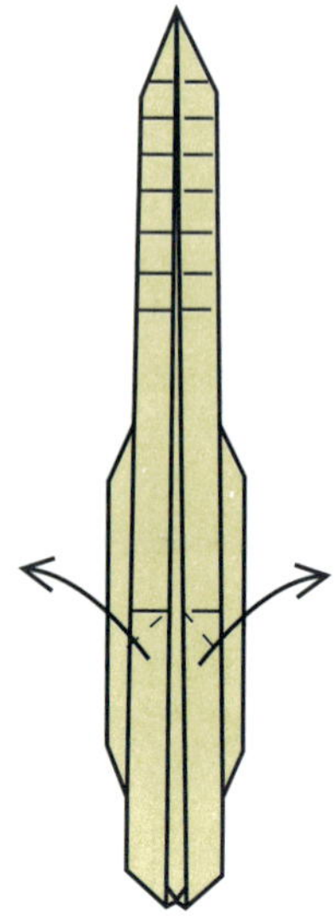

10. Dobre as pernas para as laterais.

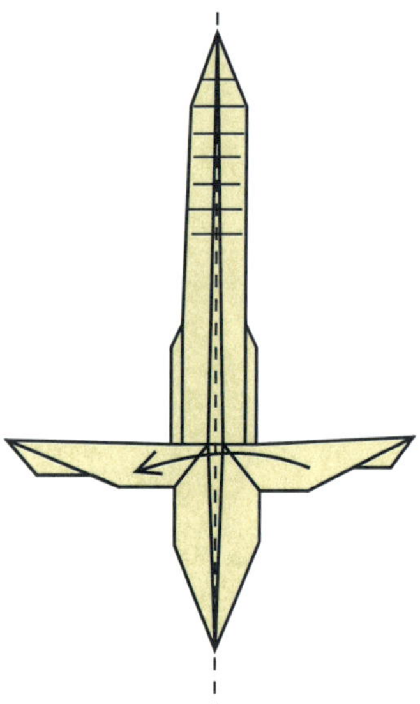

11. Dobre fechando o corpo.

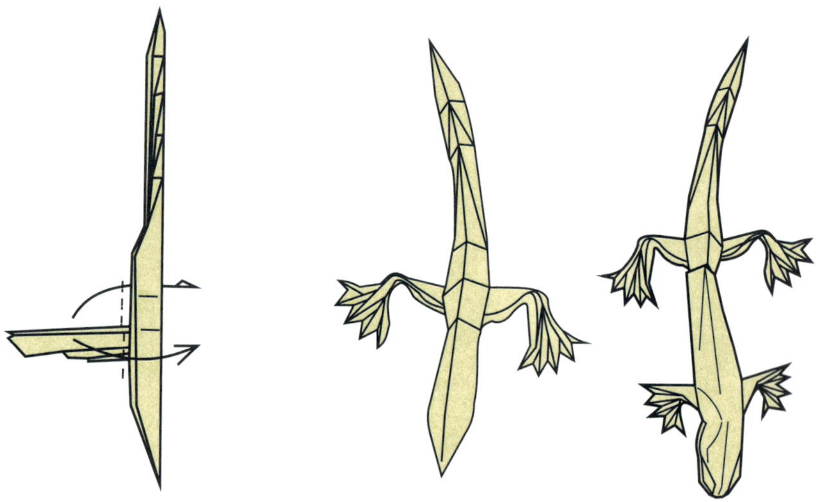

12. Dobre as pernas para fora do corpo como mostra o desenho seguinte. No último desenho as duas partes estão encaixadas. Pode colar se quiser.

Cobra – intermediário – Use 1/3 de uma folha A4 (lado maior).

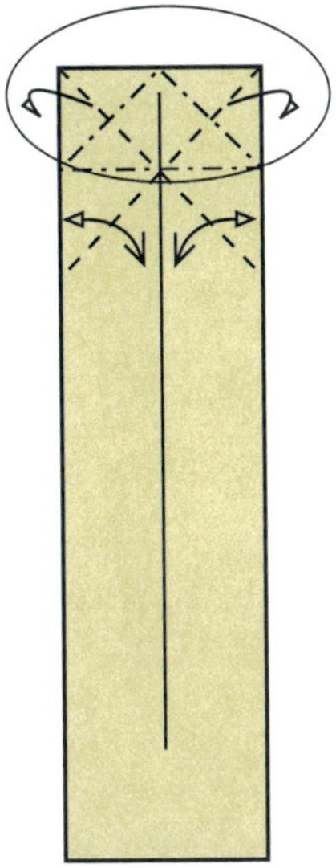

1. Dobre dois triângulos para trás. Em seguida, dobre meia base preliminar. Pormenores ao lado nos desenhos de detalhes.

1a. Dobre para dentro nas bissetrizes.

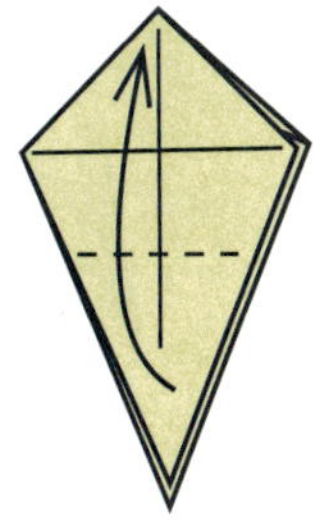

1b. Dobre para cima.

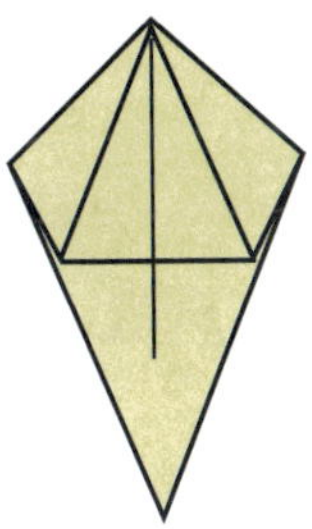

1c. Eis o resultado.

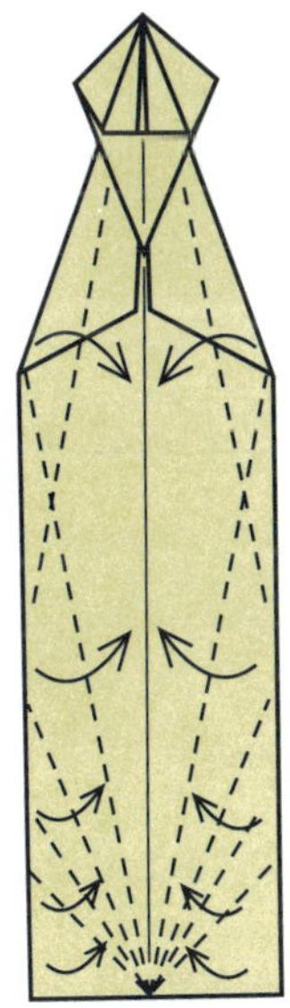

2. Dobre em todas as bissetrizes assinaladas a partir das exteriores.

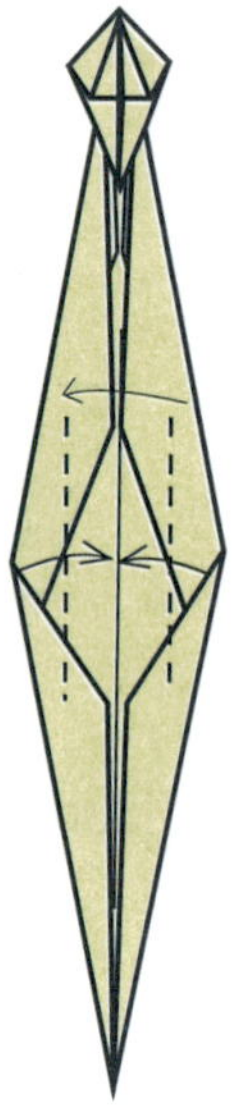

3. Veja o resultado com as bissetrizes dobradas. Dobre as laterais.

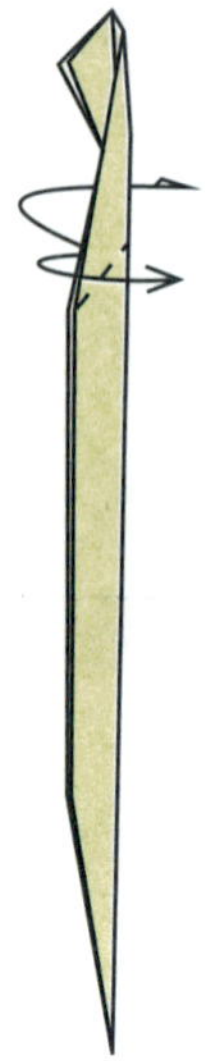

4. Faça uma dobra por fora.

5. Dobre por fora. Gire o papel a 90º.

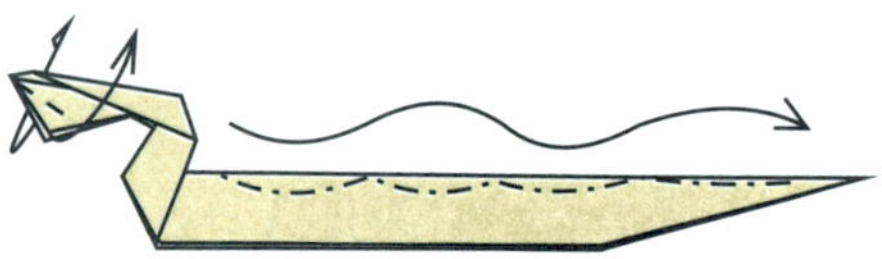

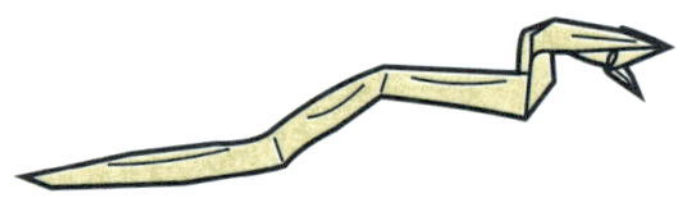

6. Dobre as pequenas abas da boca para cima. Curve o corpo achatando para dar impressão de volume. Que tal criar sua própria cobra?

Lagosta – complexo – Use um triângulo retângulo isósceles (1/2 quadrado com 21 cm de lado).

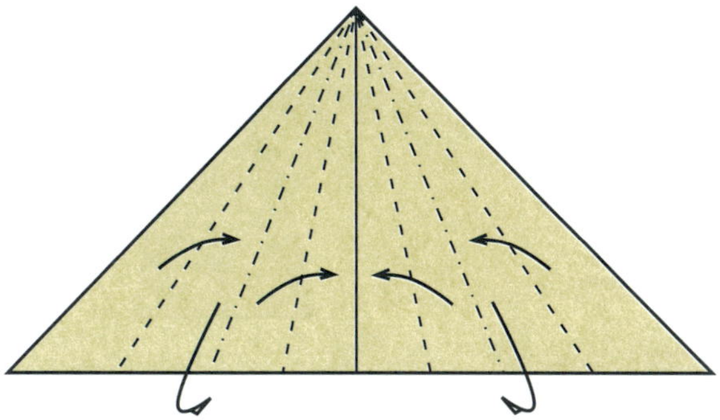

1. Dobre nas bissetrizes seguindo as linhas vale e montanha.

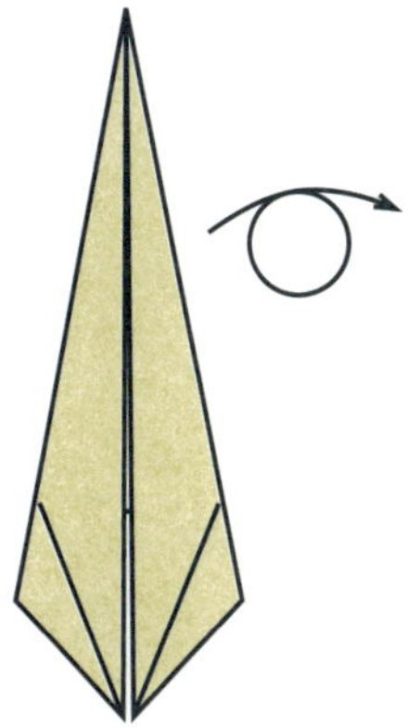

2. Vire o papel.

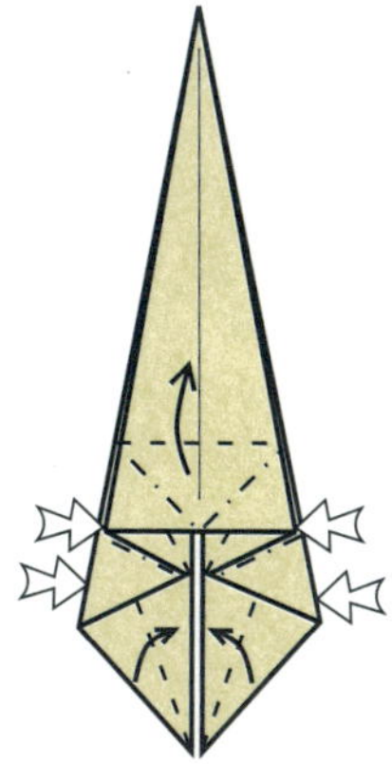

3. Aplique dobra pétala.

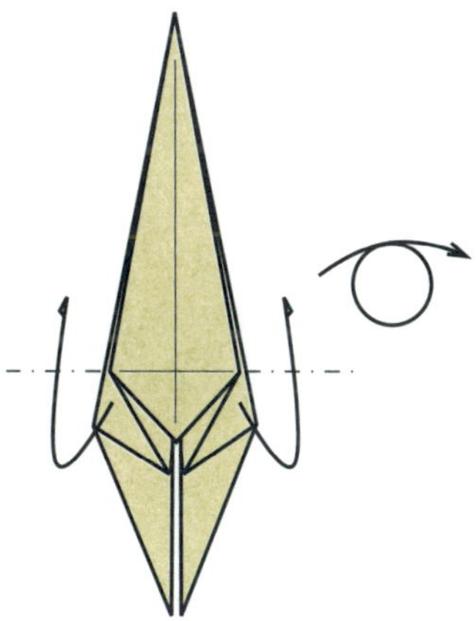

4. Dobre só a parte de trás para cima.

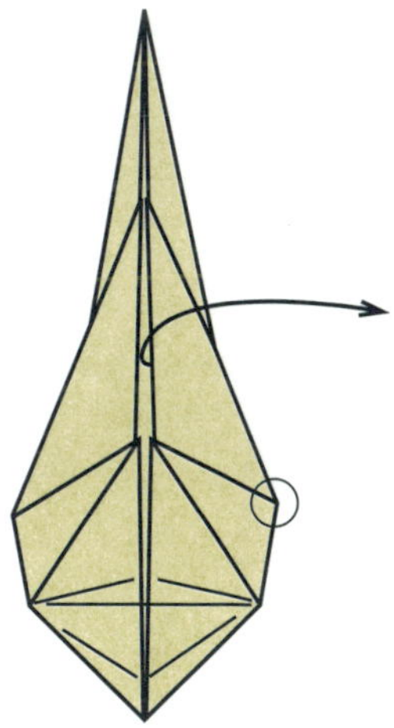

5. Retire parte do papel interno deslizando a camada inferior.

6. Vinque a ponta que será o rabo.

Dobrar o rabo é difícil para quem não tem prática e por isso fica como um desafio.

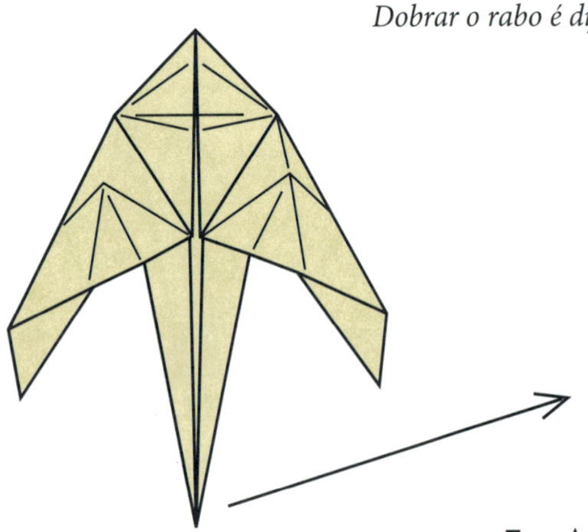

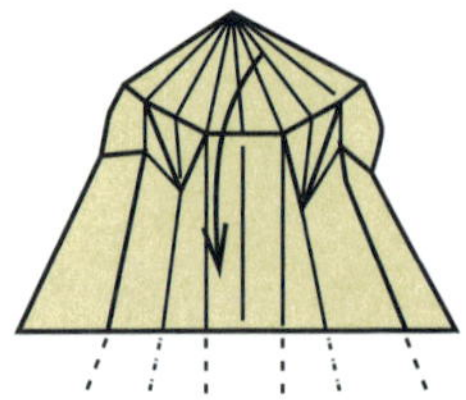

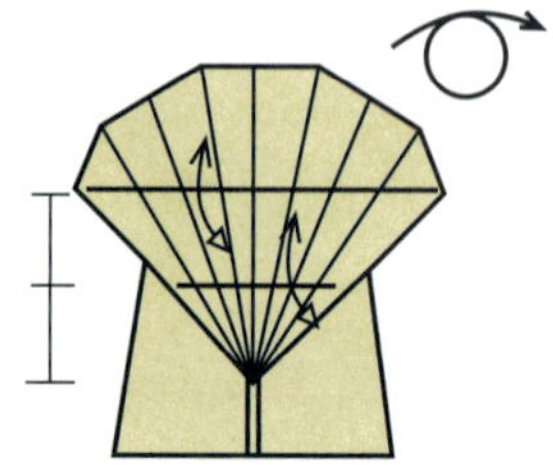

7. Veja que foi retirado o papel interno da parte esquerda também.

7a. Acompanhe este detalhe do rabo. A ponta que foi vincada deve ser aberta para a execução da dobra. Veja a ponta sendo aberta e abaixada.

7b. Vinque conforme está indicado e vire o papel.

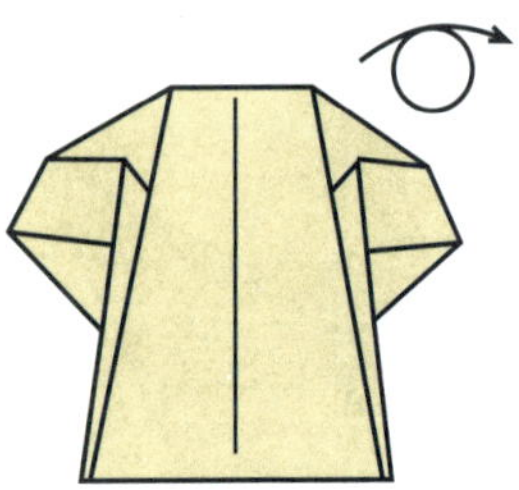

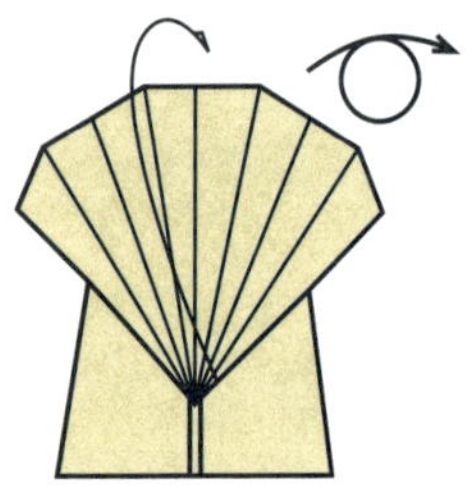

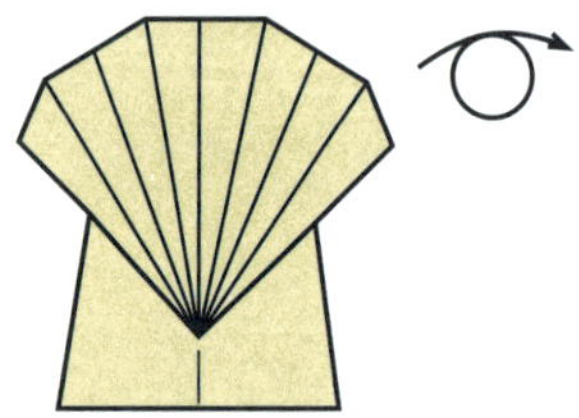

7c. Confira o resultado e vire o papel.

7d. Vire o heptágono pelo avesso e vire o papel.

7e *e* 7f. Confira o resultado em ambos os lados.

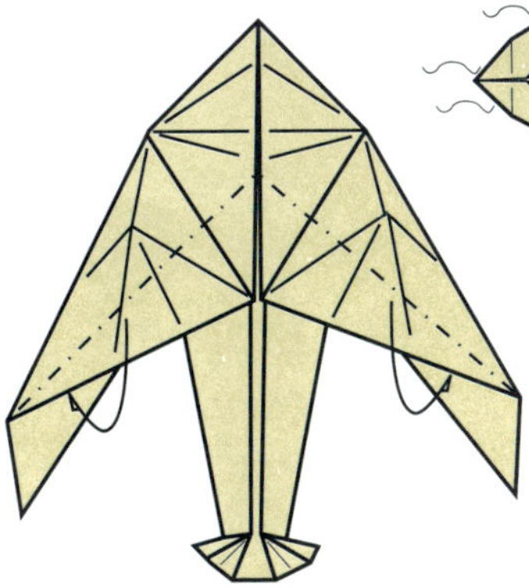

8. Com esta visão geral, dobre para dentro nas bissetrizes.

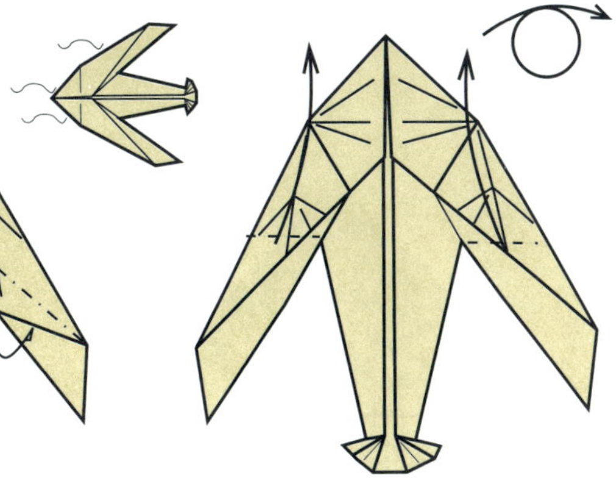

9. A forma intermediária parece um peixe. Dobre as pinças para cima até onde for possível e vire o papel.

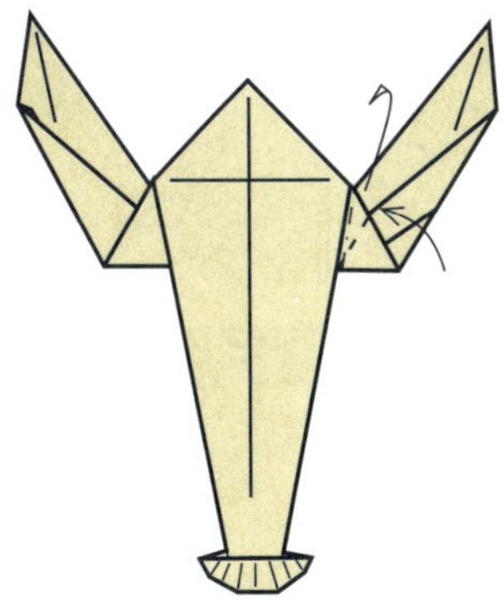

10. Dobre para dentro e repita na outra pinça.

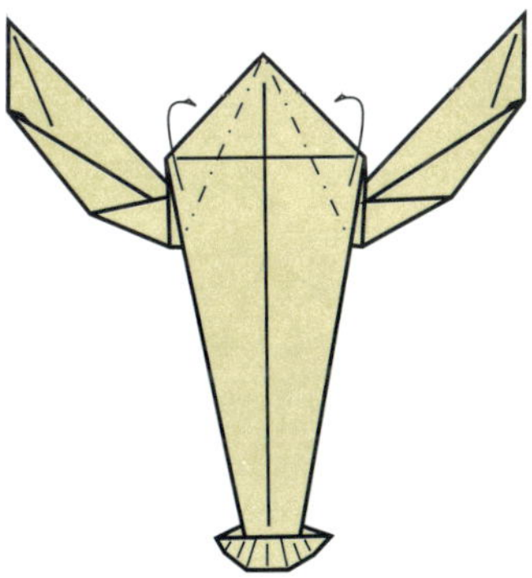

11. Afine a cabeça dobrando nas bissetrizes.

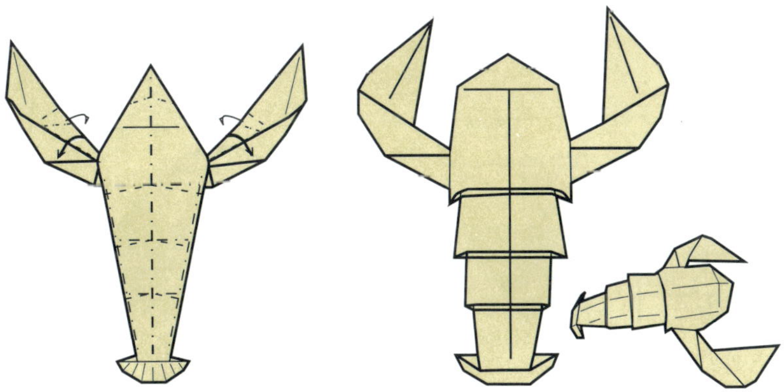

12. Molde corpo e pinças dobrando pelas linhas vale e montanha, uma dobra por vez. Confira o resultado no desenho final.

Caranguejo – complexo – Use uma folha quadrada retirada de um papel A3.

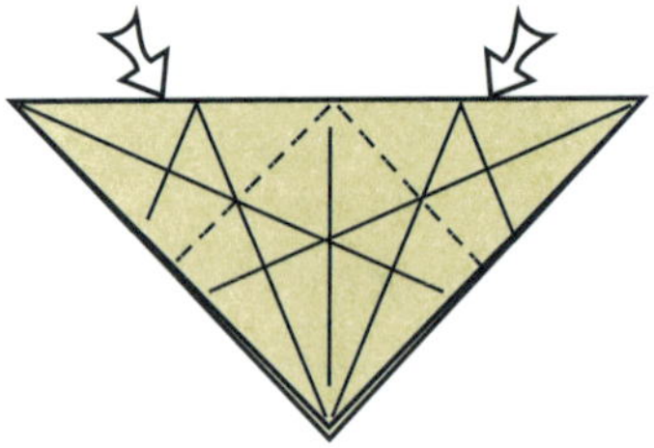

1. Dobre e desdobre todas as bissetrizes no quadrado, quatro num lado e quatro no outro. Em seguida, dobre a base preliminar.

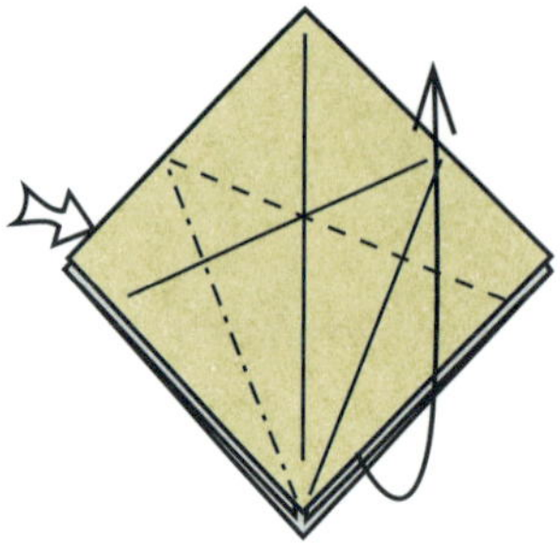

2. Dobre vale e montanha nas marcas que ficaram das bissetrizes.

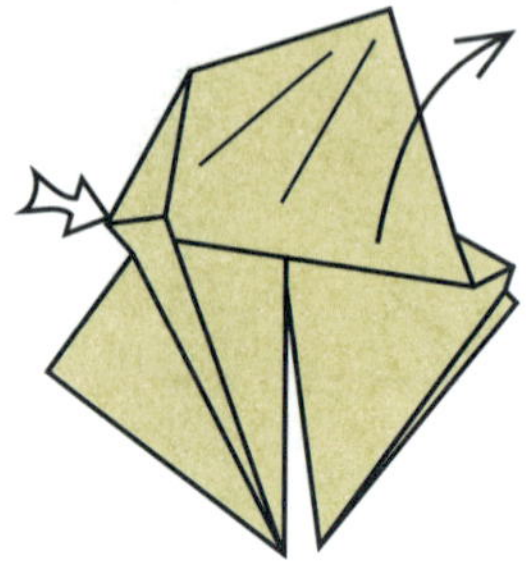

3. Continue achatando.

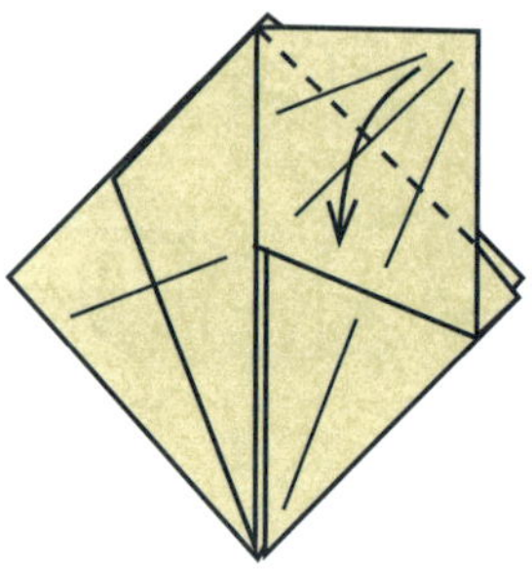

4. Dobre o triângulo para baixo.

5. Abaixe a parte que foi dobrada a partir da fase 2.

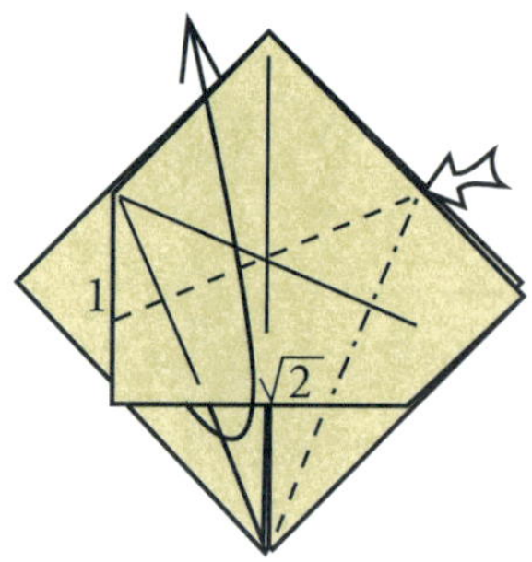

6. Repita fase 2 a 5. Observe as medidas do retângulo.

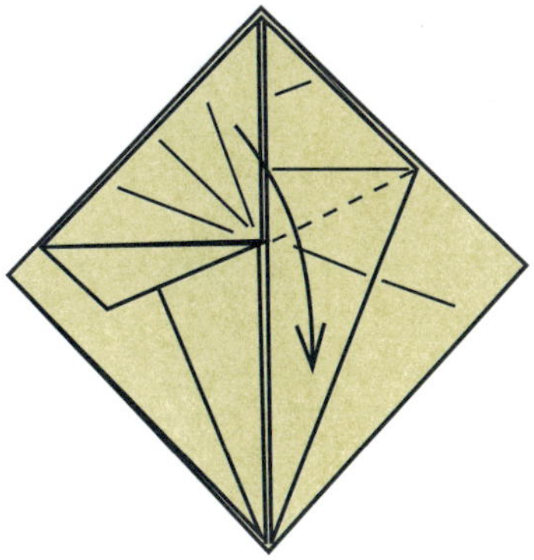

7. Dobre o retângulo para baixo.

8. Pressione nas setas brancas, leve para cima e para a esquerda simultaneamente.

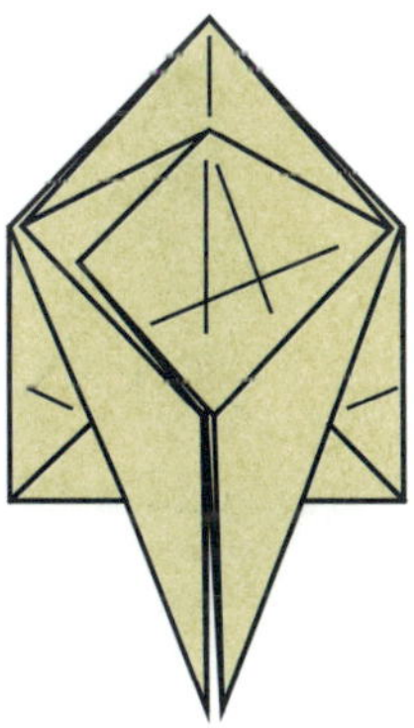

9. Veja o resultado. Repita atrás dobrando o triângulo da fase 4 na direção contrária.

10. Troque os lados.

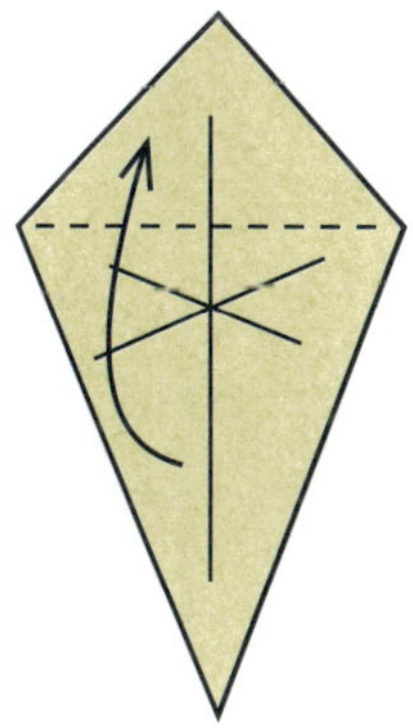

11. Dobre para cima.

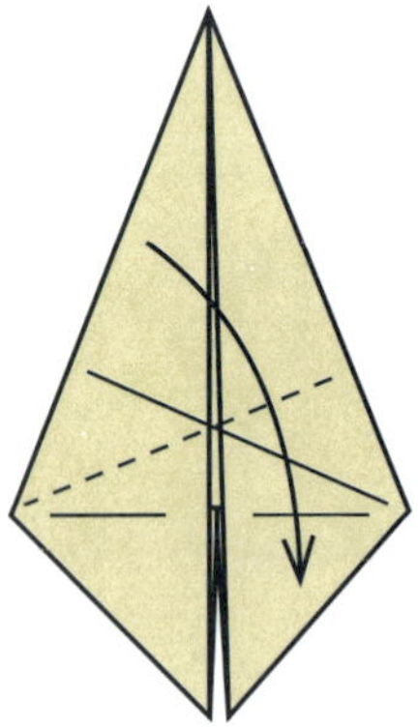

12. Dobre na bissetriz.

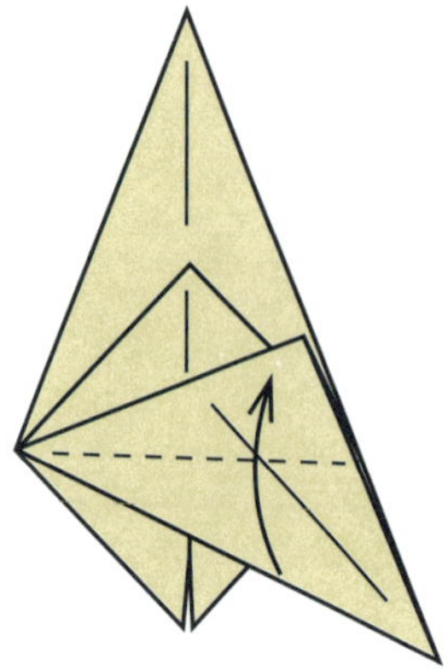

13. Novamente.

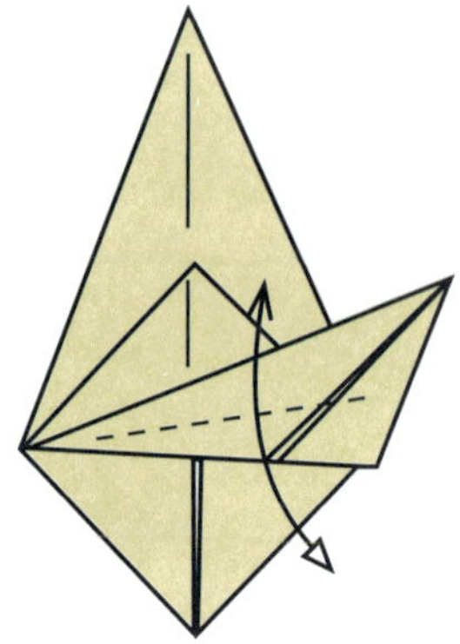

14. Dobre e desdobre as abas duplas bem firme. Desdobre.

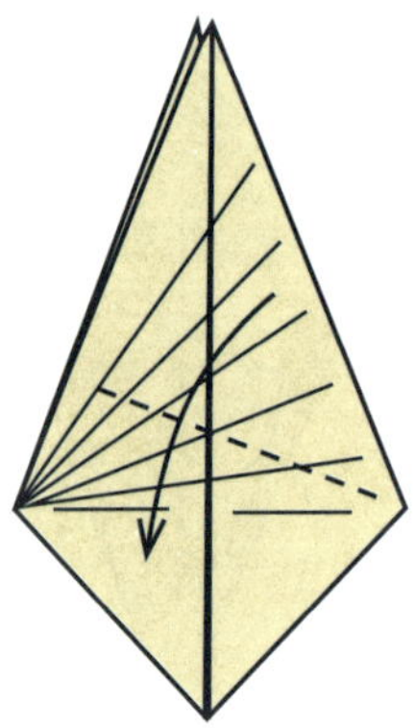

15. Dobre na bissetriz.

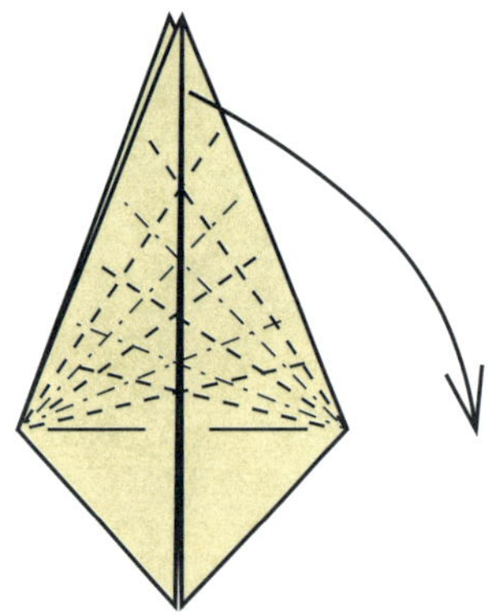

16. Repita as fases 12 a 14. Em seguida, dobre vale e montanha como se fosse um leque.

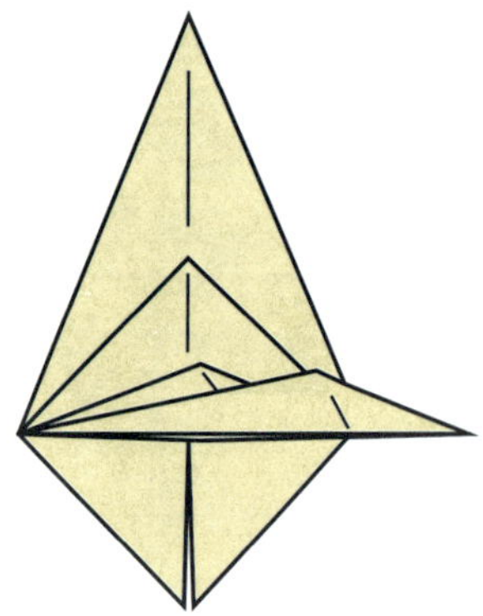

17. Repita as fases 12 a 17 na parte de trás.

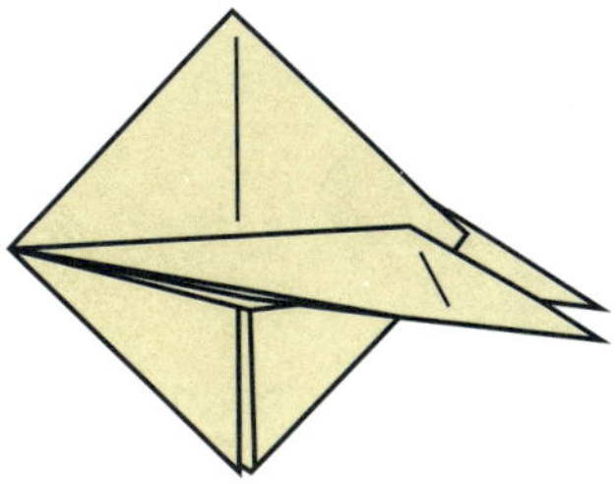

18. Este será o resultado. Agora desdobre e retorne à posição da fase 9.

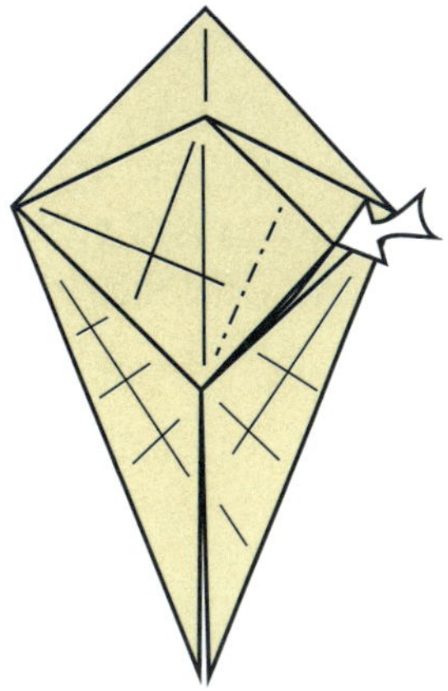

19. Dobre para dentro.

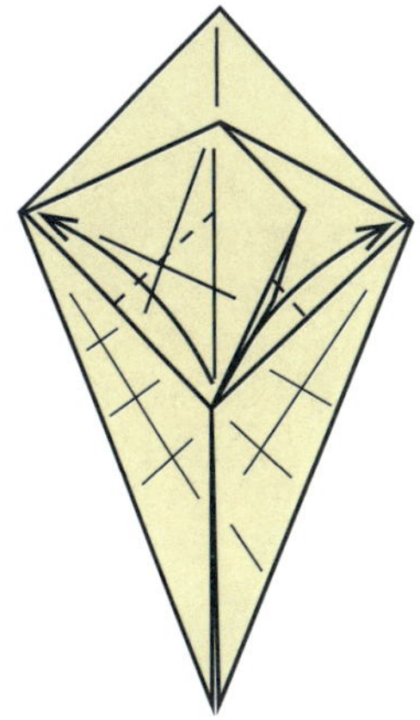

20. Leve as duas pontas, cada qual para direita e esquerda. Uma prega se formará internamente.

21. Dobre para dentro.

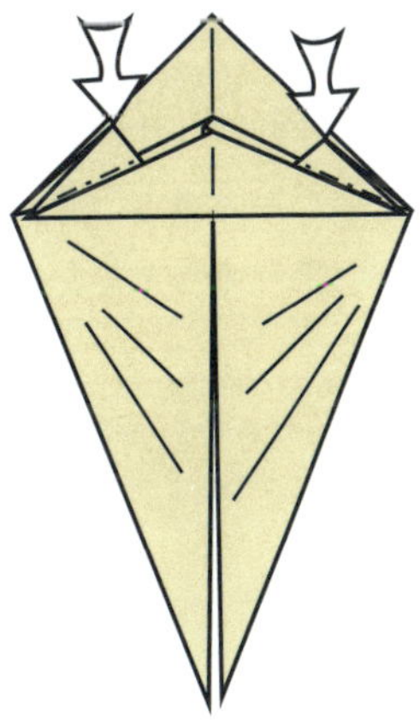

22. Novamente.

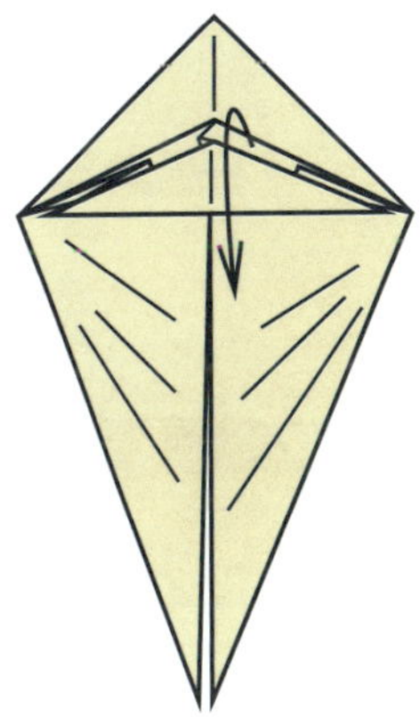

23. Dobre o triângulo para baixo e repita atrás.

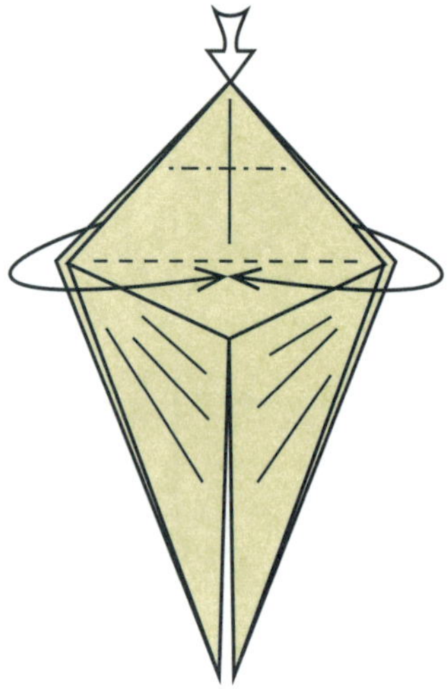

24. Abra e achate o triângulo com abas duplas.

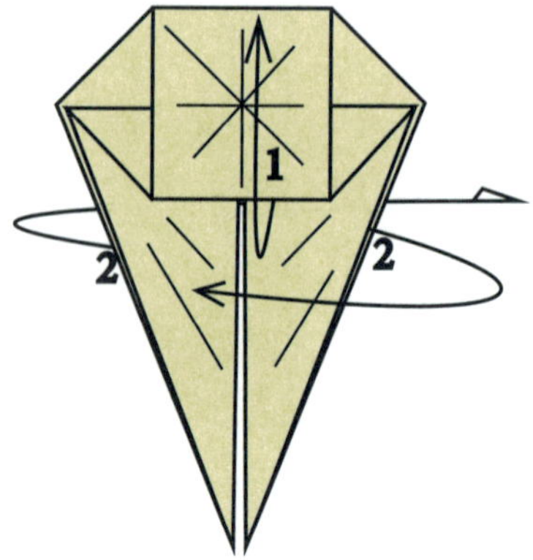

25. Leve metade do quadrado para cima, troque os lados e refaça as dobras da fase 12 a 17 nas pontas maiores.

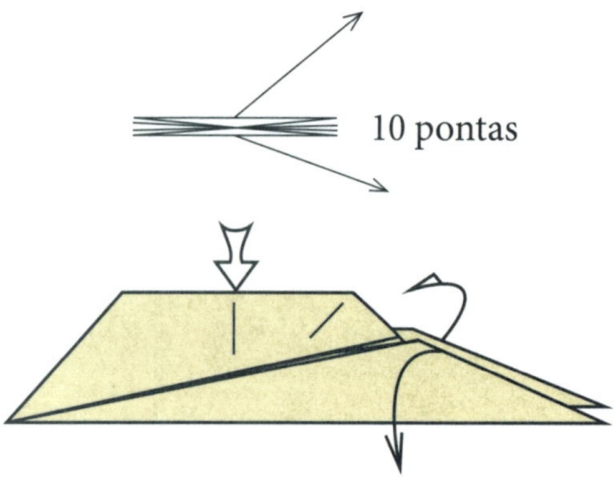

26. Abra e achate o quadrado. Veja o esquema do número de pontas que tem a peça.

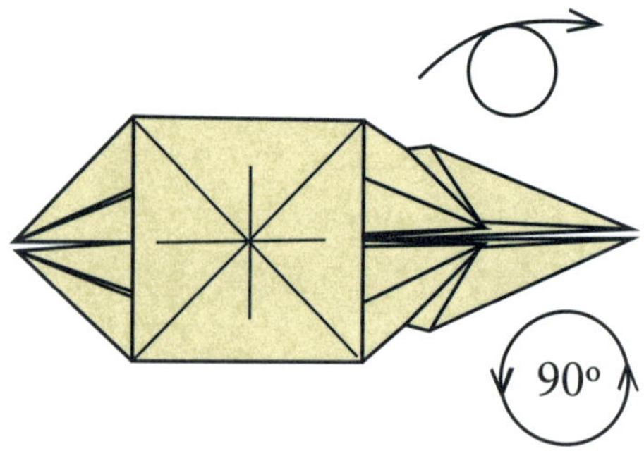

27. Vire e gire o papel a 90º.

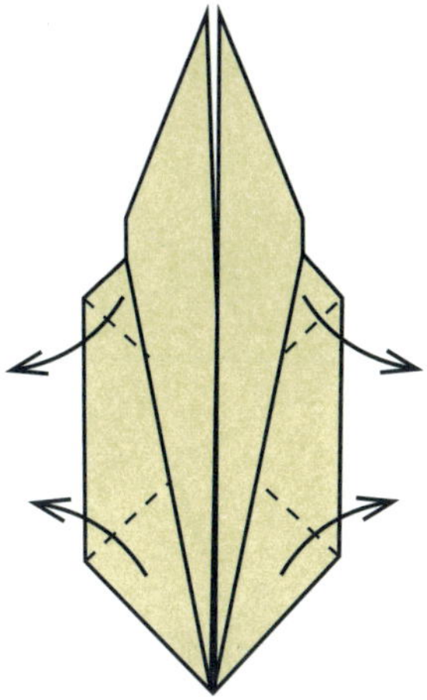

28. Dobre as quatro pernas para fora.

29. Eis o resultado. Vire o papel.

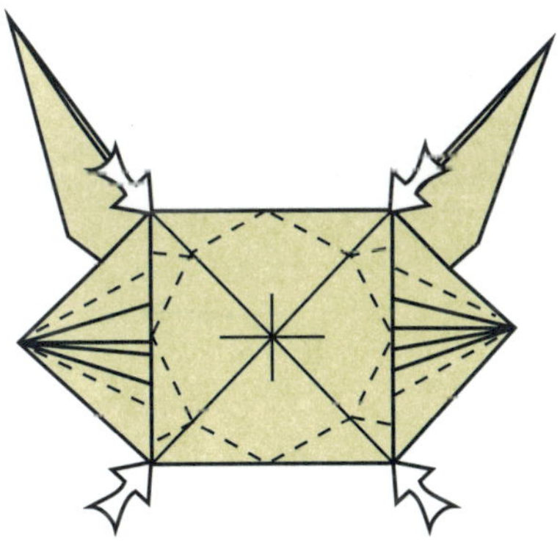

30. Faça vincos fortes nas linhas tracejadas. Na sequência, com muita calma, faça quatro afundamentos, um por vez, onde indicam as setas brancas. É trabalhoso, um pouco desajeitado e é preciso abrir o papel sem desmanchar outras dobras.

31. Agora que está pronto, vire o papel.

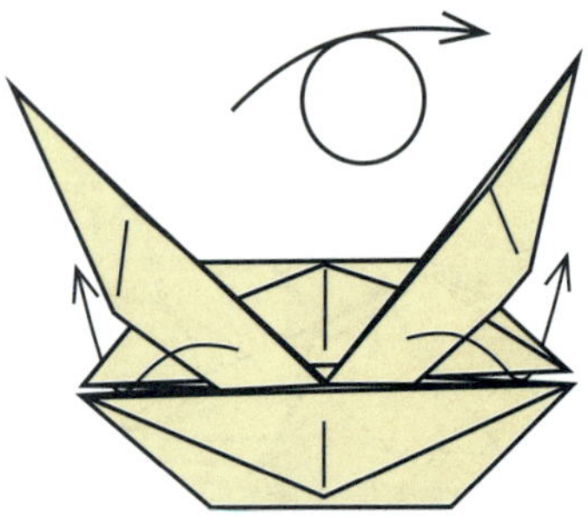

32. Passe as pinças por baixo das pernas no limite.

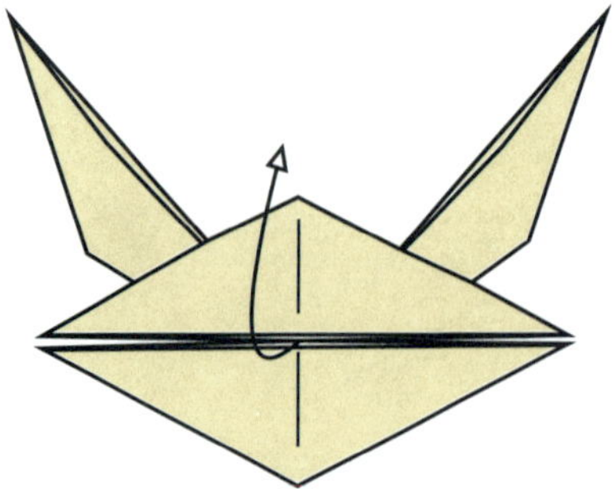

33. Retire o triângulo escondido. Consulte fase 4 e 9.

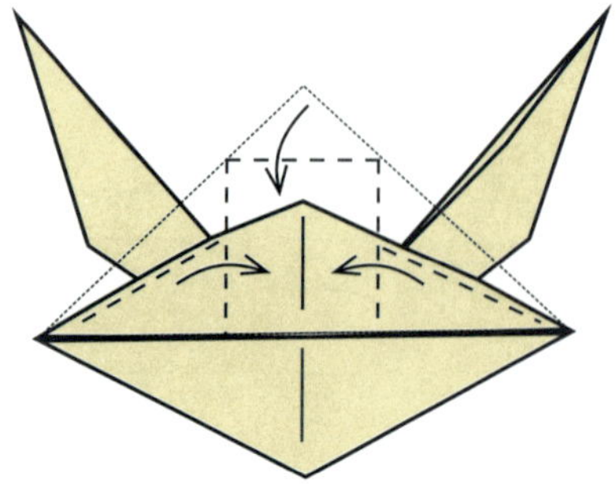

34. Dobre o triângulo superior para baixo e o retângulo como uma orelha de coelho.

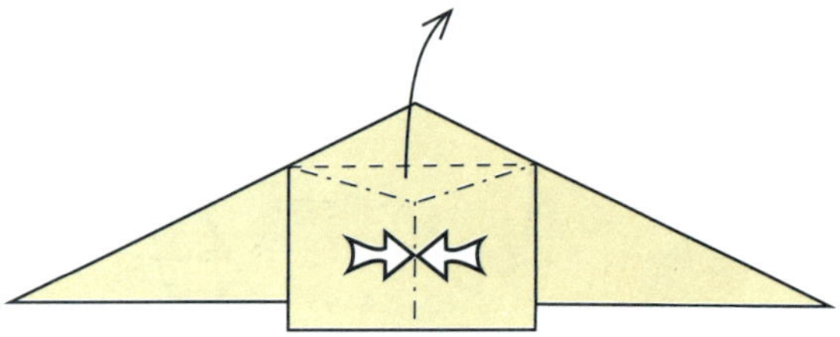

34a. Desenho do detalhe. Dobre como na fase 8.

34b. Dobre para dentro.

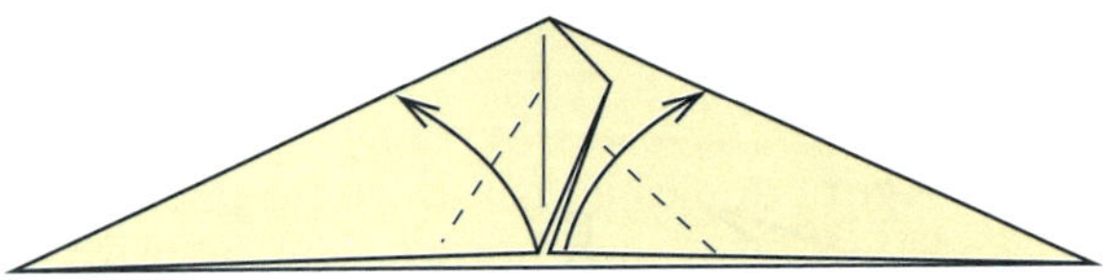

34c. Dobre para cima simultaneamente. Uma prega será formada internamente.

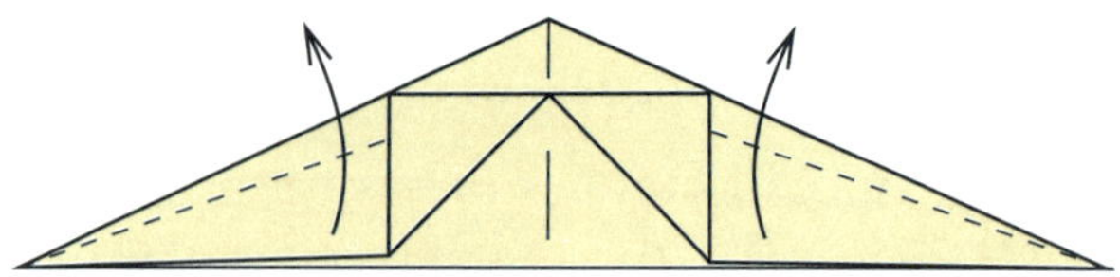

34d. Dobre para cima por dentro dos dois pequenos triângulos. Veja a próxima fase.

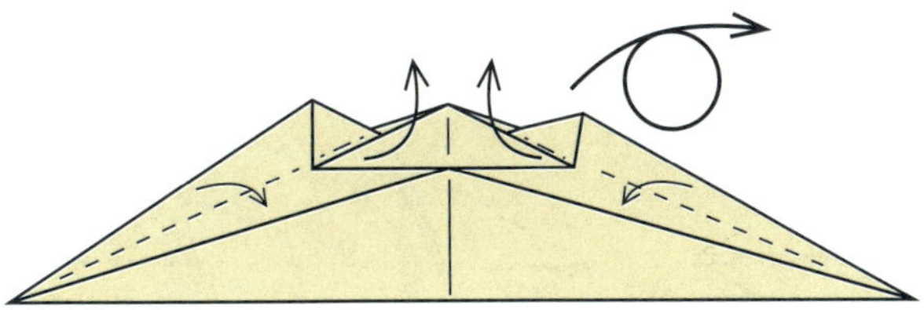

34e. Dobre nas bissetrizes e as duas pequenas pontas para cima. Vire o papel.

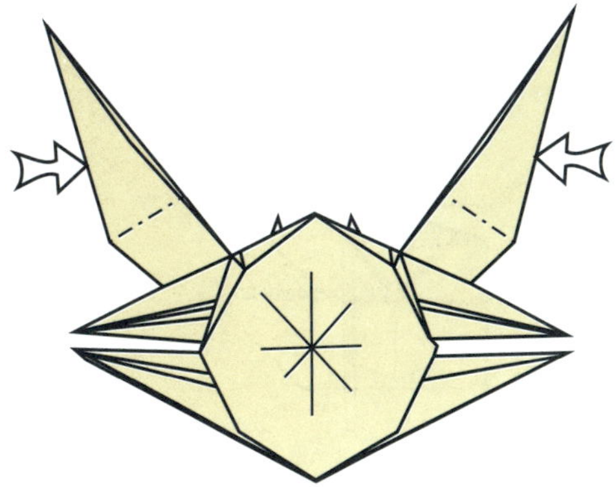

35. Desenho completo. Dobre as pinças para dentro fazendo uma prega na linha de dobra.

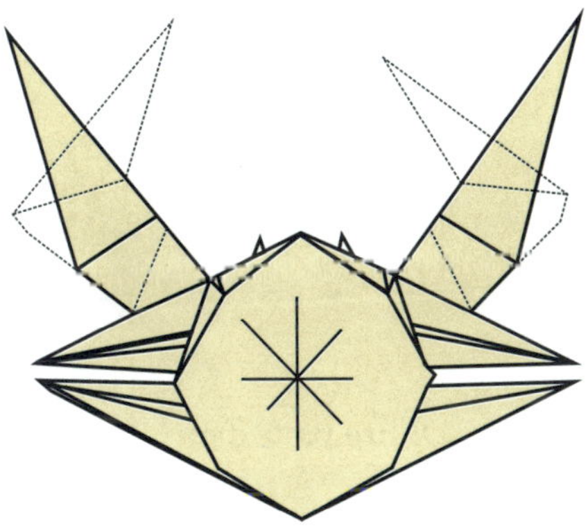

36. Veja a posição das pinças. Dobre as pernas para que o caranguejo fique estável.

37. O caranguejo está pronto.

Livro com quatro páginas

Livro com oito páginas

Livro no aparador

Ahmes, o escriba

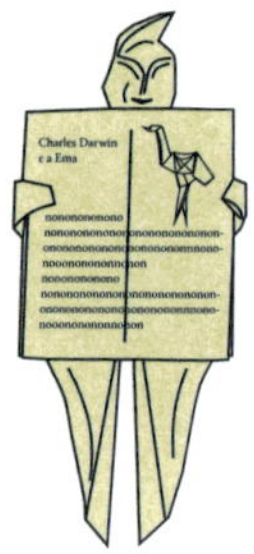

Homem lendo jornal

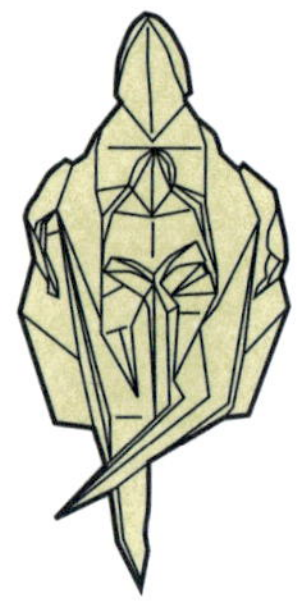

A poltrona, o pai,
o filho e o livro

V – Oficina de leitura

Assim, li atentamente Pearson on the Creed *e outros livros de teologia; como, naquela época, eu não tinha nenhuma dúvida sobre a verdade rigorosa e literal de cada palavra da Bìblia, logo me convenci de que nossa religião devia ser plenamente aceita. Nunca me ocorrera o quanto era ilógico eu dizer que acreditava no que não conseguia compreender e que, na verdade, é ininteligível. Talvez eu tenha dito, com sinceridade, que não queria questionar dogma algum, mas nunca fui tolo a ponto de sentir e dizer "credo quia incredibile" ("creio por ser incrível").* (Charles Darwin , autobiografia)

Livro com quatro páginas (simples)
Use papel A5 ou A4 fazendo apenas uma pequena incisão conforme indicado.

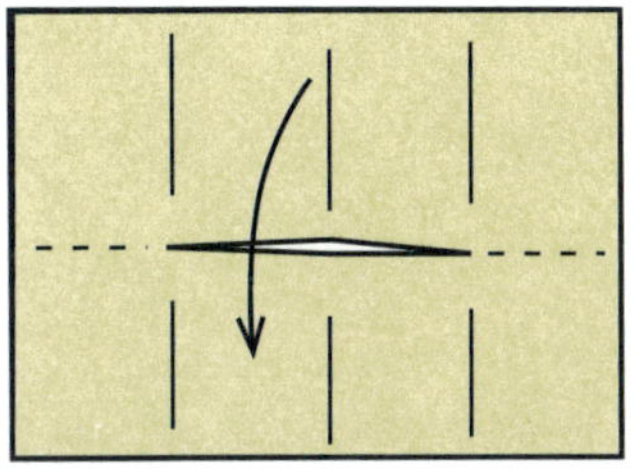

1. Divida em quatro partes verticalmente e em duas partes horizontalmente. Em seguida, dobre ao meio para baixo.

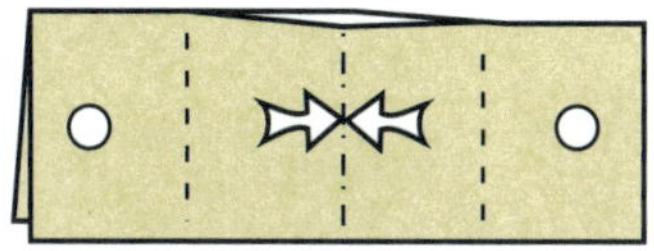

2. Segure nas marcas e feche como se fosse um fole de acordeão.

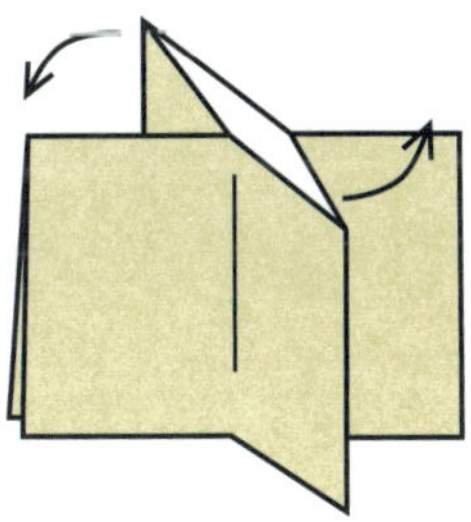

3. Aqui temos a continuação da fase 2.

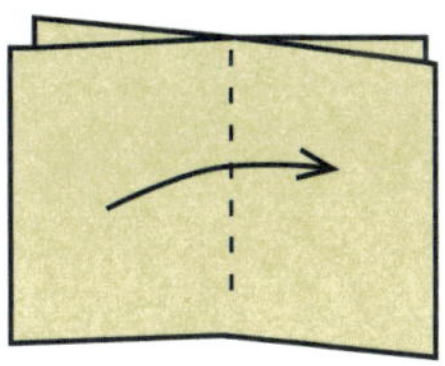

4. Dobre ao meio para a direita.

5. Está pronto o livro com quatro páginas.

Livro com oito páginas - simples - Use papel A4 fazendo apenas uma pequena incisão conforme indicado.

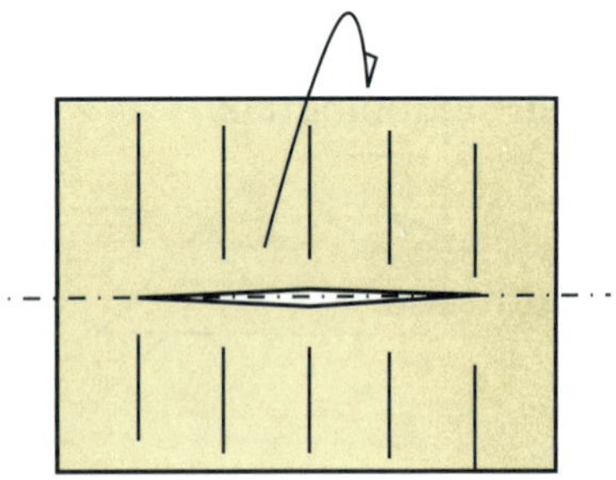

1. Divida em seis partes verticalmente e em duas horizontalmente. Faça a incisão na indicação.

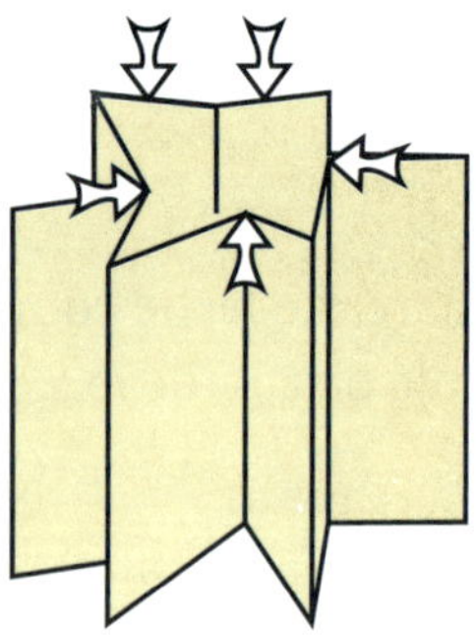

2. Note que o fechamento se dá como se fosse apertar um fole de acordeão.

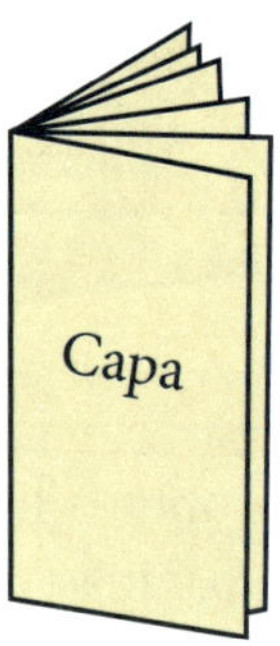

3. O livro com oito páginas está concluído.

Livro no aparador - intermediário - Usar papel A4.

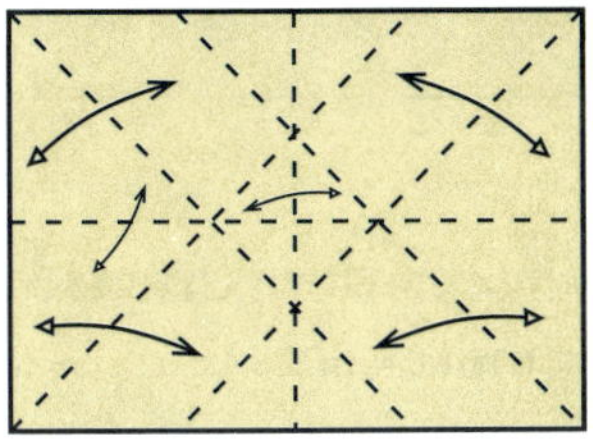

1. Vinque as diagonais e também pelos pontos médios dos lados.

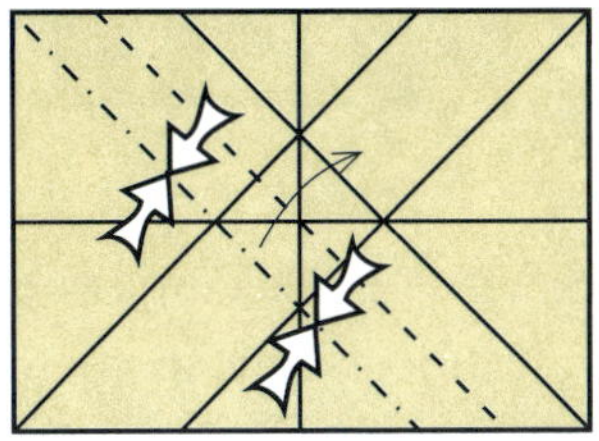

2. Pince com indicadores e polegares para executar a dobra.

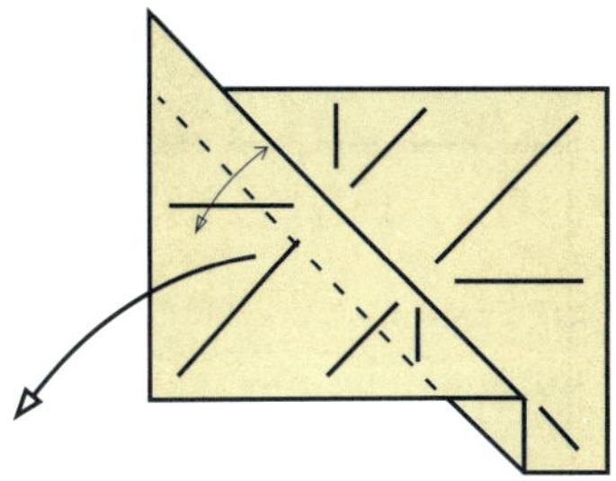

3. Vinque no tracejado e desdobre tudo.

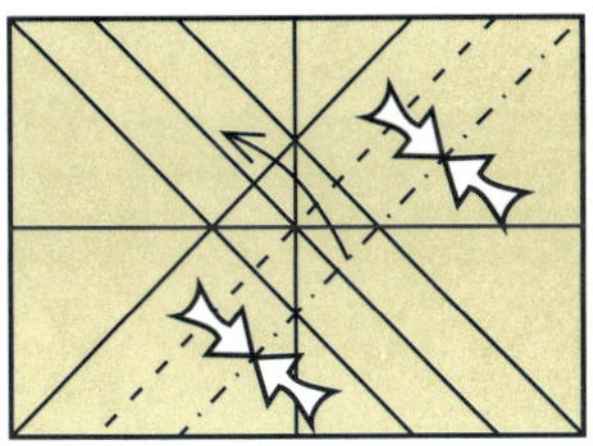

4. Repita a operação anterior no lado oposto.

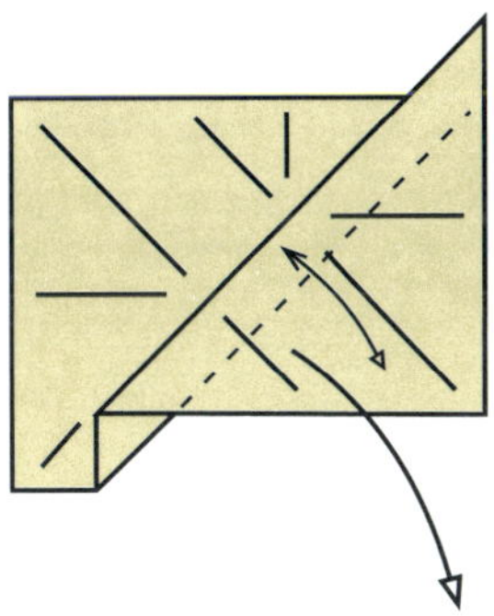

5. Repita a fase 3 no lado direito.

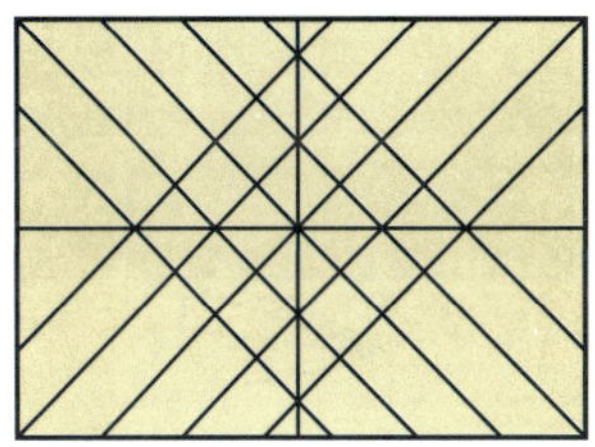

6. Observe os vincos formados após as dobras.

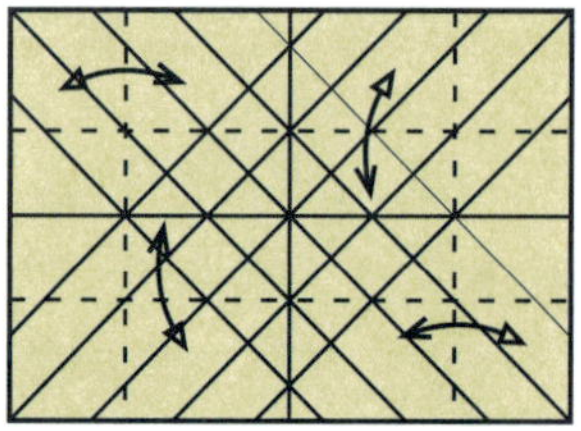

7. Siga esta fase com atenção e vinque pelas intersecções.

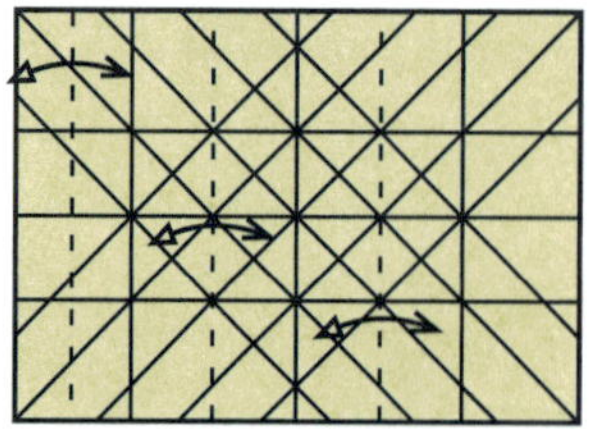

8. Vinque mais uma vez observando as intersecções.

9. Veja os vincos formados após as dobras.

Quanto mais exatas as dobras melhor o acabamento da peça. Para quem não tem uma prática constante é mais difícil, sobretudo nas primeiras tentativas. É preciso insistir até obter o resultado desejado.

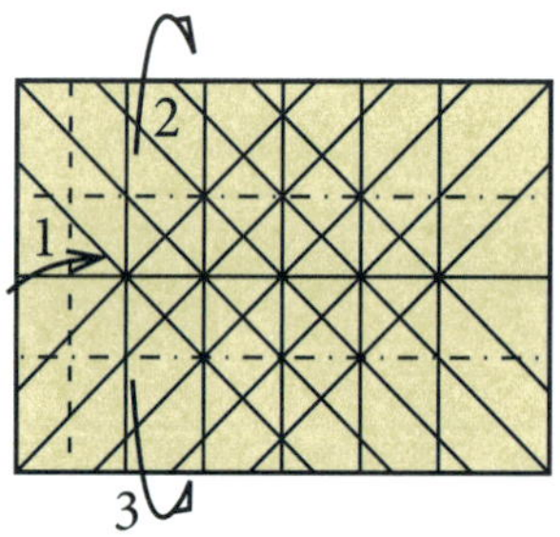

10. Dobre em ordem numérica.

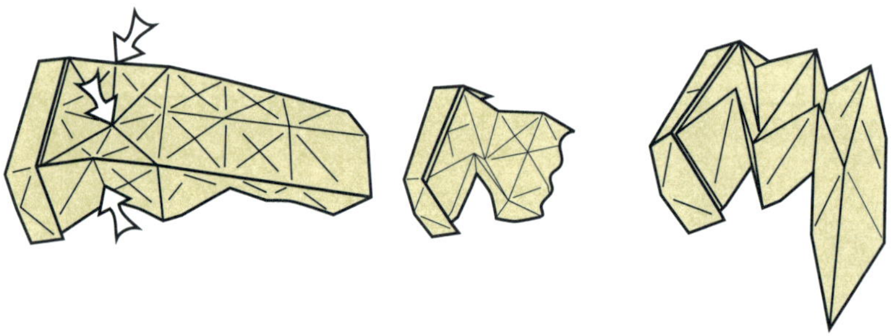

11. Usando os vincos como guias, aperte nas indicações para moldar o papel. Vagarosamente siga os detalhes mostrados em andamento nos três desenhos.

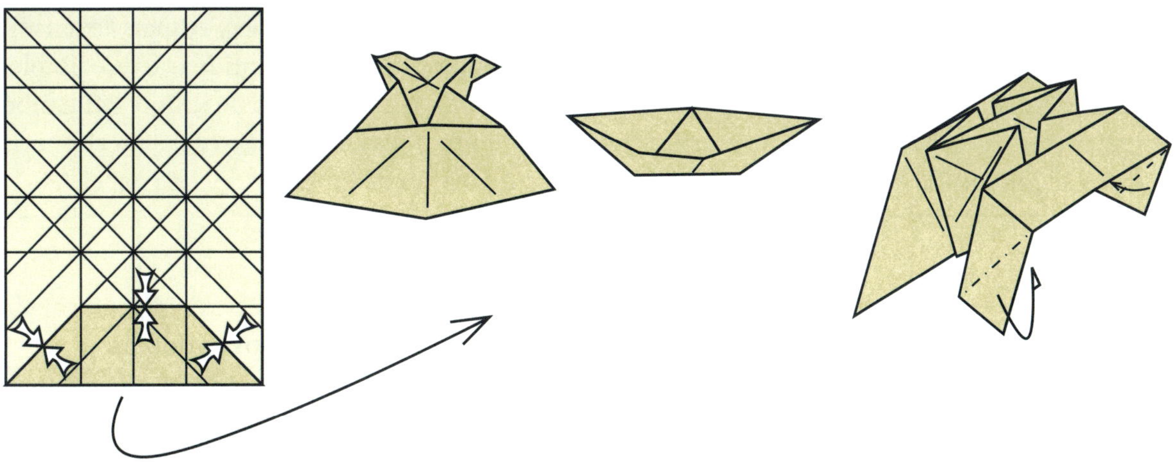

12. Os desenhos mostram resumidamente como dobrar o aparador do livro e como ficam suas páginas. A importância na precisão dos vincos é fundamental para um bom acabamento.

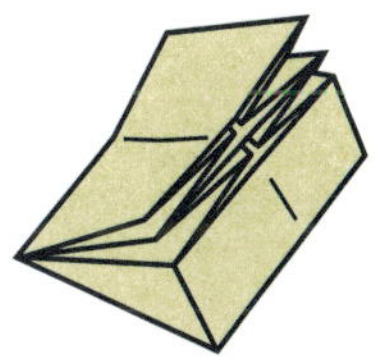

13a

13b

13c

13. Dobrar os triângulos para dentro formando as páginas finais é a última fase. É possível inverter a parte que forma o aparador para deixá-lo com cor diferente. Esse aparador também pode se transformar na capa do livro. É próprio de alguns autores resumir certas receitas deixando o desafio para os leitores. A fase 13b mostra um livro com maior número de páginas.

Alguns papiros resistiram ao desgaste por mais de três milênios. Um deles, o mais extenso de natureza matemática, está no British Museum. Seu comprador foi um antiquário e egiptólogo escocês chamado Henry Rhind e por isso o papiro é conhecido como "papiro de Rhind" ou também papiro Ahmes, uma homenagem ao escriba que o copiou por volta de 1650 antes da era comum. A receita a seguir ensina a dobrar um escriba (**Ahmes**) em posição de lótus, lendo. Use papel A4.

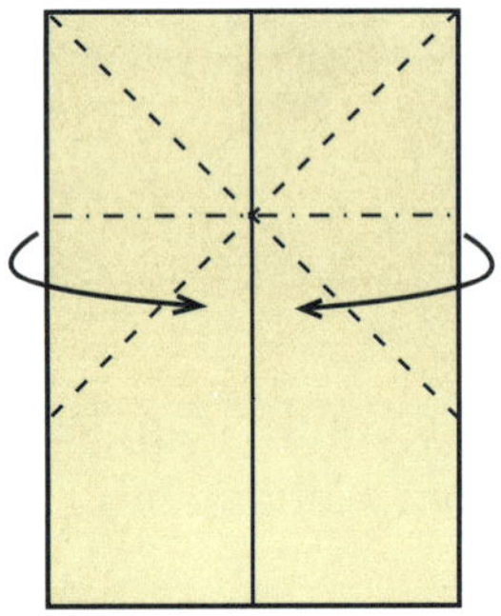

1. Dobre nas indicações. (As dobras vão formar uma figura como na fase 6 da p. 17)

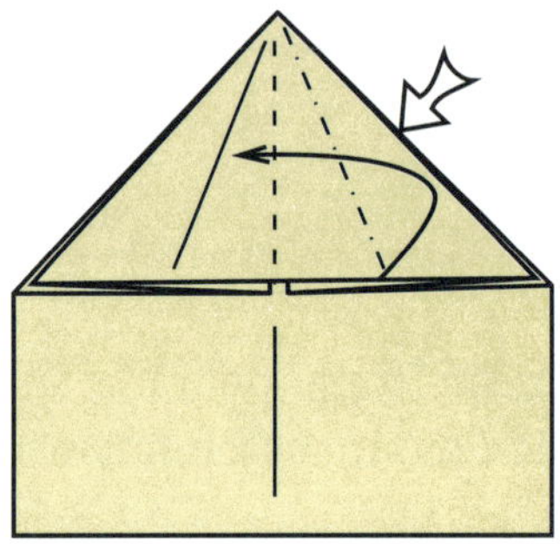

2. Abra e achate.

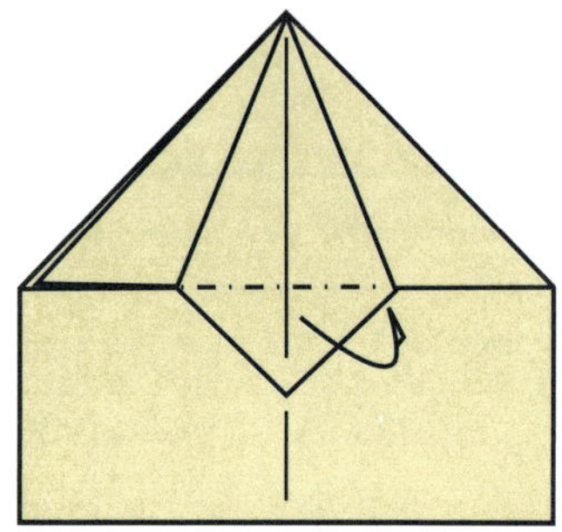

3. Dobre para dentro e passe a aba para a direita. Repita no lado esquerdo.

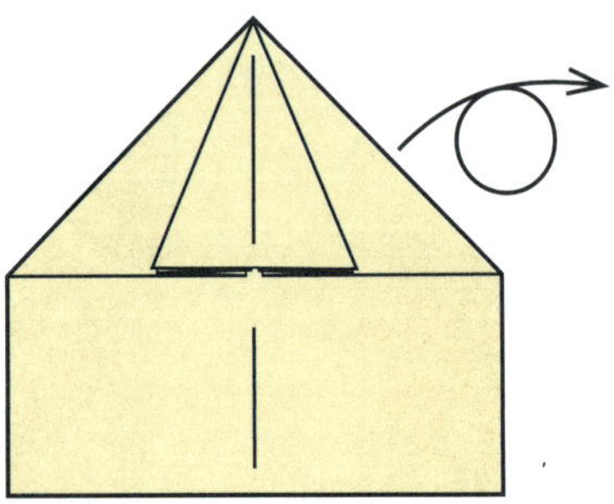

4. Vire o papel.

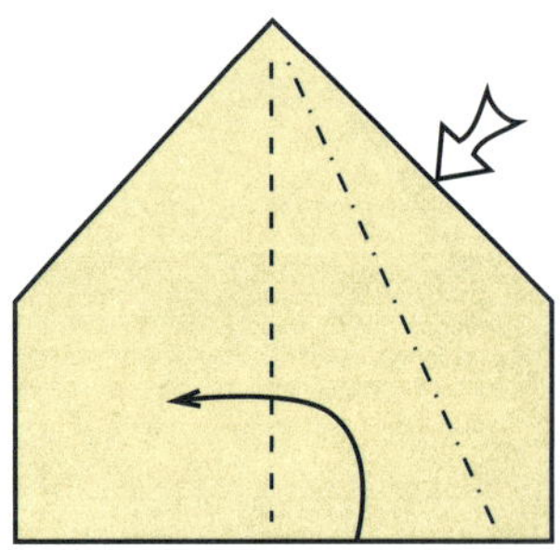

5. Abra e achate.

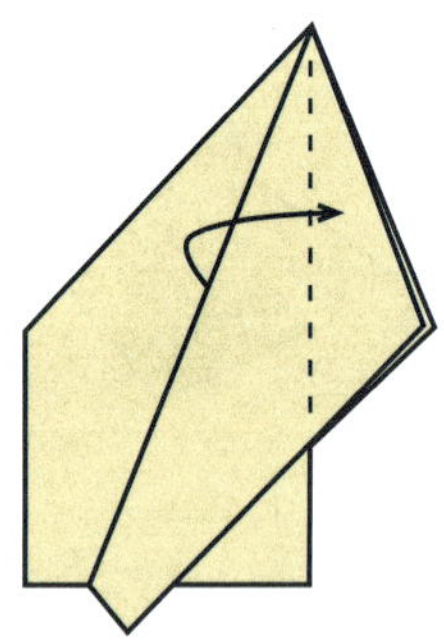

6. Passe a aba para a direita e repita as fases 5 e 6 na aba esquerda.

Besouro de chifres – p. 70

Tartaruga – p. 77

Raia – p. 80

Lagarto – p. 83

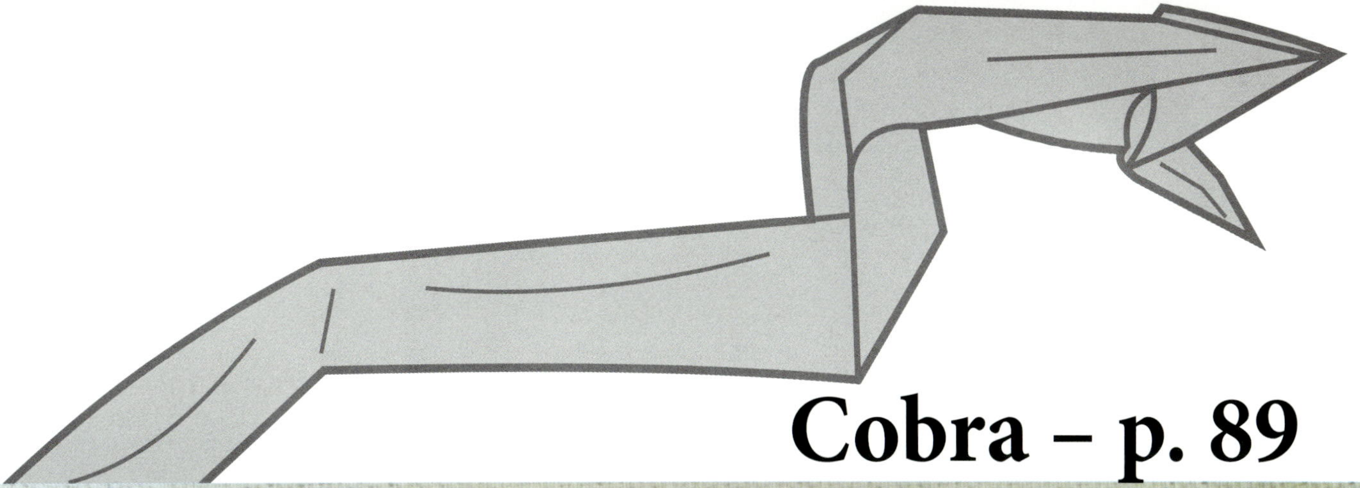

Cobra – p. 89

Lagosta – p. 91

Caranguejo – p. 94

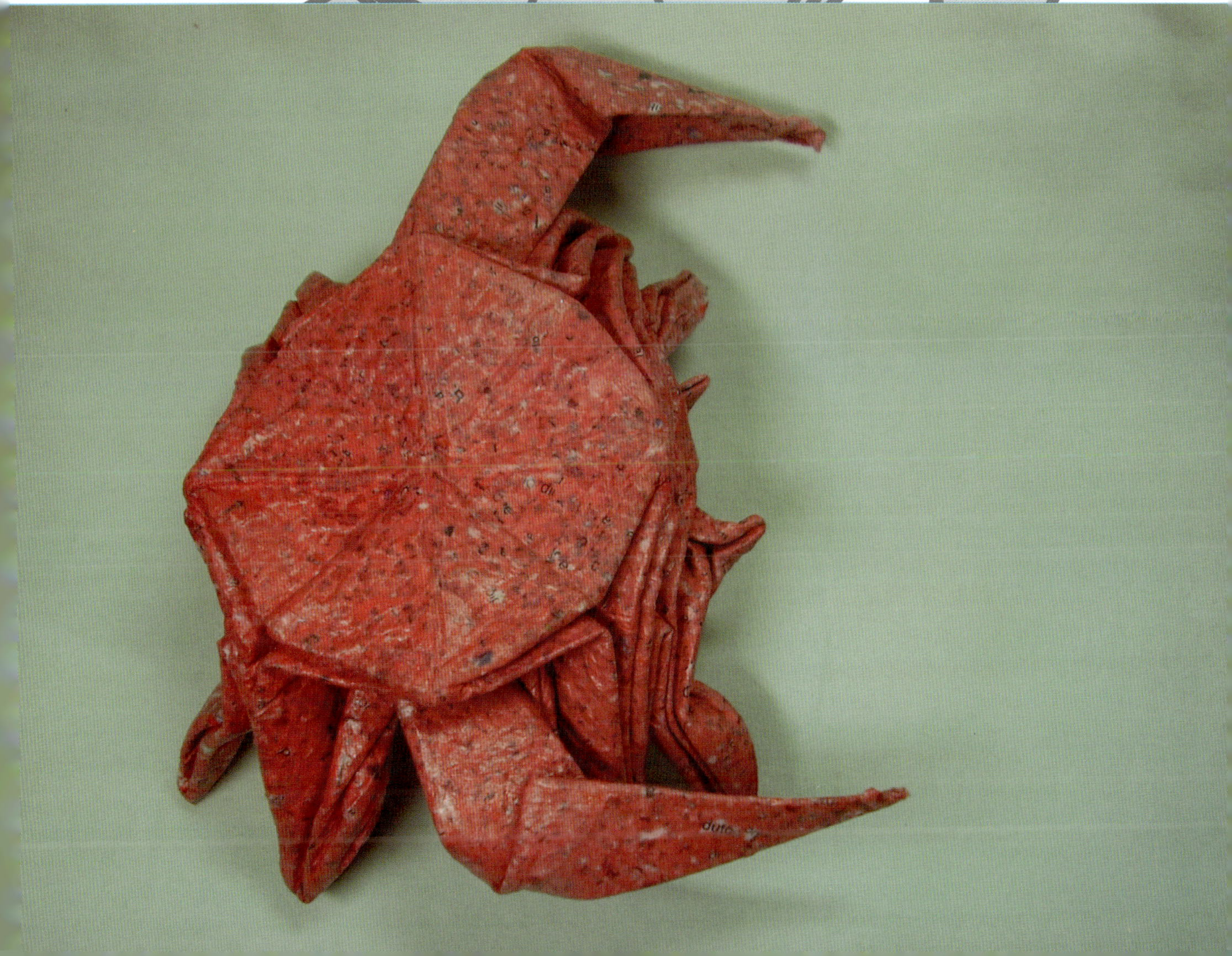

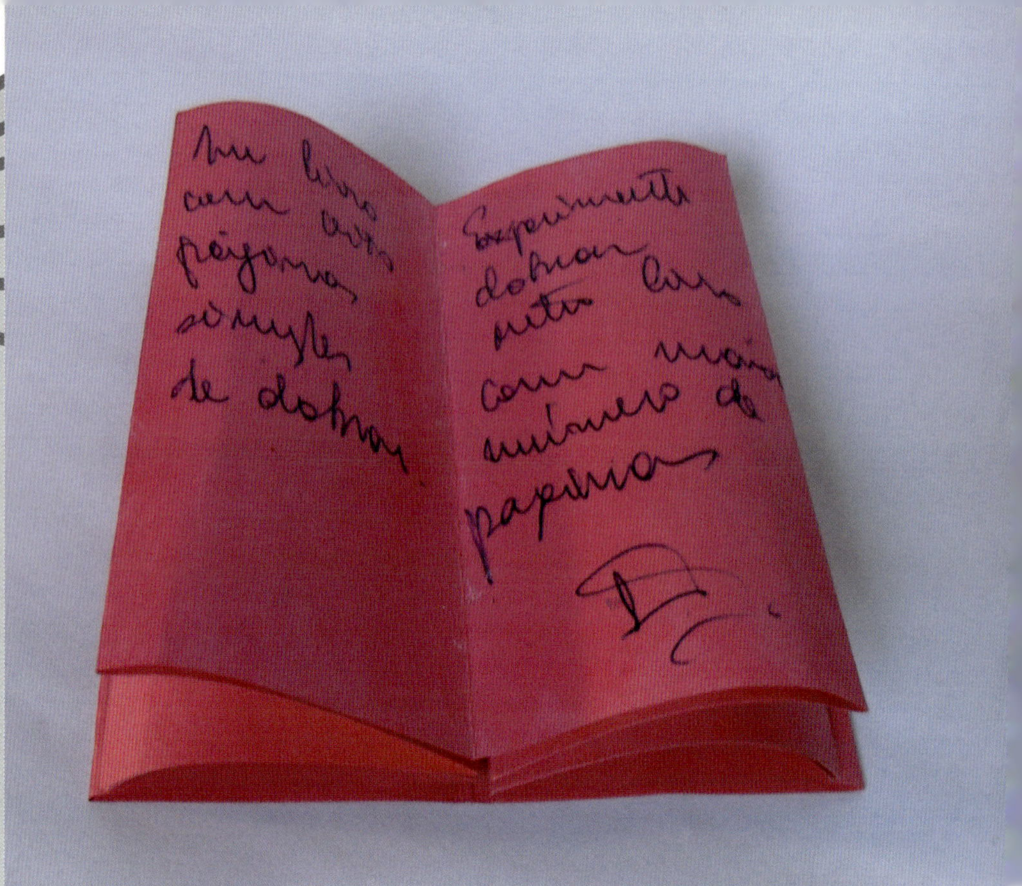

Livro com oito páginas – p. 104

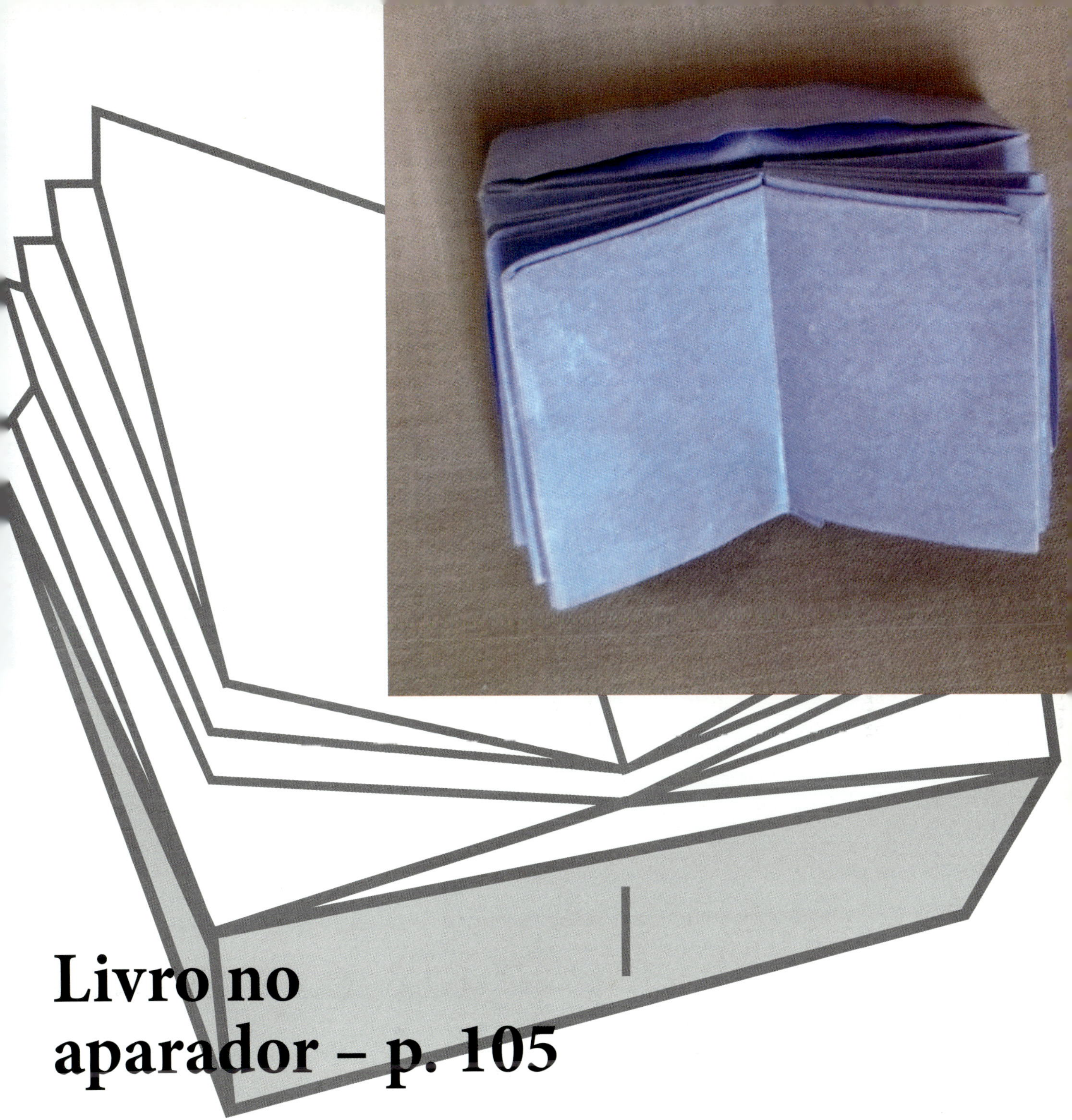

Livro no aparador – p. 105

Escriba Amhes – p. 108

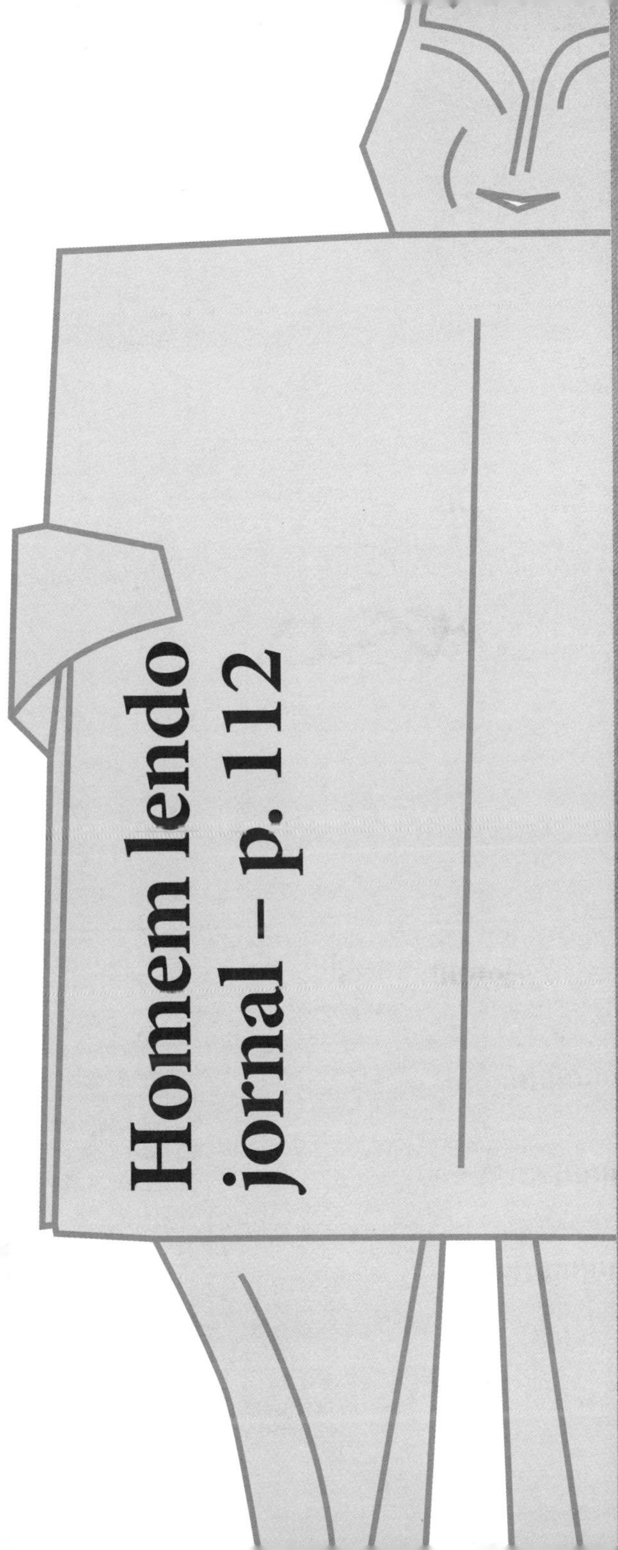

Homem lendo jornal – p. 112

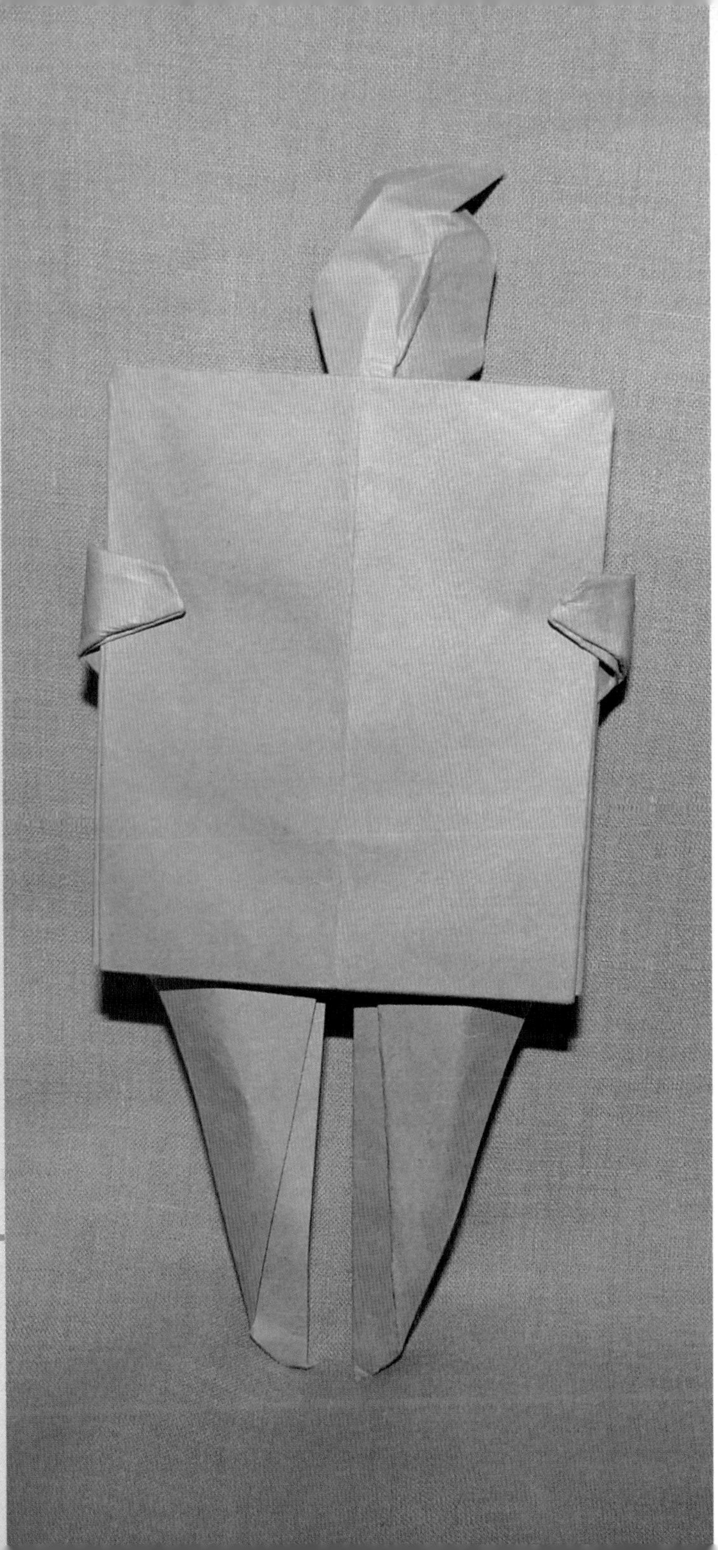

A poltrona, o pai, o filho e o livro – p. 116

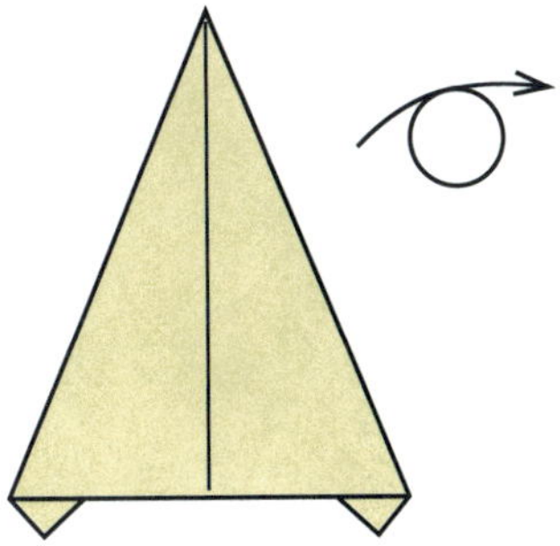

7. Vire o papel.

8. Passe as duas abas para a esquerda.

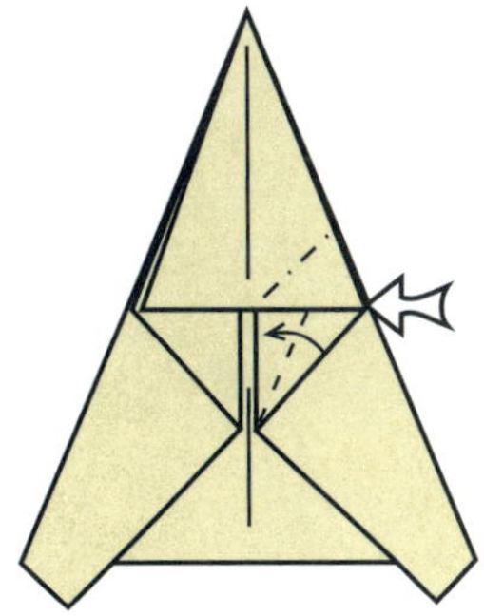

9. Dobre e retorne as abas para a posição anterior.

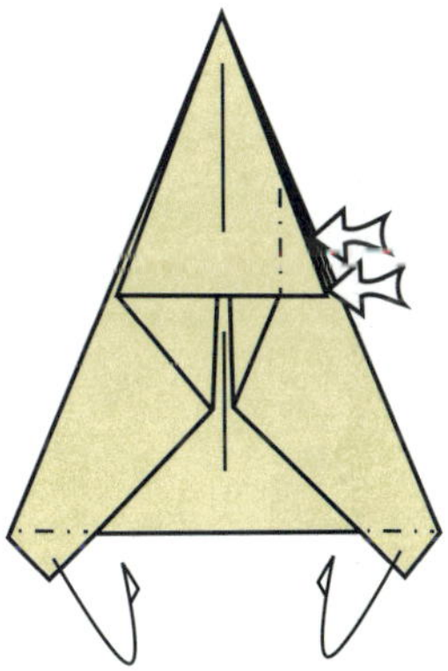

10. Afunde uma lateral de cada vez. Em seguida, dobre os pequenos triângulos para dentro.

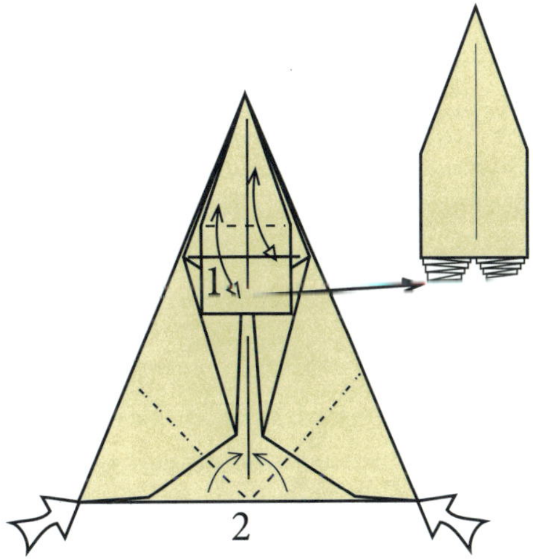

11. Conforme este desenho ampliado, repita as fases 8 a 10 na esquerda. Logo após, dobre em ordem numérica. Veja no detalhe a localização das páginas do livro.

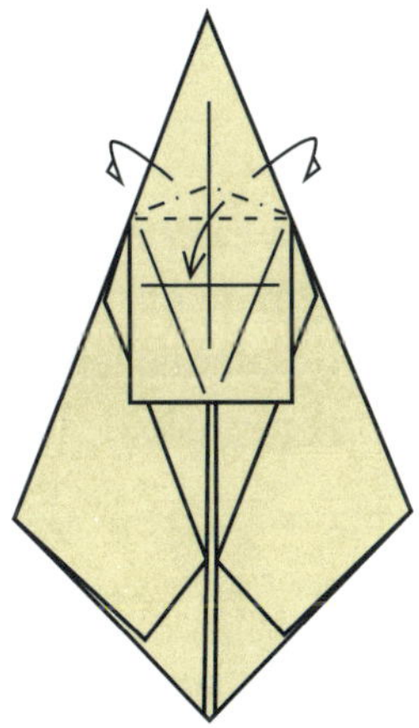

12. Observe este desenho ampliado. Faça dobra semelhante à orelha de coelho. A dobra é feita na totalidade das abas. Consulte fases 13 e 14.

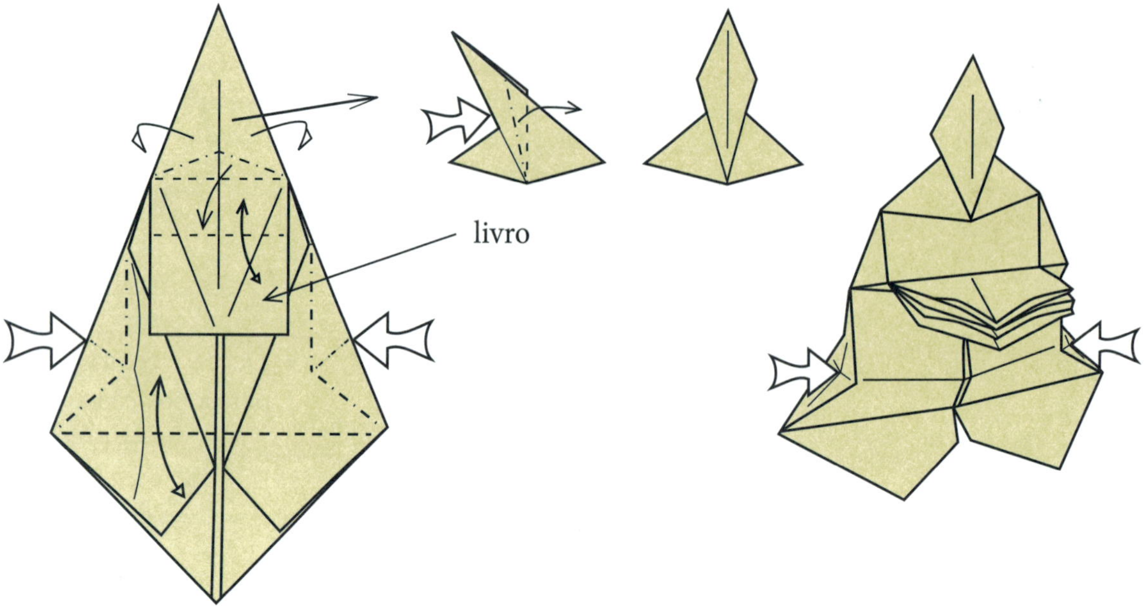

13 e 14. Veja estes desenhos ampliados. Siga os detalhes para dobrar a cabeça. Apertar as laterais, além de dar volume à peça proporcionará equilíbrio. Atenção para a divisão dos segmentos laterais lembrando que são vários procedimentos indicados no desenho. Para colocar na posição de lótus achate embaixo deixando o triângulo para trás.

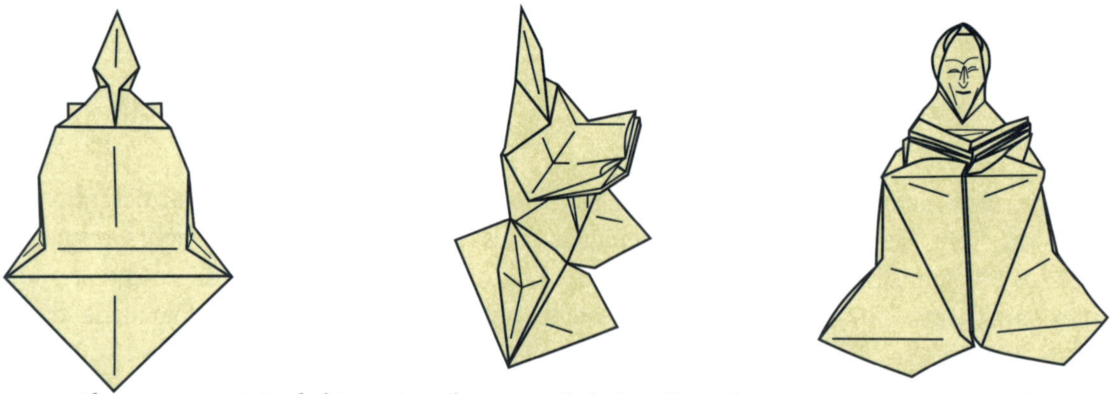

Observe o Ahmes na posição de lótus visto de costas, de lado e frontal, respctivamente, nestes desenhos. Caso queira acrescente detalhes no rosto com pequenas dobras para sugerir olhos, nariz e boca.

Num falecido caderno de um jornal de grande circulação de São Paulo o cartunista e biólogo Fernando Gonsales recriou a obra de Darwin em quadrinhos. Um primor. Com a próxima peça, **Homem lendo jornal**, homenageio as pessoas que, como ele, cultivam interesse por várias áreas do conhecimento ao mesmo tempo.
Retire um papel quadrado de um A3 ou A4 e comece pela Base preliminar cujos desenhos são mostrados abaixo sem texto. Caso necessite consulte a página 20.

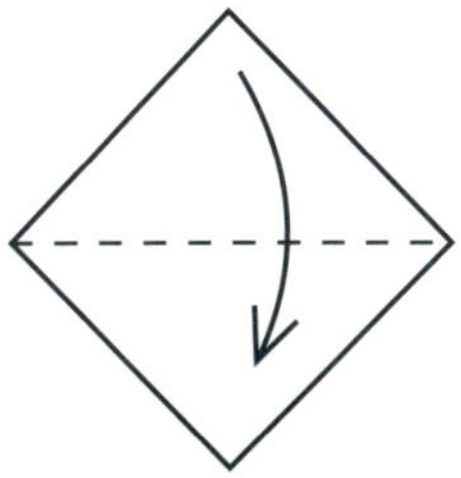

1

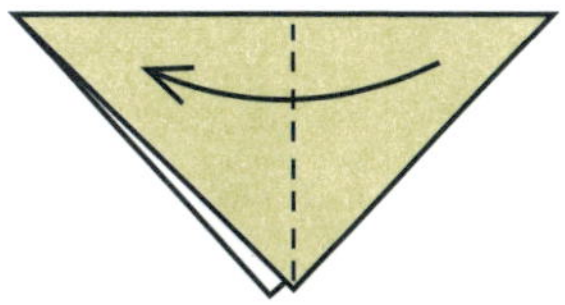

2

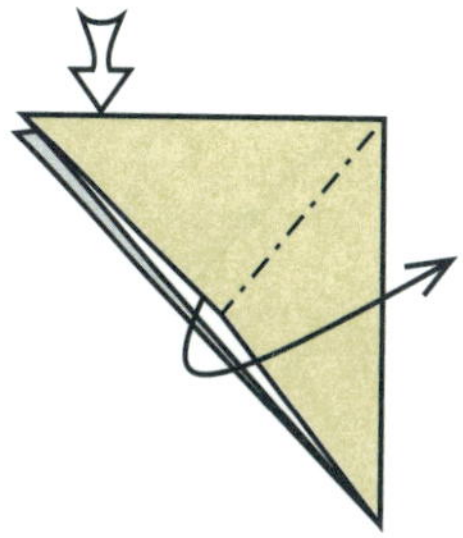

3

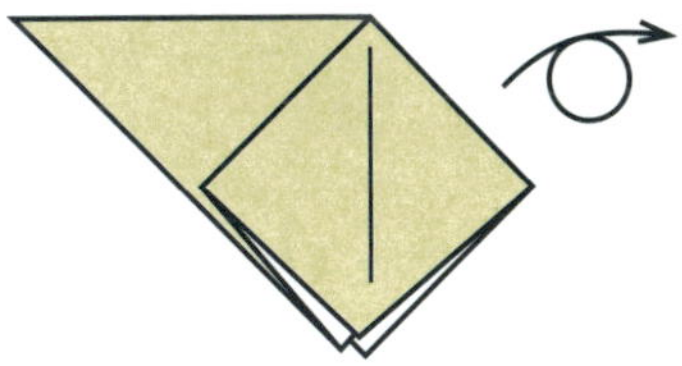

4

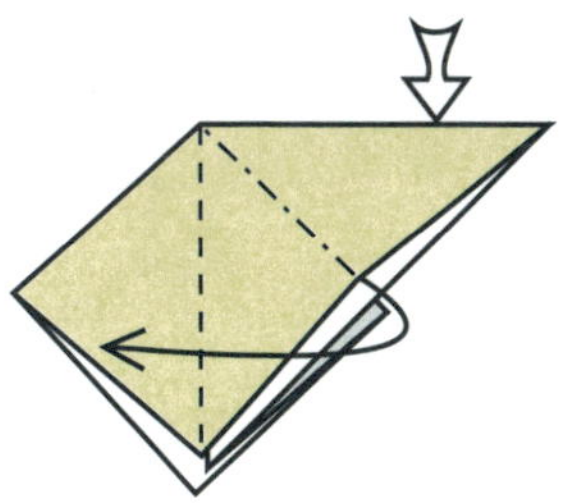

5

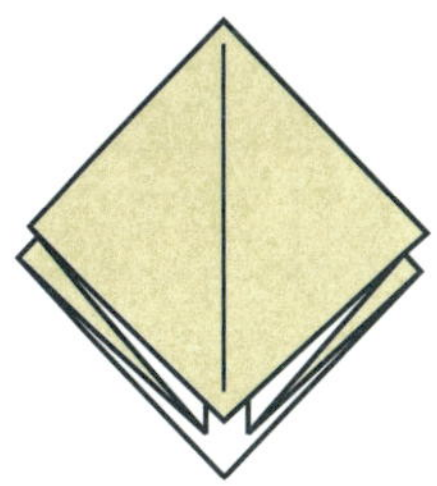

6

Homem lendo jornal - complexo.

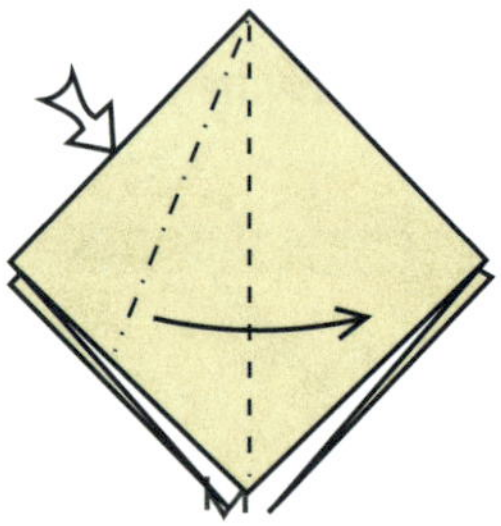

1. Abra e achate.

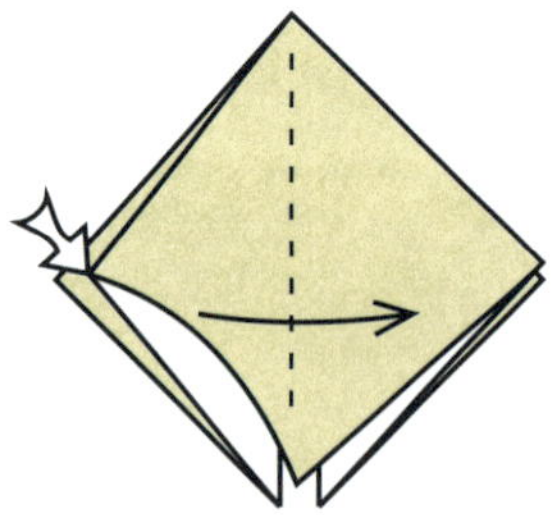

2. Continue.

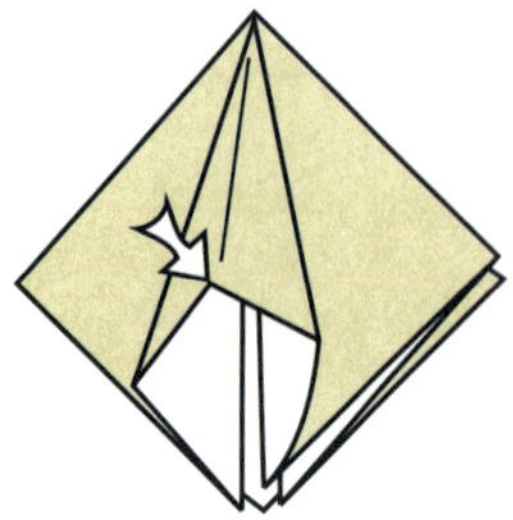

3. Conclua.

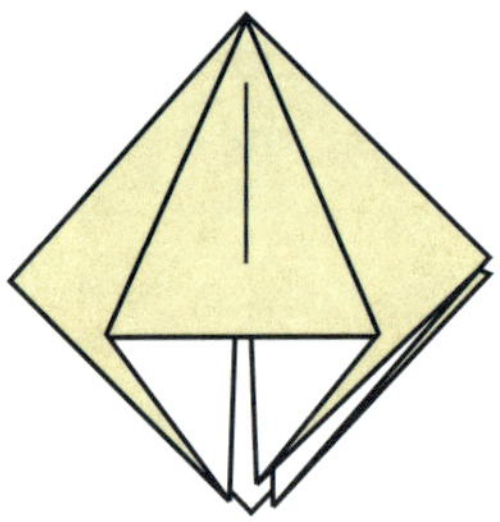

4. Repita em todas as abas.

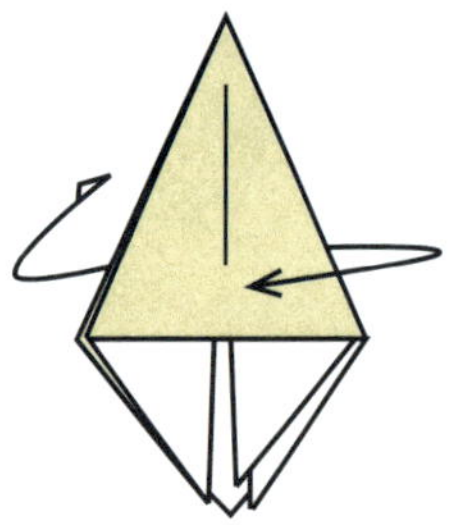

5. Troque os lados.

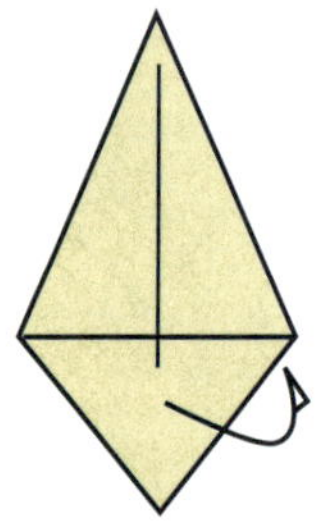

6. Dobre para dentro.

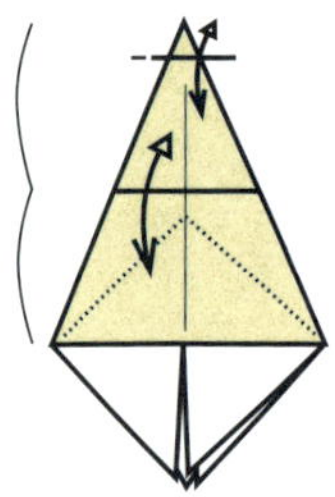

7. Dobre e desdobre vincando bem firme e desdobre tudo.

8. Assim ficará o papel totalmente aberto.

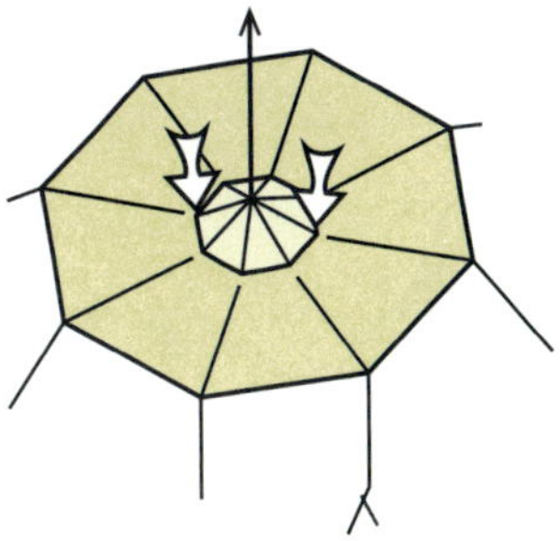

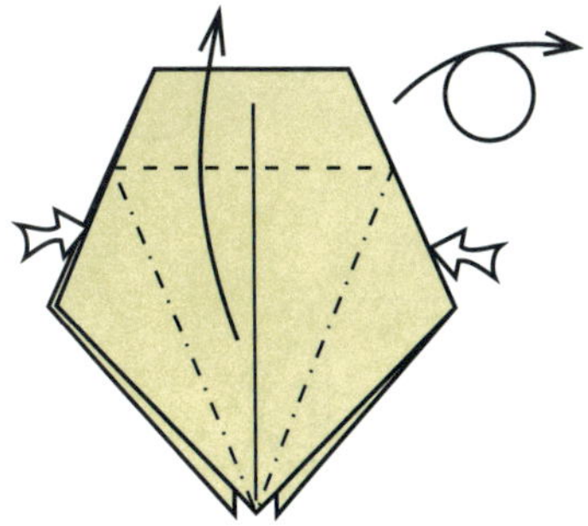

9. Faça um afundamento nos octógonos centrais como mostra o detalhe a seguir. Siga as linhas vale e montanha.

9a. Observe este detalhe. Neste caso, os afundamentos são delicados. Faça bem devagar, se for o caso, dobra a dobra.

10. O desenho está completo mostrando que já foram executadas as redobras das linhas vale e montanha da fase 9, incluindo o afundamento mostrado no detalhe da fase 10. Agora que está pronto execute uma dobra pétala (p. 22). Em seguida, vire o papel.

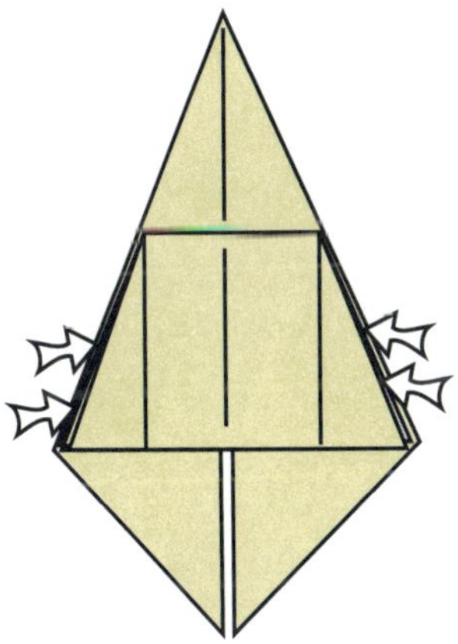

12

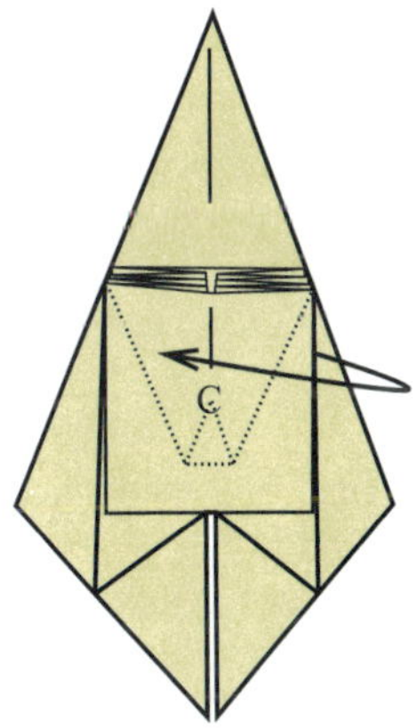

12a

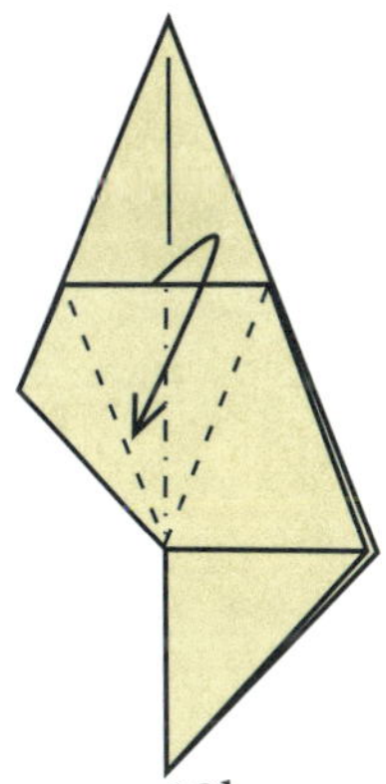

12b

11. Afunde as quatro abas, uma por vez. É preciso abrir um pouco o papel. Ao terminar, passe as abas para a esquerda.

12. Execute a dobra simultânea puxando o meio da aba para fora. Retorne o papel a posição 12a que mostra o ponto *C* (centro do quadrado). Em seguida (12b), passe as abas para a direita e execute a mesma dobra feita no lado esquerdo. Por último retorne o papel a posição 12a.

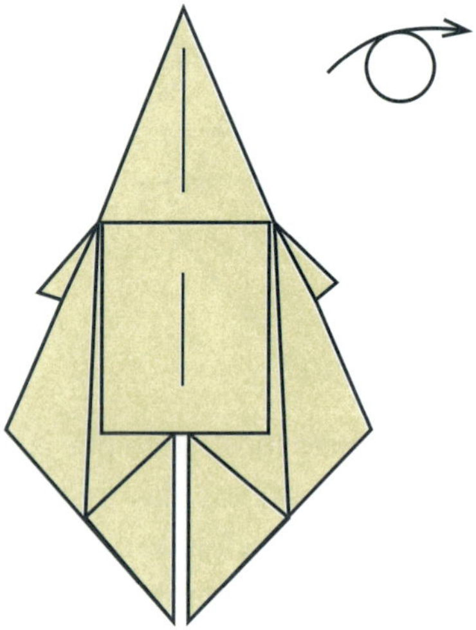

13. Vire o papel.

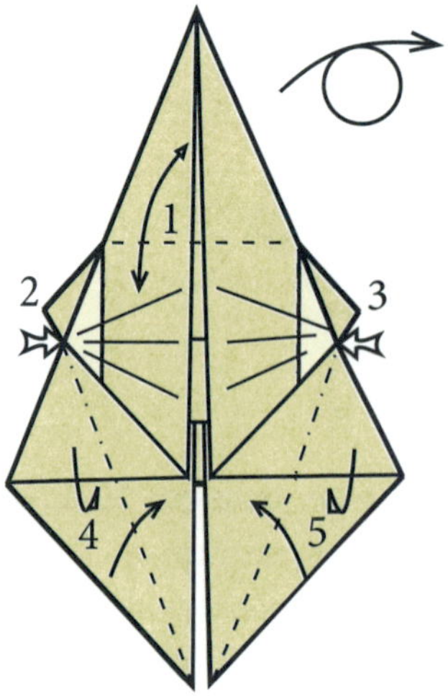

14. Dobre em ordem numérica. Afunde nos sombreados.

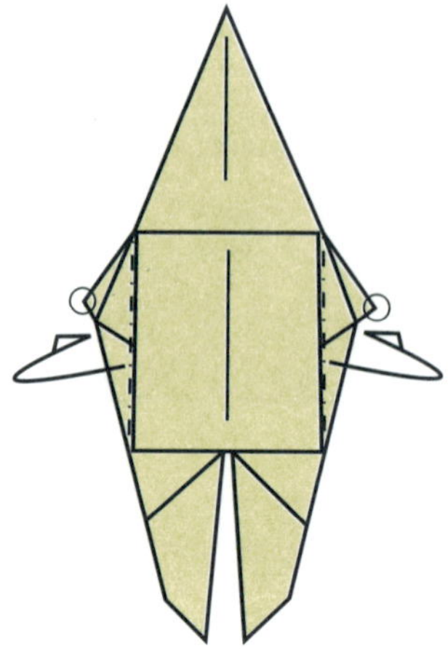

15. Dobre as abas para trás menos os dois triângulos nos círculos que serão as mãos.

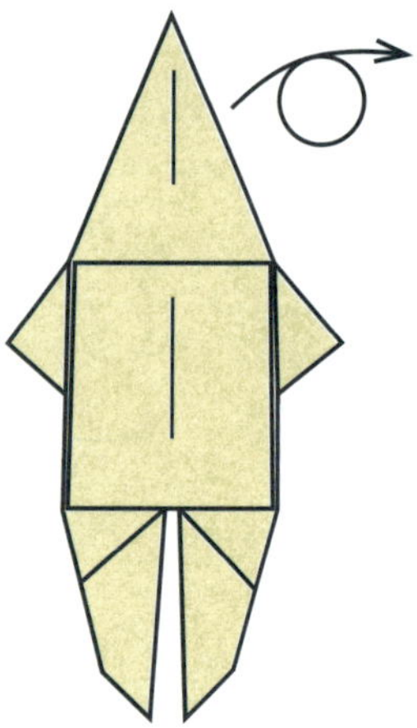

16. Veja o resultado.

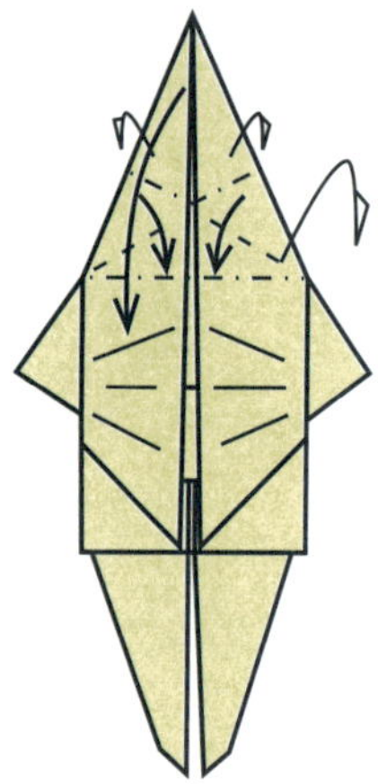

17. Aplique dobra semelhante à orelha de coelho. Em seguida, abaixe toda a ponta.

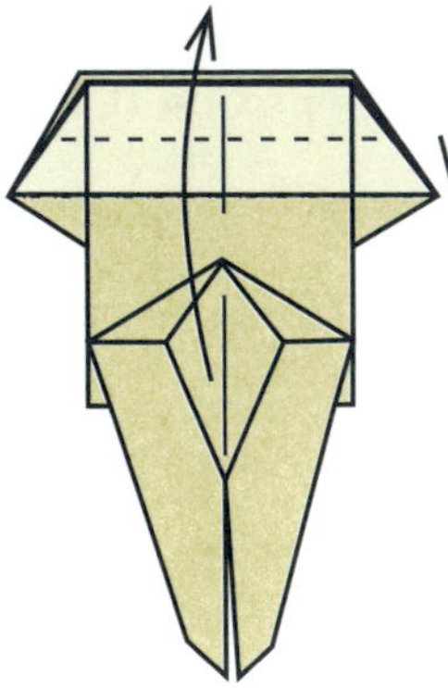

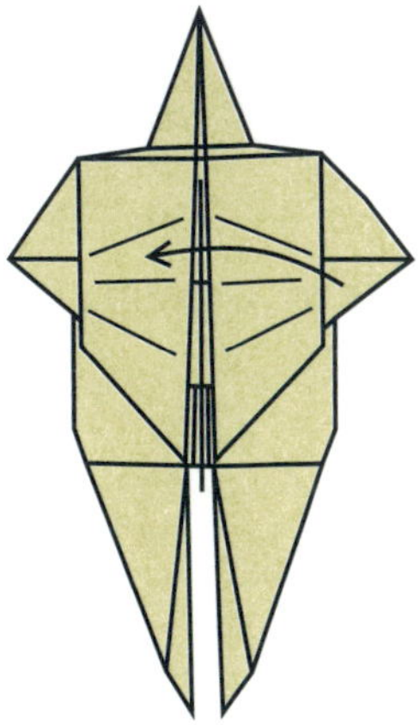

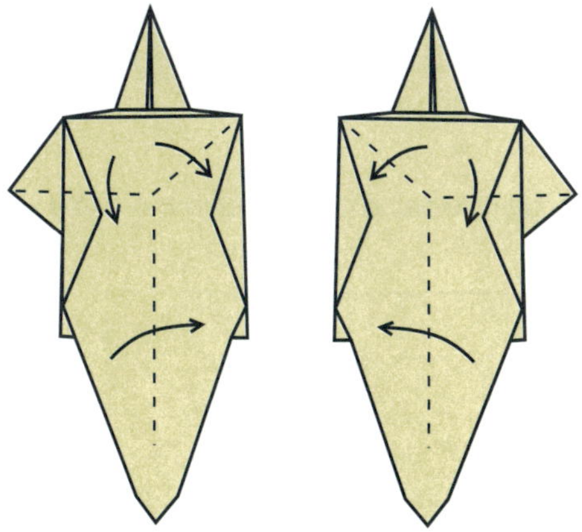

18. Faça uma prega nas indicações e afunde a parte sombreada para dentro da bolsa. Em seguida, leve a ponta (cabeça) novamente para cima.

19. Passe a aba para a esquerda.

20. Faça dobra semelhante à orelha de coelho levando a aba de volta para a direita. Repita no lado esquerdo.

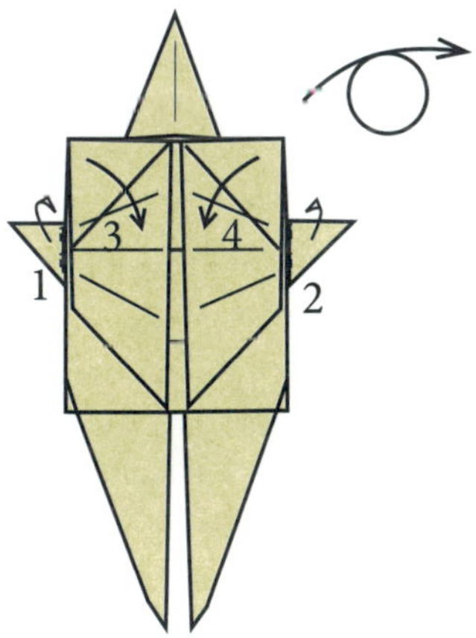

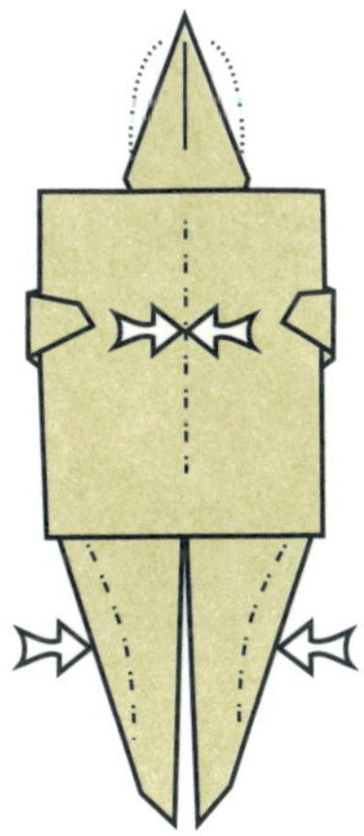

21. Dobre em ordem numérica e vire o papel.

22. Faça afundamentos suaves para dar impressão de volume e infle a cabeça.

23. Temos como resultado a figura aproximada de um homem lendo jornal.

Nenhum de vocês, meus filhos, jamais me causou um minuto de ansiedade, exceto com respeito à saúde... Quando vocês eram pequenos, eu sentia um grande prazer em brincar com todos. (Charles Darwin, autobiografia).

A poltrona, o pai, o filho e o livro – complexo. Use uma folha quadrada grande, fina e resistente.

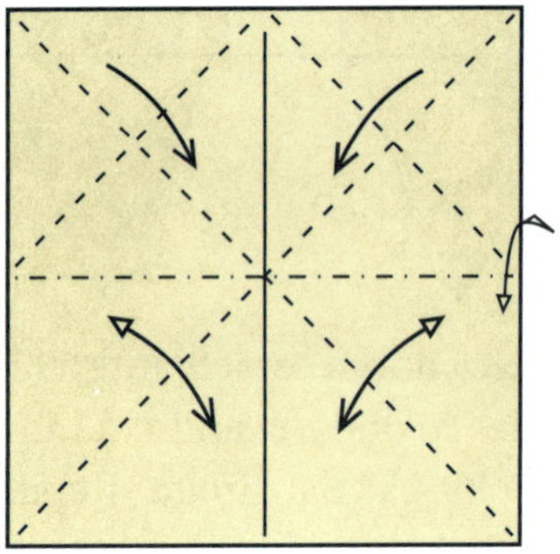

1. Faça os vincos indicados e dobre dois cantos para o centro do quadrado.

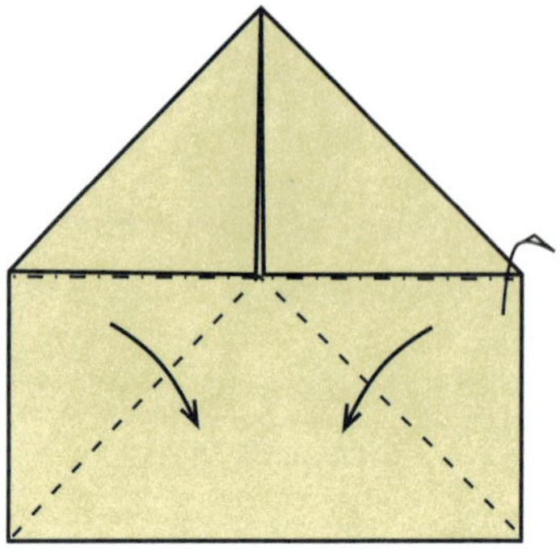

2. Dobre nas linhas vale e montanha.

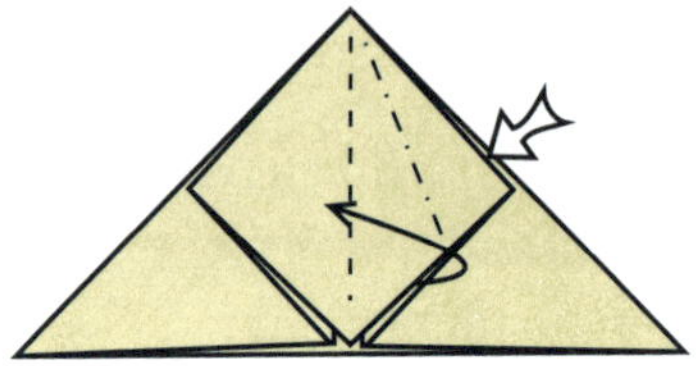

3. Abra e achate.

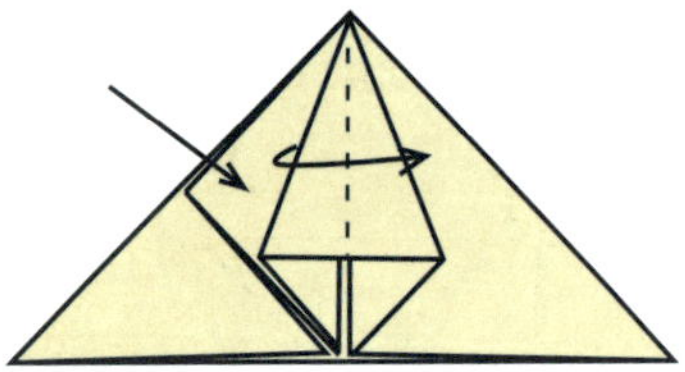

4. Passe meio triângulo para a direita e repita fase 3 no lado esquerdo.

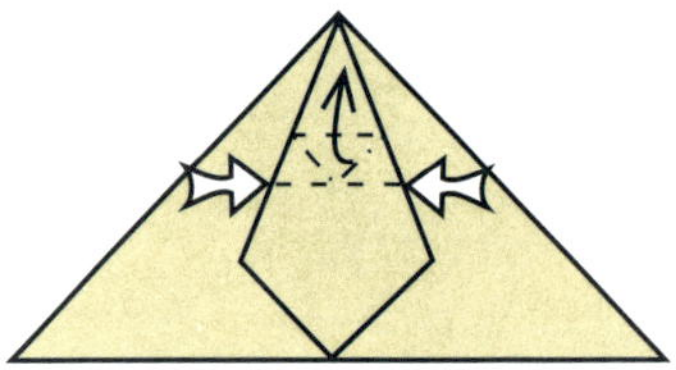

5. Para executar essa dobra consulte p. 66 fases 9 a 12.

6. Abra e achate.

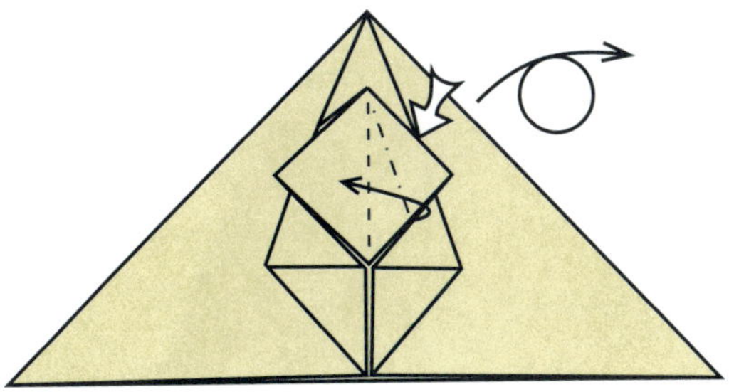

7. Repita fases 3, 4 e 5 nesse quadrado menor. O desenho mostra só o primeiro achatamento. Ao terminar todas as dobras vire o papel.

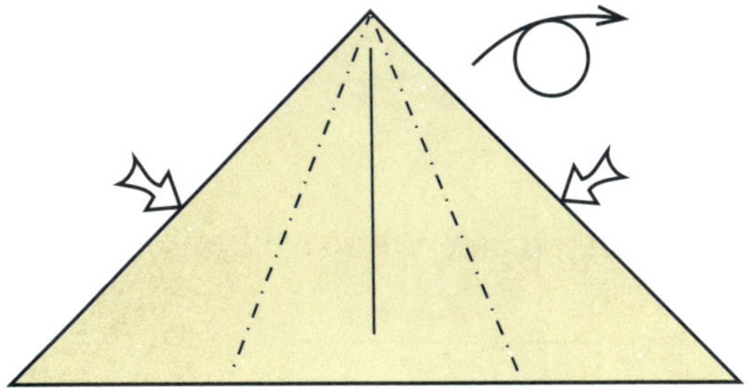

8. Dobre ambos os triângulos para dentro e vire o papel.

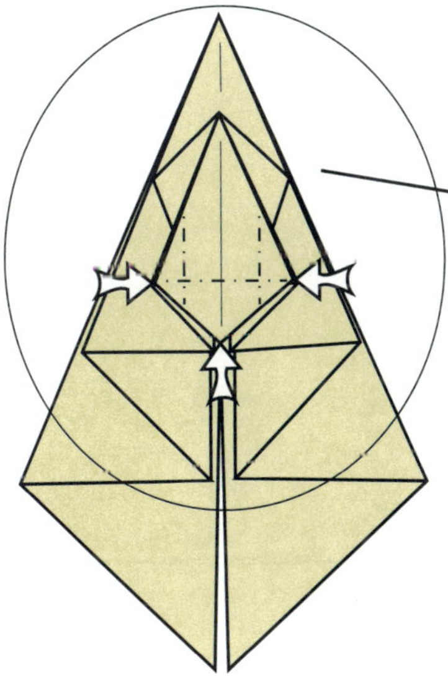

9. Dobre para dentro nas três indicações.

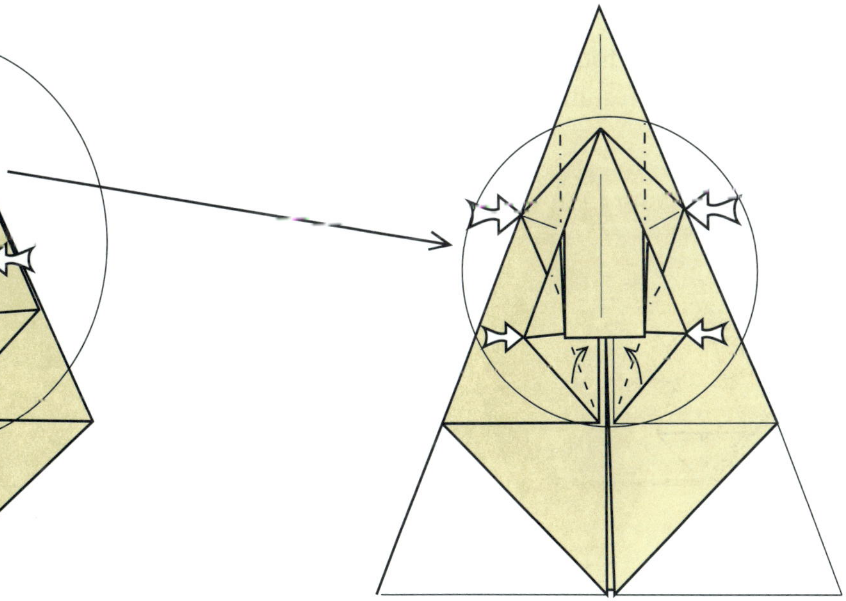

10. Desenho parcial e ampliado. Faça dois afundamentos laterais e, em seguida, dobre as bissetrizes nas abas inferiores. Veja o resultado na próxima fase.

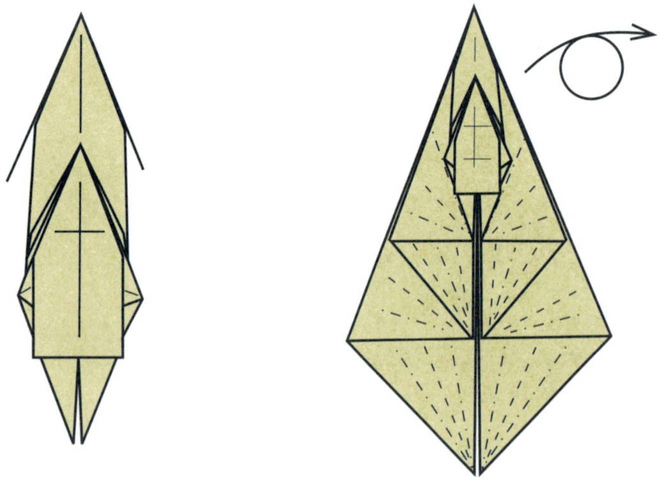

11. Aqui temos, à esquerda, em detalhe o menino. À direita, tem-se a visão geral. Dobre todas as bissetrizes assinaladas para dentro e para fora. Veja o resultado na fase 13.

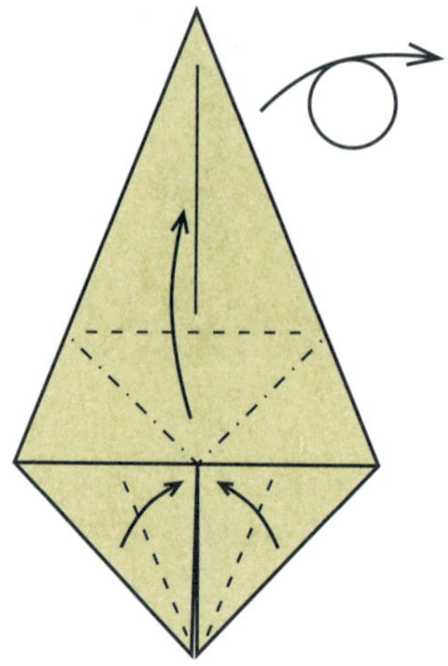

12. Aplique dobra pétala.

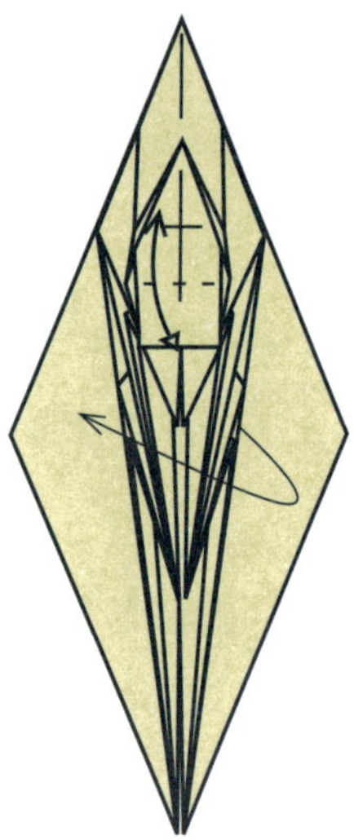

13. Dobre e desdobre para marcar o livro no colo do menino. Em seguida, passe todas as abas para a esquerda.

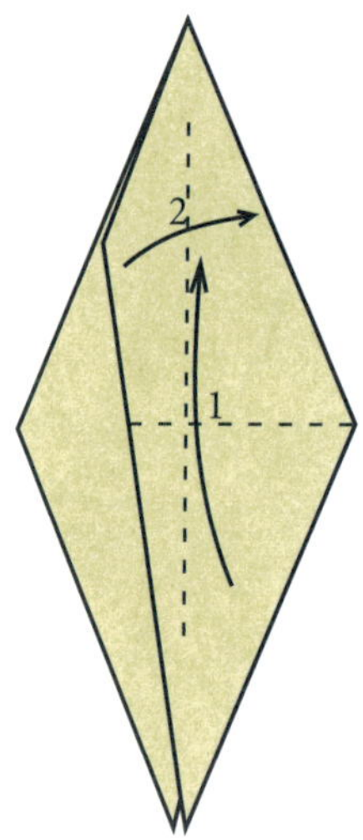

14. Dobre em ordem numérica. Repita no lado esquerdo. As pontas dobradas para cima serão braços do pai.

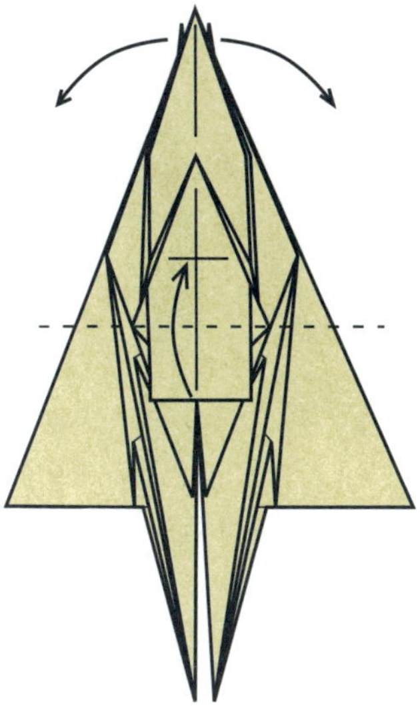

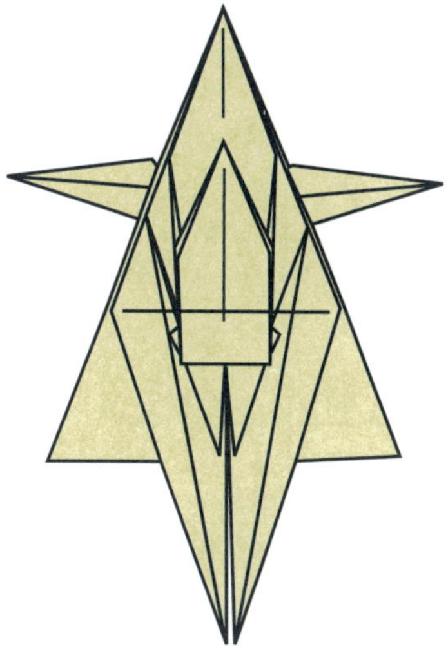

15. Analise esta visão geral. Traga os braços do pai para fora do corpo. Vinque na indicação a totalidade do papel porque essa vai ser a dobra que colocará o pai sentado na poltrona.

16. Aqui as pernas do pai estão mais largas devido à divisão dos ângulos. Fica como opção porque dividir os ângulos em um número maior de regiões como na fase anterior traz dificuldades nas pontas que poderão ficar irregulares.

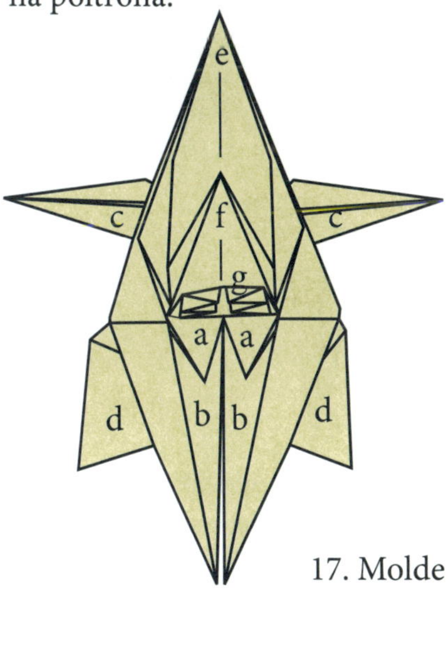

a: pernas do menino
b: pernas do pai
c: braços do pai
d: poltrona
e: cabeça do pai
f: cabeça do menino
g: livro no colo do menino

17. Molde as cabeças como indicado no *Homem lendo jornal.*

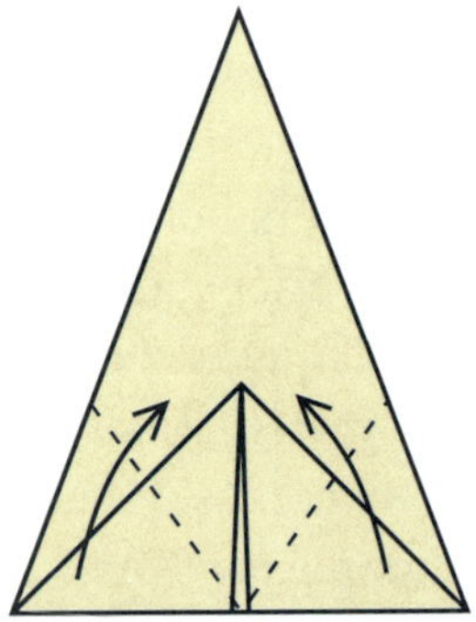

18. Neste desenho, detalhe mostrando a parte de trás do papel. Essas duas dobras serão os pés da poltrona e deverão ficar em ângulo a ser ajustado para dar estabilidade à peça.

19. Este desenho mostra a posição aproximada da poltrona vista por trás. Uma das pernas do pai ficará apoiada no chão mantendo o equilíbrio da peça.

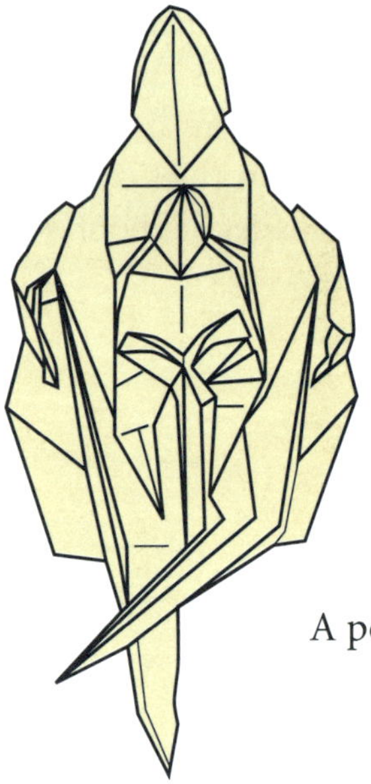

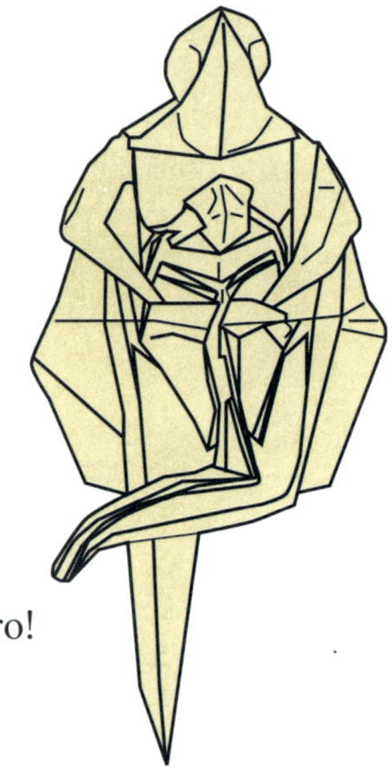

A poltrona, o pai, o filho e o livro!

20. Os desenhos são uma ligeira aproximação da peça acabada. Para uma observação mais acurada é melhor consultar o caderno com fotos coloridas onde é possível verificar melhor os detalhes.

Lúdico, criativo, são adjetivos atribuídos com frequência ao origami. Entretanto, a prática de dobrar papéis oferece boas oportunidades para a abordagem de questões matemáticas, mas para aproveitá-las é preciso ultrapassar as fronteira dos rótulos. Fazer experiências com construções geométricas através do manuseio de uma simples folha de papel que traz embutidos régua e compasso próprio, ajuda na compreensão de certos conceitos matemáticos. Por um lado, origami é a arte da economia que permite duplicar um cubo com apenas uma ou duas dobras. Por outro, é a arte da profusão de dobras para obter peças complexas. Nessa oficina de triângulos apresento algumas verificações ou constatações de alguns teoremas sendo oito delas relativamente simples executadas com dobras em triângulos ou quadrados. É preciso diferenciar a constatação de uma proposição por origami e sua demonstração rigorosa através do raciocínio lógico-dedutivo. As sugestões restantes são estudadas através de desenhos, por exemplo, "o dobro que gera o triplo", "o dobro que gera o sétuplo", ressaltando que o origami foi o meio através do qual descobri alguns desses teoremas. Incluí somente a demonstração e generalização do "Teorema do terço" gentilmente feitas por Gilberto Garbi. Darwin relatou na autobiografia ter estudado Euclides com um professor particular lembrando da satisfação que lhe deram as demonstrações geométricas claras.
Meu convite é para Euclidearmos e Darwinearmos um pouco, "verbos que conjugados" remetem ao carinho e ao respeito com os quais a ciência deve ser encarada e ao mesmo tempo à rejeição do discurso que faz a apologia da ignorância.
Boa oficina!

VI – Oficina de triângulos

Agradeço especialmente Marina Shizuko Assato, professora de matemática da rede pública de ensino do Estado de São Paulo e Gilberto Garbi, autor dos livros *C.Q.D.*, *A Rainha das Ciências* e *O Romance das Equações Algébricas.*

As dobras e a soma dos ângulos internos de um triângulo.

O primeiro desenho mostra que a medida da mediana que cai sobre a hipotenusa do triângulo retângulo é igual a metade da medida dessa hipotenusa. No segundo e terceiro desenhos, os ângulos α e β caem sobre o ângulo γ cuja medida é 90º. Por superposição constata-se que α e β totalizam 90º mostrando que **a soma dos ângulos internos do triângulo é 180º**.

O quarto desenho indica outro caminho para obter o mesmo resultado dobrando os cantos para fazer os ângulos caírem sobre o pé da altura relativa à hipotenusa. No triângulo retângulo pode-se constatar que pela formação de triângulos isósceles o ponto médio da hipotenusa equidista dos três vértices.

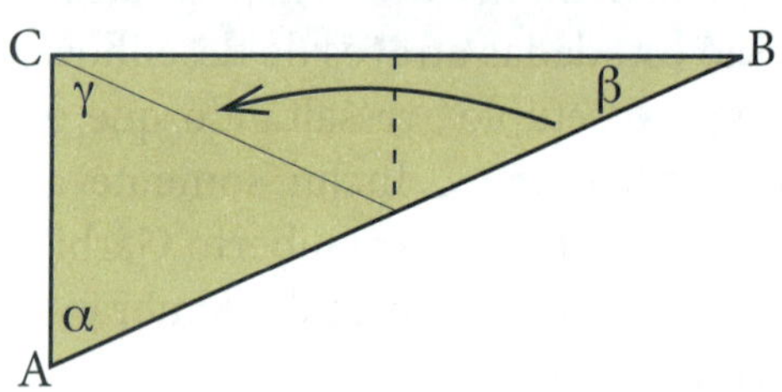

1. Dobre B sobre C.

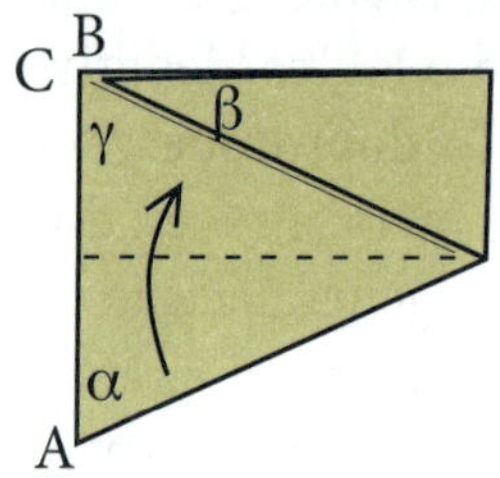

2. Dobre A sobre C.

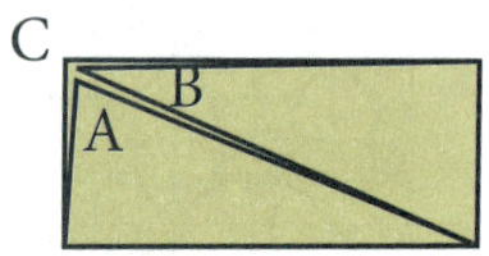

3. $\alpha + \beta + \gamma = 180^\circ$

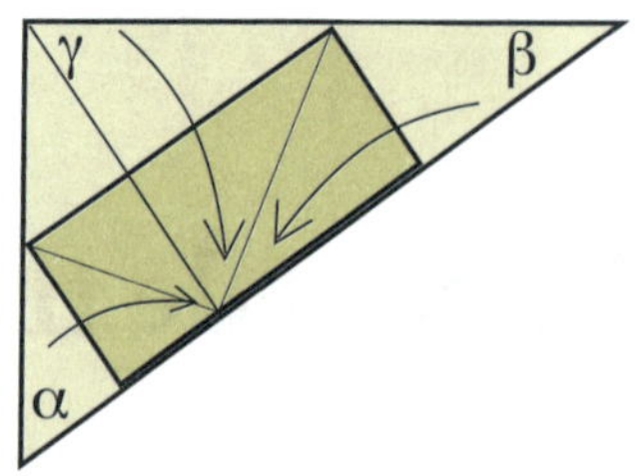

4. Outro caminho para obter o mesmo resultado.

Com duas dobras é possível constatar que:

A diferença entre os ângulos que uma bissetriz interior forma com o lado oposto de um triângulo qualquer é igual à diferença entre os ângulos da base desse triângulo.

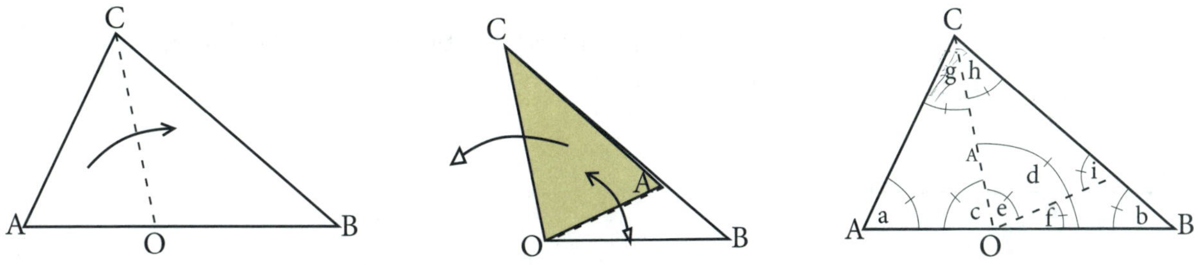

1. Dobre a bissetriz. (lado $\overline{AC}$ sobre o lado $\overline{BC}$)

2. Marque $\overline{OA}$ dobrando e desdobrando. Em seguida, desdobre tudo.

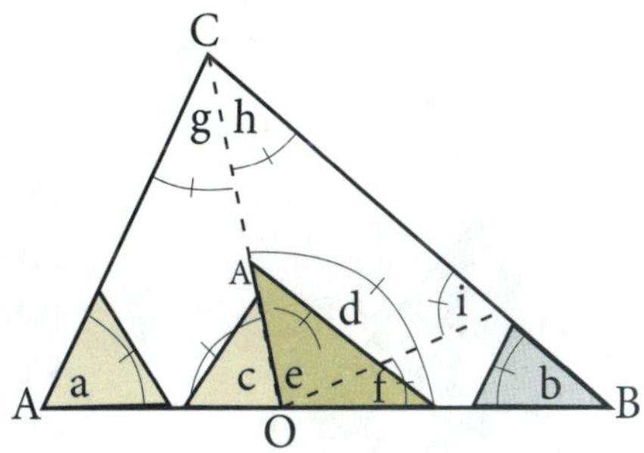

Pela bissetriz sabemos que: med ($A\hat{C}O$) = med ($O\hat{C}B$)

Por congruência de triângulos (L.L.L), temos que:

$C\hat{A}O = C\hat{D}O$ e $C\hat{O}A = C\hat{O}D$

Se med ($D\hat{O}B$) = med ($C\hat{A}O$) - med ($D\hat{B}O$) e med ($D\hat{O}B$) = med ($C\hat{O}B$) - med ($A\hat{O}C$) então med ($C\hat{A}O$) - med ($C\hat{B}O$) = med ($C\hat{O}B$) - med ($C\hat{O}A$)

Dos ângulos formados pela intersecção de duas bissetrizes em qualquer triângulo, a medida do ângulo menor é igual a semissoma das medidas dos ângulos da base; a medida do ângulo maior é o suplemento da medida do ângulo menor. Experimente fazer essa experiência com outros tipos de triângulos.

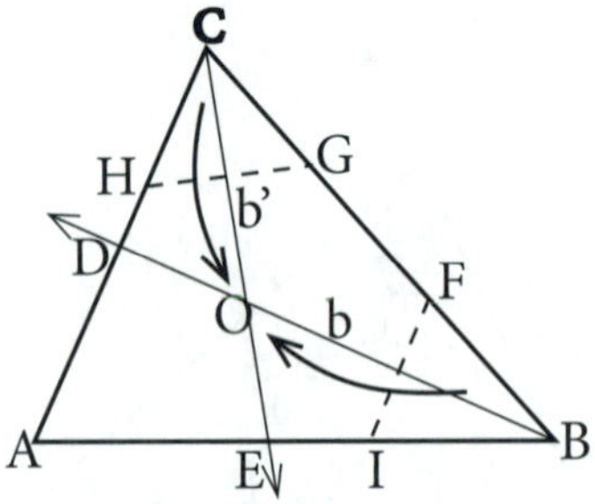

1. Dobrar as bissetrizes $\overrightarrow{CE}$ e $\overrightarrow{BD}$. Em seguida, dobrar por $\overline{FI}$ e $\overline{GH}$ para o incentro.

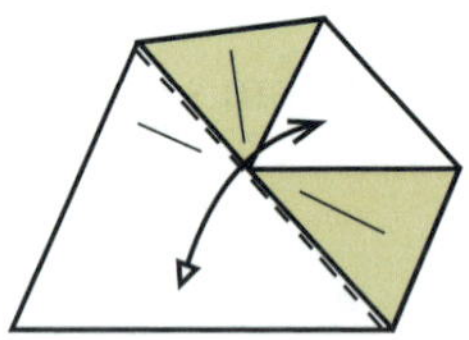

2. Dobre tendo as partes coloridas como guias. Desdobre tudo e veja o resultado no próximo desenho.

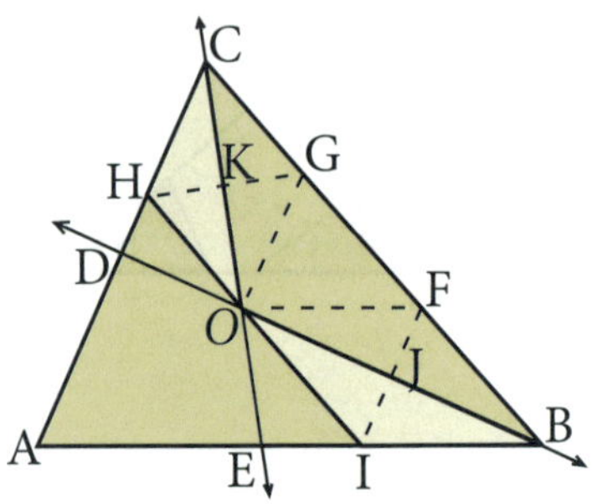

$D\hat{O}C \cong B\hat{O}E$ opostos pelo vértice. $\overrightarrow{BD}$ e $\overrightarrow{CE}$ são bissetrizes.
$\overline{HG}$ e $\overline{IF}$ perpendiculares (def. 2) às bissetrizes.
$J\hat{O}F \cong H\hat{O}D$ e $E\hat{O}I \cong H\hat{O}K$
Com duas dobras por $\overline{IF}$ e $\overline{HG}$, determina-se $\overline{HI}$ que forma quatro ângulos opostos pelo vértice *O*
Logo, pode-se concluir que:

$$\text{med}\,(J\hat{O}I) + \text{med}(H\hat{O}K) = \frac{\text{med}\,(A\hat{B}C) + \text{med}\,(A\hat{C}B)}{2}$$

$$\text{med}\,(J\hat{O}I) = \text{med}\,(H\hat{O}D)$$

Cada uma das n retas do feixe, forma com a seguinte um ângulo de medida α e as medidas dos ângulos que a transversal forma com as retas do feixe estão em uma progressão aritmética de razão α.

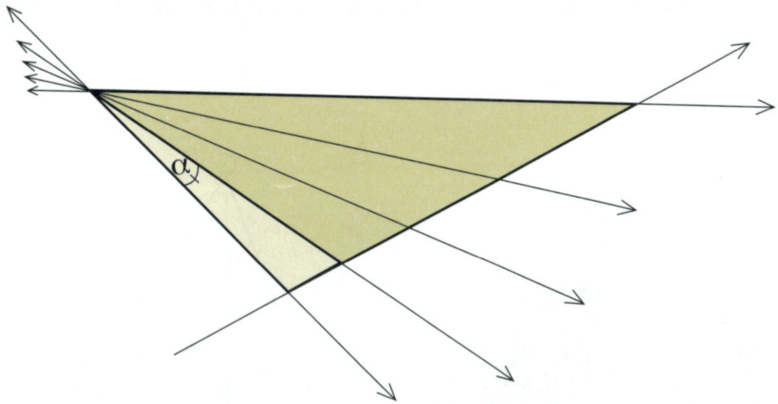

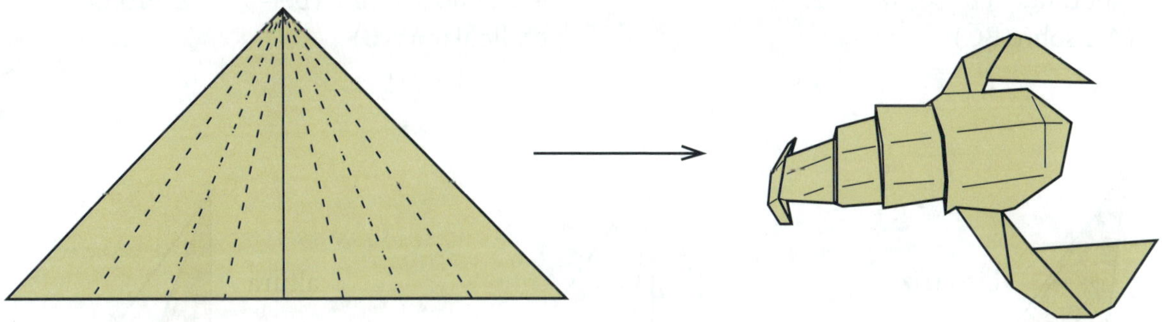

Dobrando bissetrizes sucessivas no triângulo retângulo isósceles obtive, de forma relativamente econômica, uma lagosta conforme mostrado nas páginas 91 a 93.

Dobrar a bissetriz de um ângulo é levar um lado do papel sobre o outro. Dobrar a altura de um triângulo é dobrar um lado sobre ele mesmo a partir do vértice oposto a esse lado para obter um ângulo reto sobre ele. Com poucas dobras podemos verificar que:

Num triângulo qualquer, a medida do ângulo formado pela bissetriz e altura relativas ao mesmo vértice é igual a semidiferença entre as medidas dos ângulos da base.

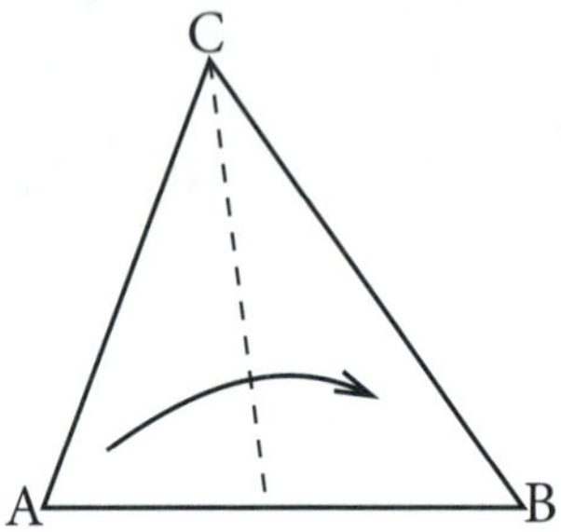

1. Dobrando a bissetriz. ($\overline{AC}$ sobre $\overline{BC}$)

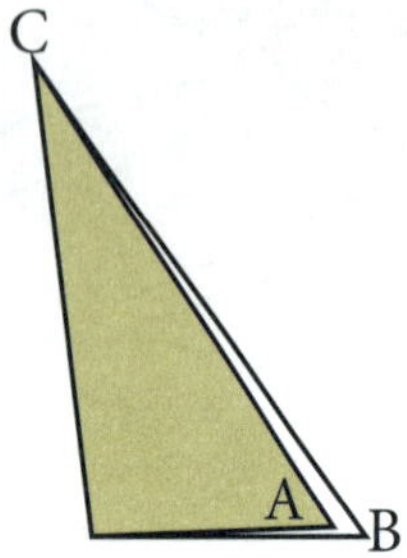

2. Pronto.

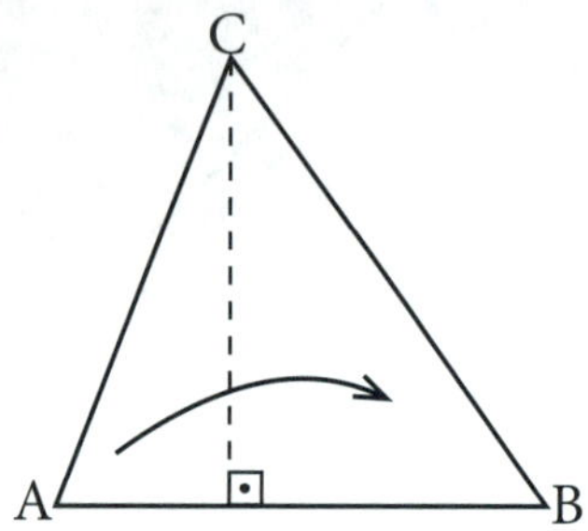

1. Dobrando a altura. (perpendicular à $\overline{AB}$)

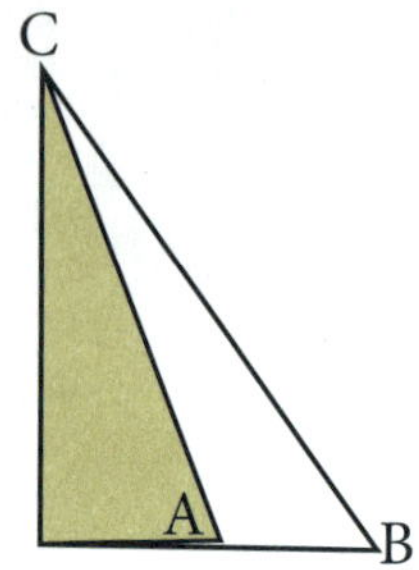

2. Pronto.

bissetriz

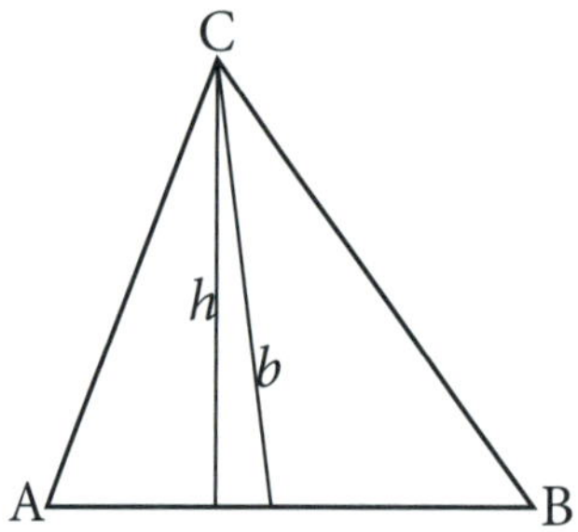

altura

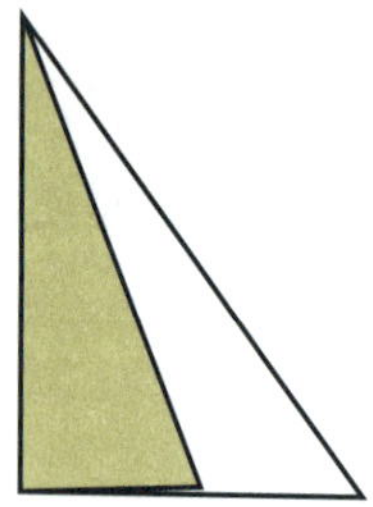

Para constatação na próxima página, vamos usar outro tipo de triângulo.

Quanto menor for a abertura do ângulo mais difícil para dobrar. Os leitores poderão descobrir por si mesmos quais os triângulos mais apropriados.

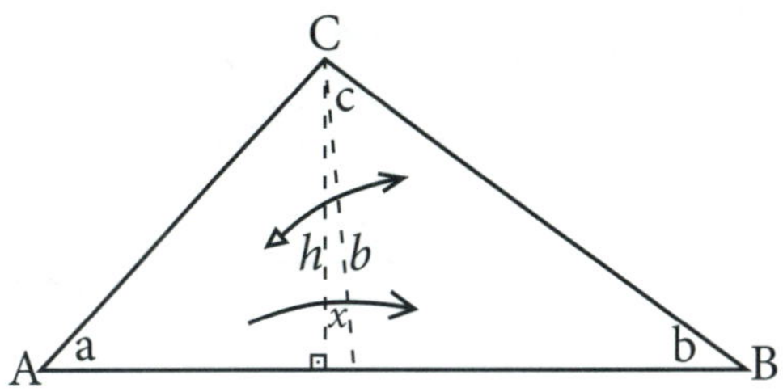

1. Dobre e desdobre a bissetriz. Logo após, dobre na altura para a direita.

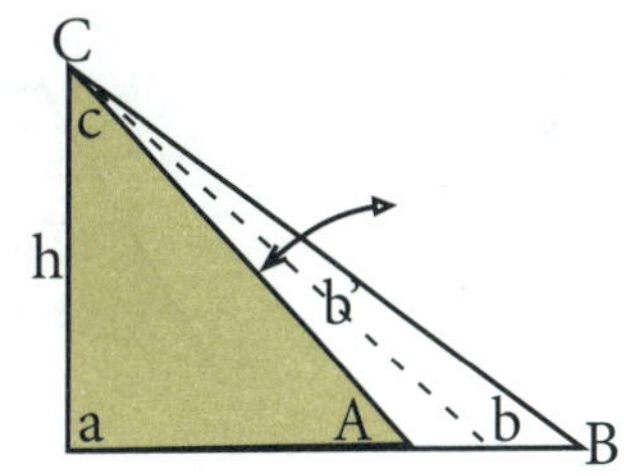

2. Dobre e desdobre na bissetriz (b') do ângulo $A\hat{C}B$. Na subtração entre os ângulos da base, a diferença é o ângulo $A\hat{C}B$ dividido em dois pela bissetriz. Em seguida, desdobre o papel.

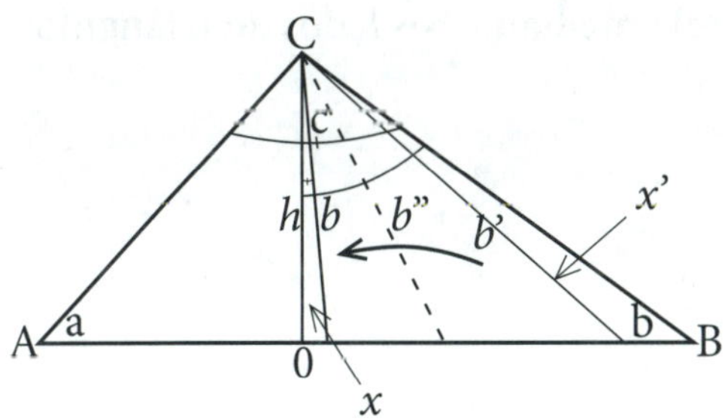

3. Dobre na bissetriz (b") do ângulo $O\hat{C}B$
$\overline{BC}$ ficará sobre $\overline{OC}$.
Observe os ângulos (*x* e *x'*).

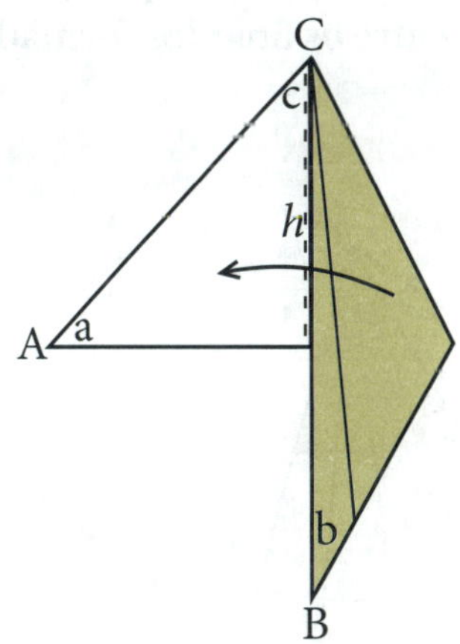

4. Dobre pela altura para a esquerda.

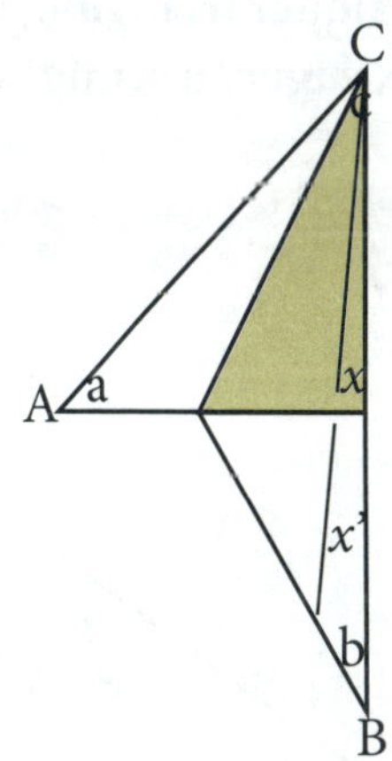

5. Pela superposição constata-se que os ângulos *x* e *x'* são congruentes, portanto,

$$x = \frac{\text{med}\,(\,C\hat{A}B\,) - \text{med}\,(\,C\hat{B}A\,)}{2}$$

Quando o número de dobras é pequeno as abas não remontam, por isso, pode-se usar papel de gramatura maior.

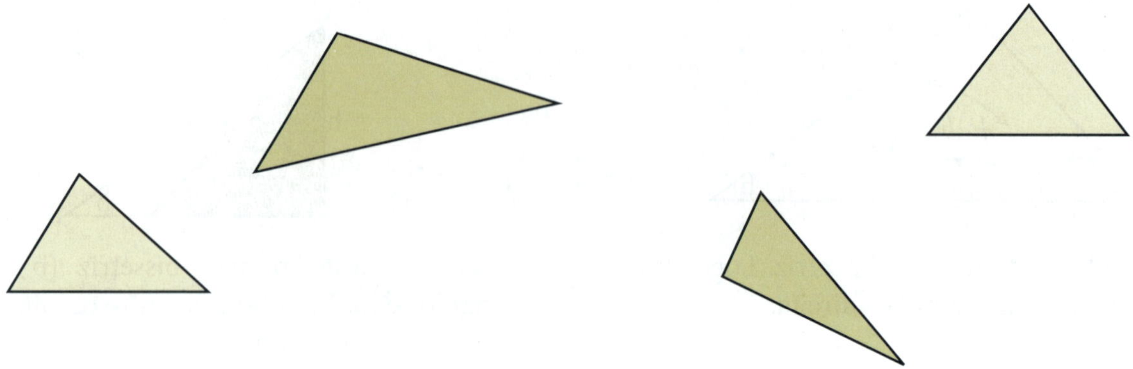

Em qualquer triângulo, o ângulo formado por qualquer mediana e a bissetriz baixada do mesmo vértice, é igual a semidiferença entre os ângulos formados pela mediana e os lados do triângulo.

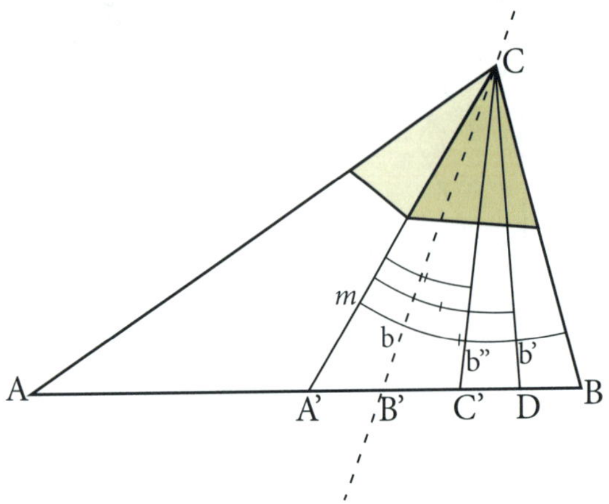

m = mediana b = bissetriz
b' = segunda bissetriz b" = terceira bissetriz

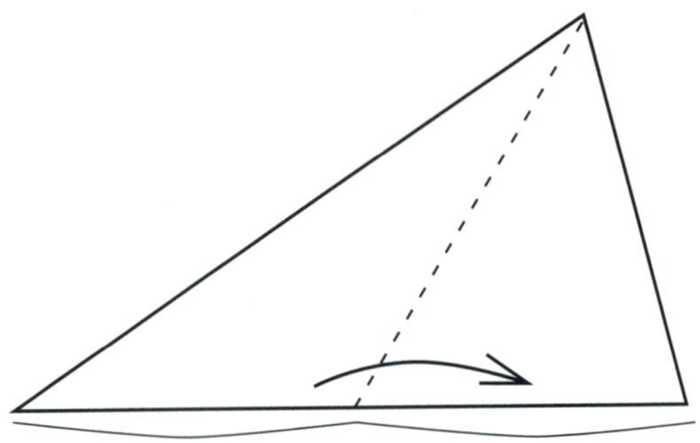

1. Dobre pela mediana e siga os passos na próxima página.

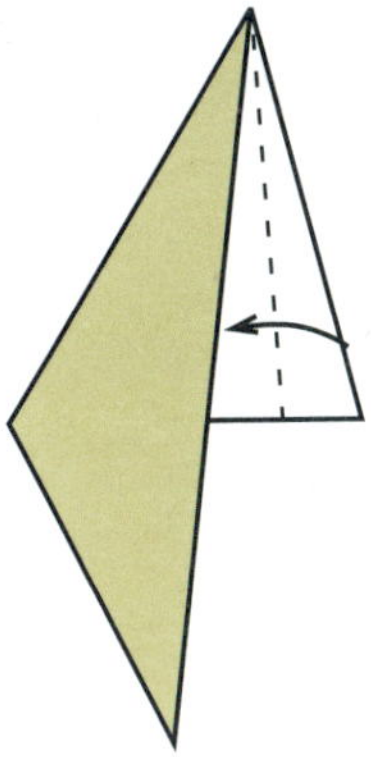

2. Dobre a bissetriz no triângulo branco.

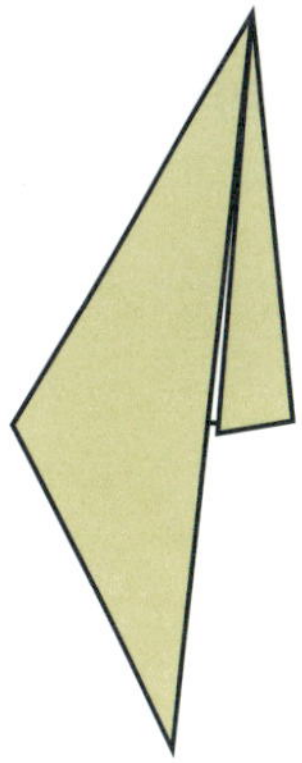

3. Eis o resultado. Desdobre tudo.

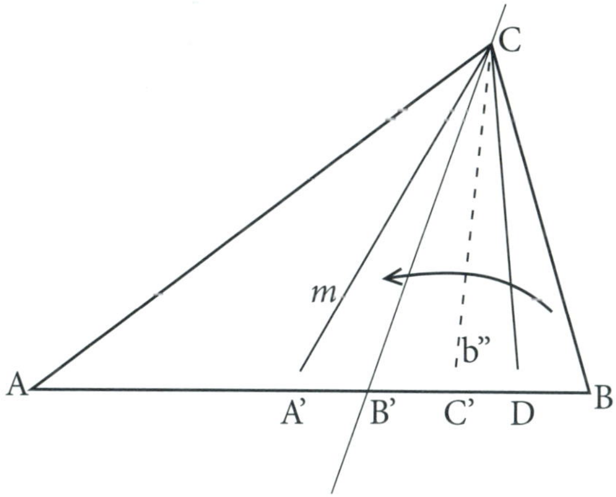

4. Dobrando uma bissetriz de $B\hat{C}A$
verifica-se que $D\hat{C}B \cong A'\hat{C}B'$
logo, $\dfrac{\text{med } A'\hat{C}B - \text{med } A\hat{C}A'}{2} = \text{med } (A\hat{C}B')$

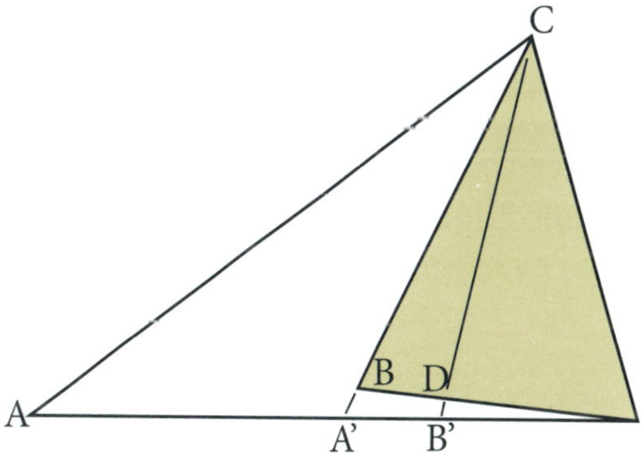

5. Verifica-se que os ângulos $D\hat{C}B$ e $A'\hat{C}B'$ são congruentes por sobreposição.
med $(A\hat{C}D)$ = média aritmética da med $(A'\hat{C}B)$ e med $(A'\hat{C}C')$

Se as medidas de dois ângulos que têm um lado comum somam 90º, suas bissetrizes formam entre si um ângulo de 45º.

Use uma folha quadrada, dobre e desdobre por $\overline{AE}$ arbitrariamente.

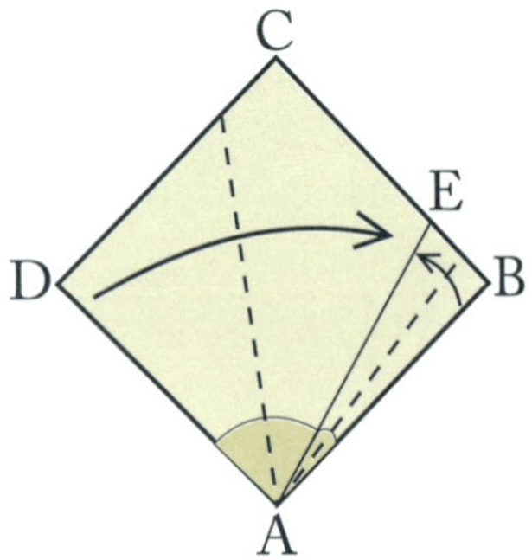

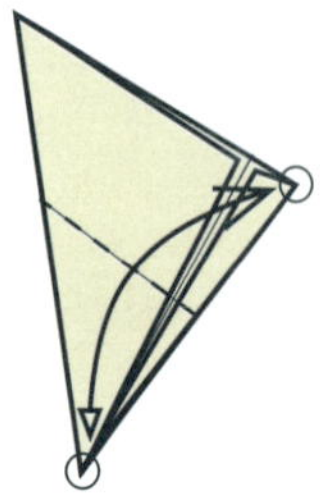

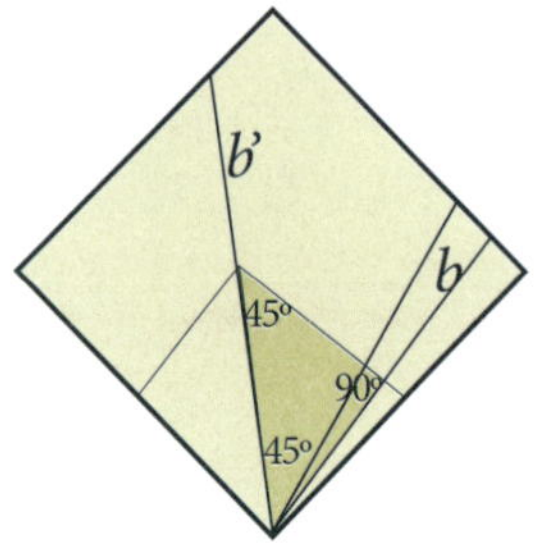

1. Dobre as bissetrizes de DÂE e EÂB.
2. Dobre coincidindo os círculos da figura.
3. Desdobre.
4. O triângulo sombreado é retângulo isósceles, logo, as bissetrizes (b e b') formam o ângulo medindo 45º.

Se dois ângulos adjacentes são suplementares, suas bissetrizes são perpendiculares uma à outra e reciprocamente. Use folha quadrada.

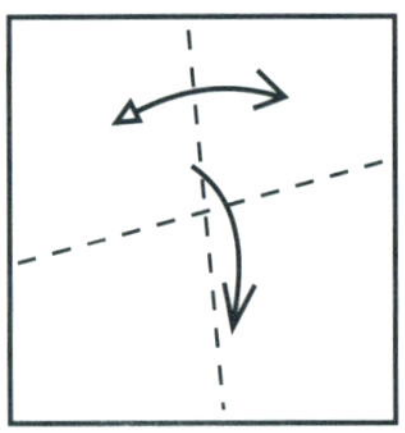

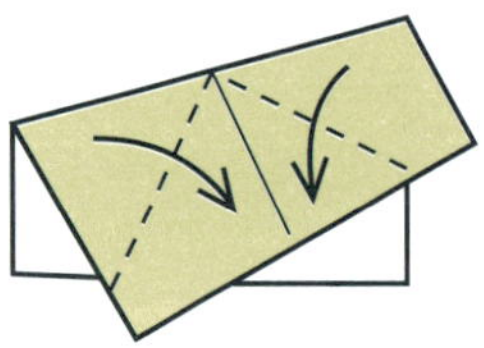

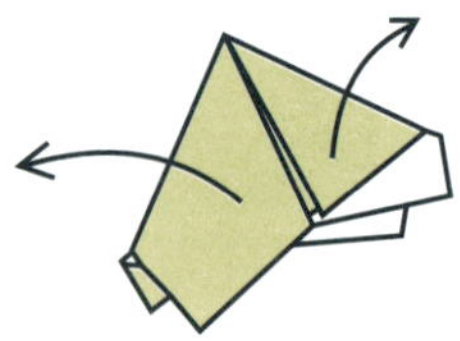

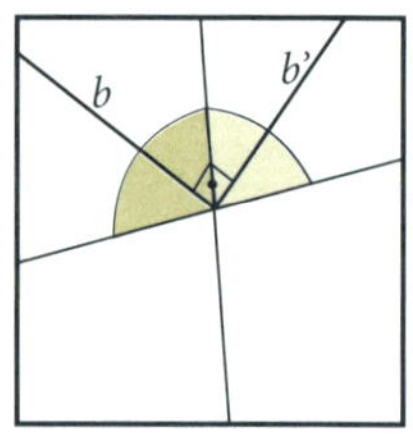

1. Faça duas dobras arbitrárias conforme as indicações.
2. Dobre duas bissetrizes.
3. Desdobre.
4. Confira medindo os ângulos b e b'.

O triângulo órtico.

Tempos atrás tomando como ponto de partida um triângulo órtico obtido por origami acabei descobrindo alguns fatos decorrentes dessa construção que são do conhecimento das pessoas que estudam regularmente. Mais tarde eu descobriria que andei passeando pelo círculo de seis e nove pontos cujas ilustrações incluí nas notas finais. Após a obtenção do triângulo órtico por dobras usei o desenho geométrico para seguir com a investigação. Orto vem do grego *orthós* e significa reto, levantado. O triângulo que une os pés das alturas é chamado triângulo órtico. Nos triângulos obtusângulos as alturas relativas ao prolongamento de dois lados recaem sobre a reta suporte de seus lados, ou seja, os pés das alturas relativas a esses lados estão situados fora do triângulo. Use um triângulo qualquer.

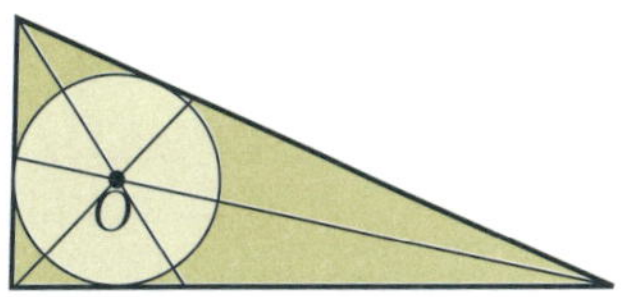

Incentro é o encontro das bissetrizes.

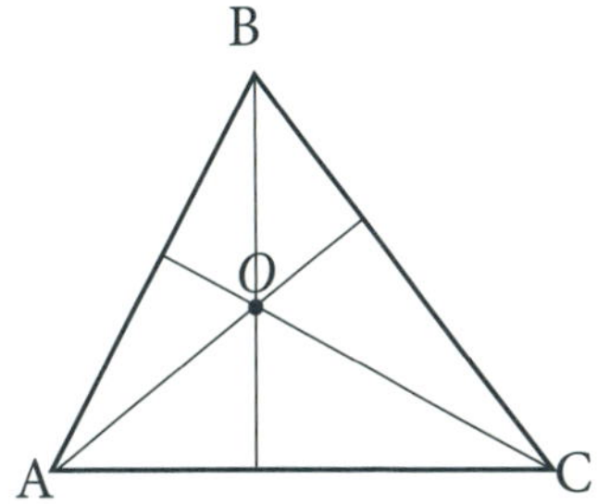

Ortocentro é o enconto das alturas.

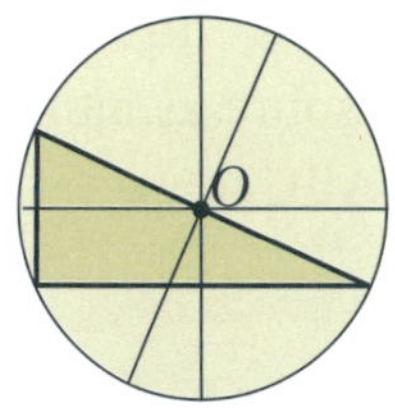

Circuncentro é o encontro das mediatrizes.

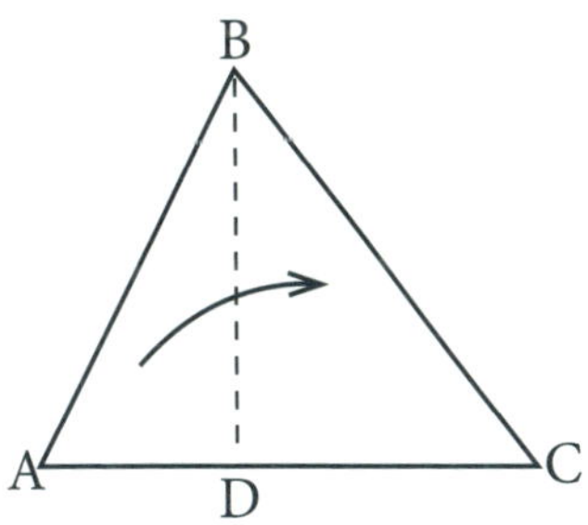

1. Dobre na altura. A dobra parte do vértice e intercepta o lado oposto em ângulo reto.

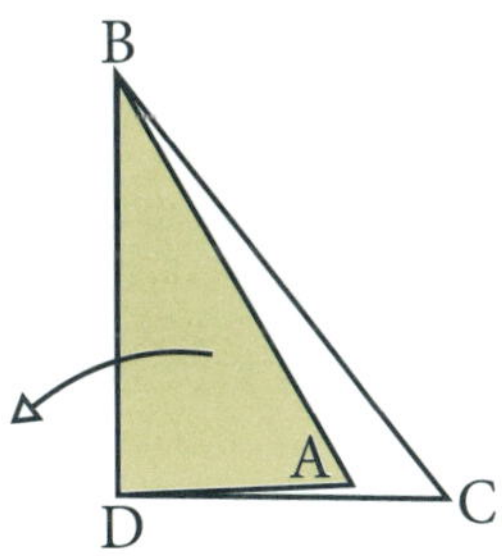

2. Desdobre e repita a operação nas duas alturas restantes.

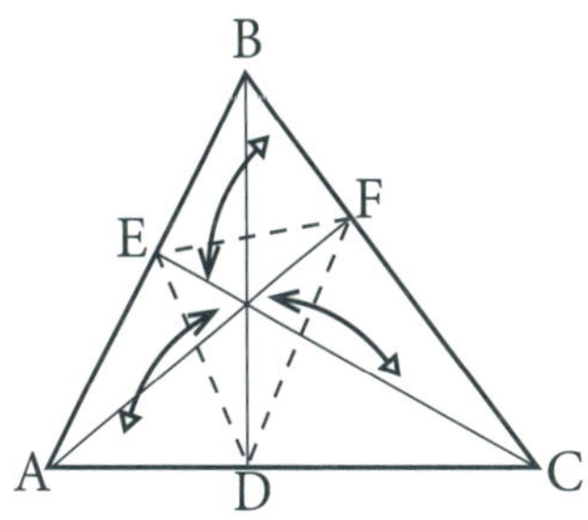

3. Dobre e desdobre ligando os pontos D, E, F, dois a dois. Eles são os pés das alturas do triângulo ABC.

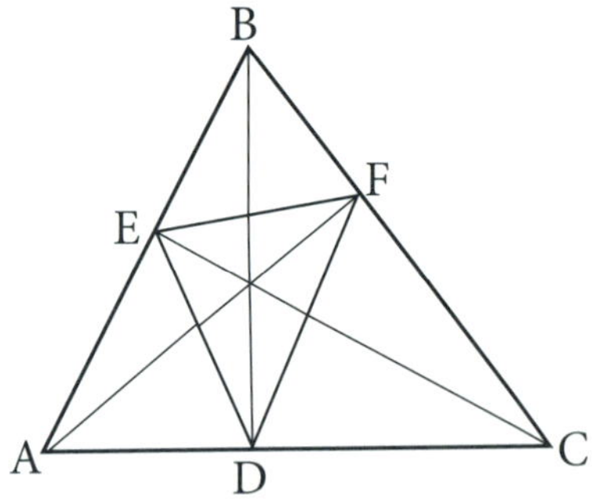

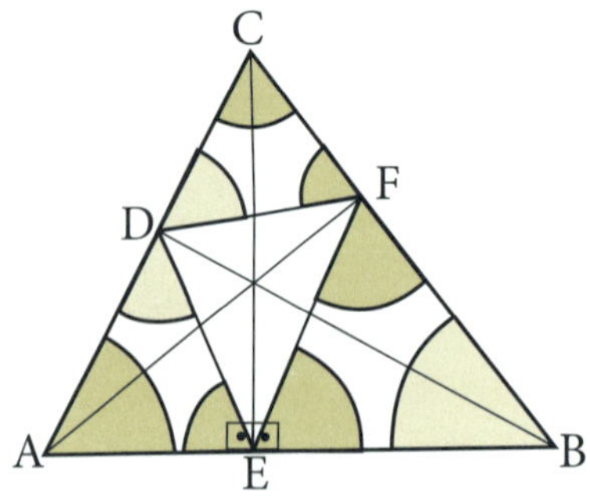

4. O triângulo DEF é órtico, pois tem os vértices nos pés das alturas do triângulo ABC. As bissetrizes do triângulo DEF estão sobre as alturas do triângulo ABC.

5. Os ângulos CÊB e CÊA são **retos** e somam 180˚. Os ângulos DÊC e FÊC são congruentes pela bissetriz de DÊF.
180º - [med(DÊC) + med(FÊC)] = med(FÊB)+med(DÊA)
FÊB = DÊA
Raciocínio válido para os ângulos que partem dos vértices D e F
Verifica-se que:
Triângulos órticos determinam sobre seus lados três triângulos semelhantes.

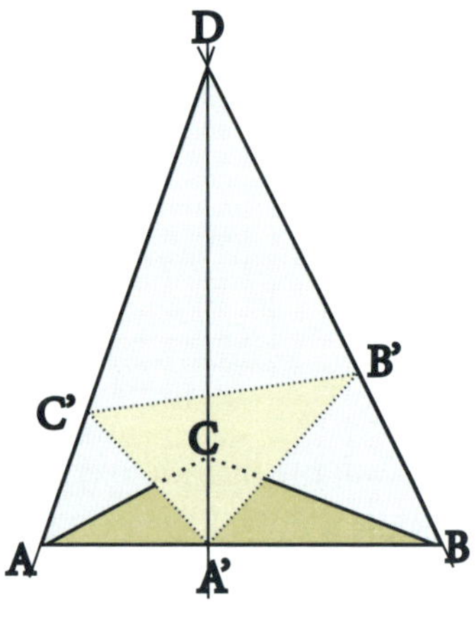

As figuras semelhantes apresentam uma propriedade importante quanto a relação entre áreas e perímetros:
P = perímetro
S = área

$$\frac{P_2}{P_1} = \sqrt{\frac{S_2}{S_1}}$$

No desenho ao lado, inicia-se a construção por um triângulo obtusângulo ABC, seu triângulo órtico é A'B'C'. Prolongando as alturas do triângulo ABC, forma-se o triângulo ABD cujo órtico também é o triângulo A'B'C'.

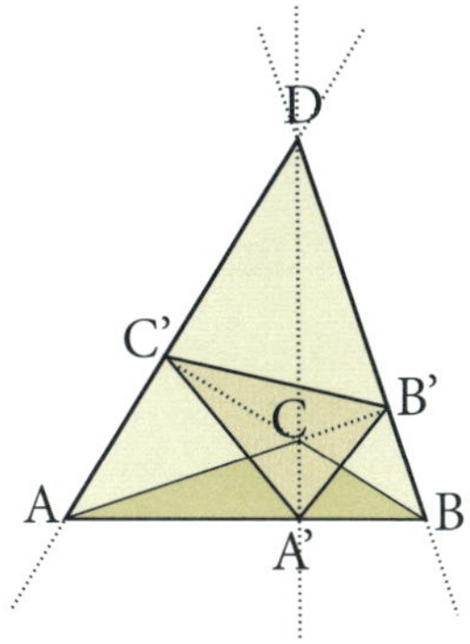

Redesenhando:
Prolongando as alturas do Δ ABC forma-se o Δ órtico A'B'C'. O prolongamento das alturas forma com o lado $\overline{AB}$ do Δ ABC o Δ ABD. Dois lados do Δ ABC estão sobre as alturas do Δ ABD e sobre as bissetrizes do Δ A'B'C'. O Δ A'B'C' tem seus vértices nos pés das alturas dos triângulos ABC e ABD sendo portanto órtico comum aos dois triângulos.

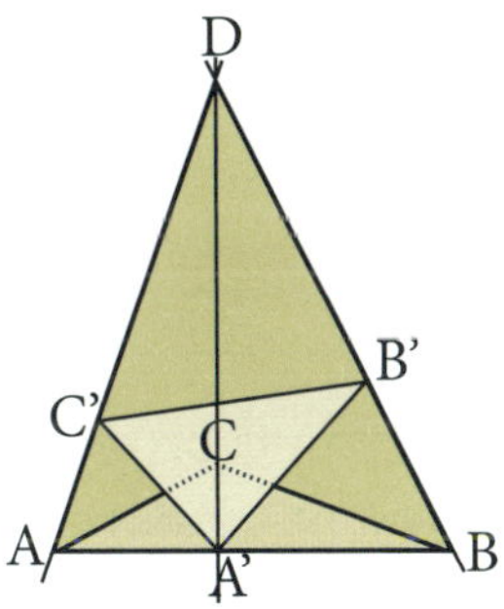

Um olhar sobre os ângulos:

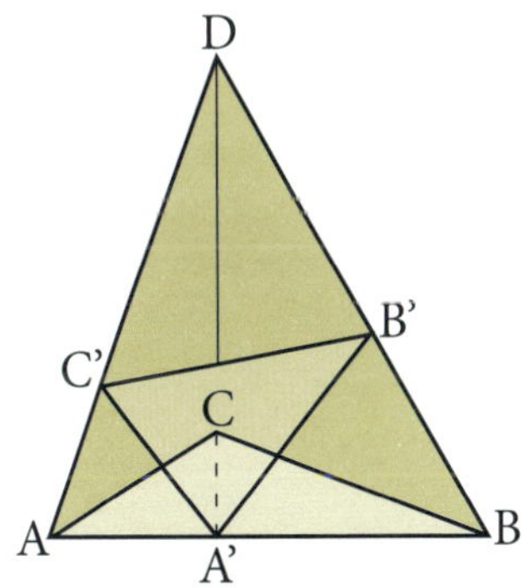

$$\frac{\text{med }(A'\hat{C}'B')}{2} = \text{med }(A'\hat{A}B')$$

$$\frac{\text{med }(A'\hat{B}'C')}{2} = \text{med }(A'\hat{B}C')$$

med $(C'\hat{A}B'$ = med $(B'\hat{B}C')$
med $(A\hat{C}B)$ - med $(C'\hat{A}'B')$ = med $(A\hat{D}B)$

med $(A\hat{C}B)$ - med $(C'\hat{A}'B')$ = med $(A\hat{D}B)$

O passo a passo a seguir me levou ao primeiro contato com o teorema de Ceva que por sua vez trouxe a curiosidade sobre o teorema de Menelau (ambos mencionados nos comentários finais), a colinearidade dos pontos, os círculos de Euler e Feurbach, a obtenção do circuncentro através do triângulo órtico etc. Qualquer pessoa que dedique algum esforço pode fazer descobertas por si. Siga essas verificações feitas através dos desenhos e tire suas próprias conclusões.

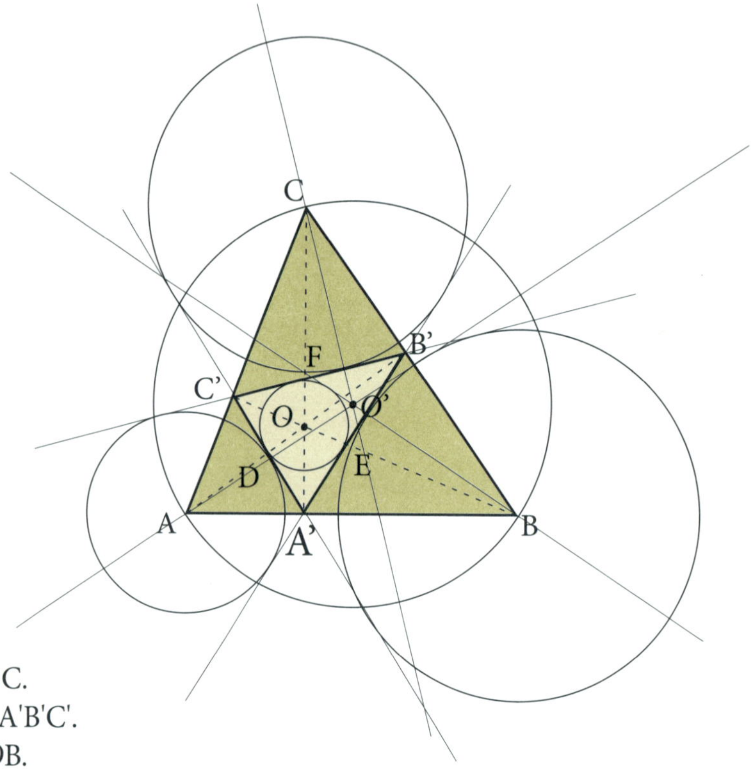

$\overline{AB'}$, $\overline{BC'}$ e $\overline{A'C}$ são alturas do Δ ABC.
$\overline{A'F}$, $\overline{B'D}$ e $\overline{C'E}$ são bissetrizes do Δ A'B'C'.
$\overline{A'O}$, $\overline{BB'}$ e $\overline{AC'}$ são alturas do Δ A*O*B.
O Δ A'B'C' é órtico comum aos triângulos ABC e A*O*B.
O é o incentro do Δ A'B'C' e vértice do Δ A*O*B.
A,B e C são centros dos círculos ex-inscritos ao Δ A'B'C'. Os prolongamentos de seus diâmetros são perpendiculares aos lados do Δ A'B'C' com ponto de intersecção no **circuncentro** do Δ ABC.
As bissetrizes do Δ ABC são bissetrizes dos ângulos $C'\hat{O}E$, $A'\hat{C}O'$ e $B'\hat{A}E$.
A medida do ângulo $B'\hat{A}O'$ é igual a diferença entre as medidas de $A'\hat{C}O'$ e $C'\hat{B}O'$.
Cada círculo ex-inscrito tangencia um lado e o prolongamento dos outros dois do Δ A'B'C'

Passo a passo referente a página 134.

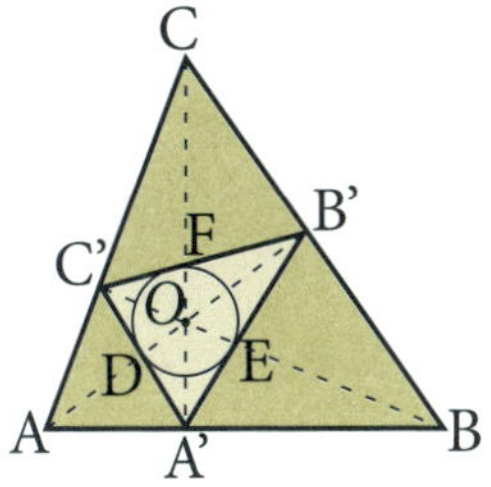

1. As bissetrizes do △ órtico A'B'C' estão sobre as alturas do △ ABC.
O é o incentro do △ A'B'C'.

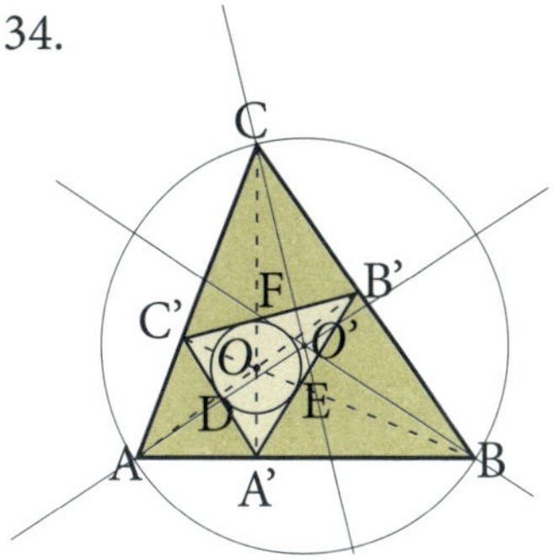

2. As retas são perpendiculares aos lados do △ A'B'C' pelos vértices do △ ABC. Elas tem como ponto de intersecção o circuncentro do △ ABC. No próximo desenho retas e o círculo são omitidos para facilitar a visualização.

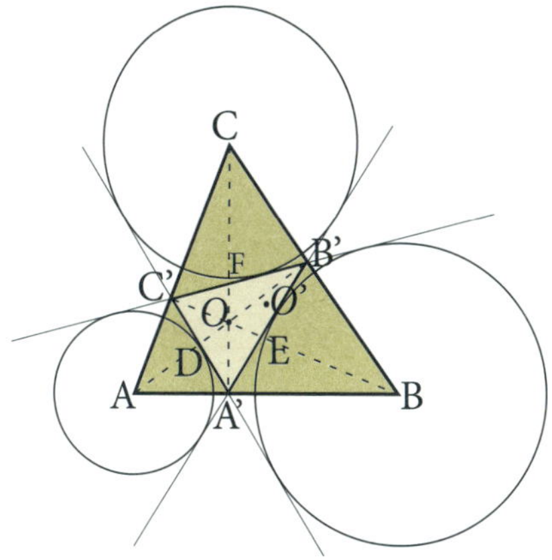

3. As retas do desenho anterior eram diâmetros do círculo circunscrito ao △ ABC. Os três círculos são ex-inscritos ao △ A'B'C' pois tangenciam um de seus lados e os prolongamentos dos outros dois.

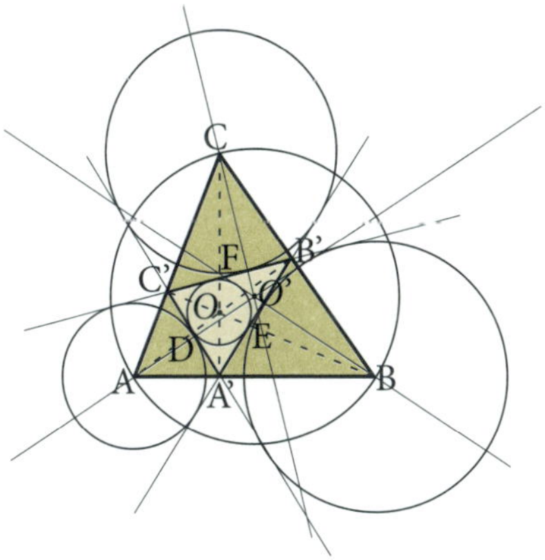

4. Desenho completo. Notem que os diâmetros e as alturas do △ ABC formam pequenos ângulos. A medida de um desses ângulos é igual a diferença entre os outros dois.

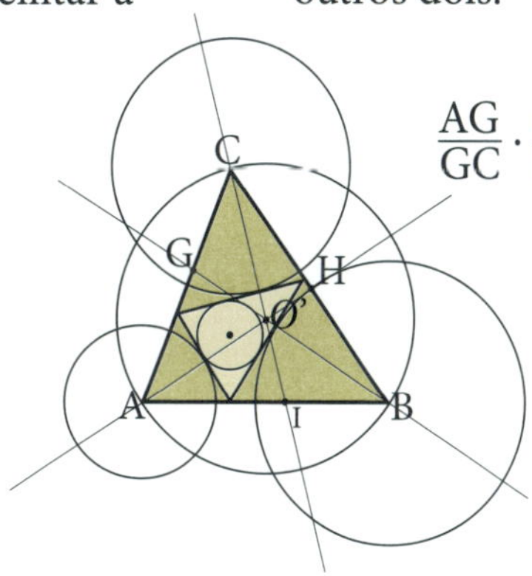

$$\frac{AG}{GC} \cdot \frac{CH}{HB} \cdot \frac{BI}{IA} = 1$$

O produto membro a membro das razões entre os segmentos satisfaz a condição do **teorema de Ceva**.

Num triângulo qualquer, o circuncentro, o ortocentro e o circuncentro do triângulo órtico são colineares, sendo este último, ponto médio entre os outros dois.

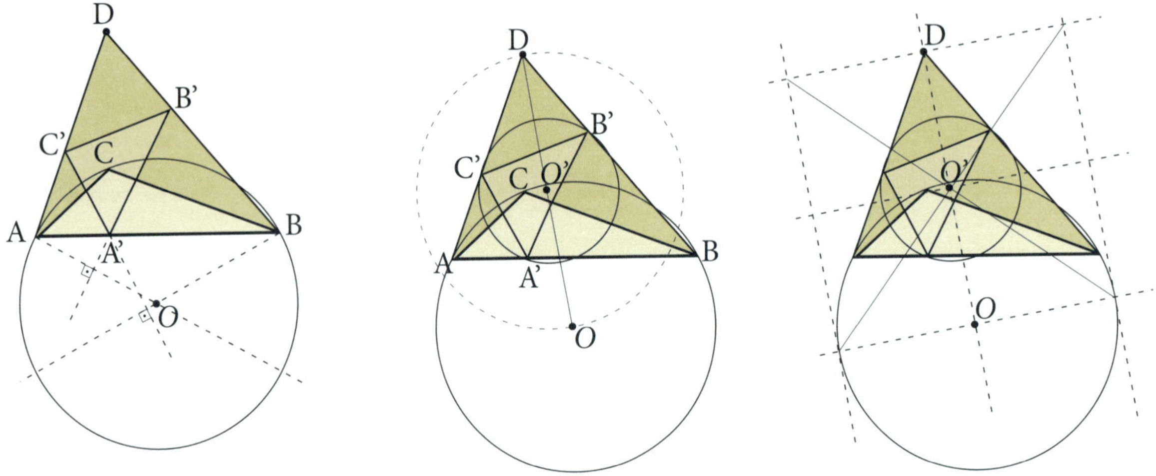

1. A'B'C' é o Δ órtico do Δ ABC. Uma perpendicular à $\overline{A'C'}$ passando pelo vértice B e outra perpendicular à $\overline{A'B'}$ passando pelo vértice A tem como ponto de intersecção o circuncentro do Δ ABC (*O*). D é o ortocentro do Δ ABC.

2. *O*' é o ponto médio entre o ortocentro e o circuncentro do Δ ABC. A circunferência tracejada mostra que D*O* é diâmetro tendo *O*' como seu centro.

3. Os pontos D, *O*' e *O* são colineares porque são pontos médios dos lados dos retângulos tracejados. O' e O são circuncentros dos triângulos ABC e A'B'C' sendo centros dos círculos cujos diâmetros estão sobre a mesma reta suporte.

Os polígonos semirregulares.

1. Escolha arbitrariamente um polígono regular cujo número de lados não seja primo.
2. Determinar o conjunto de divisores desse número.
3. Tomar cada divisor, exceto 1, 2 e o próprio número e multiplicar por dois obtendo assim o número de lados da dupla de polígonos semirregulares em função do "polígono mãe".

O quociente dessas divisões representa o número de regiões angulares geradas. Por esse método pode-se montar uma tabela com os polígonos semirregulares gerados.

Dois exemplos:

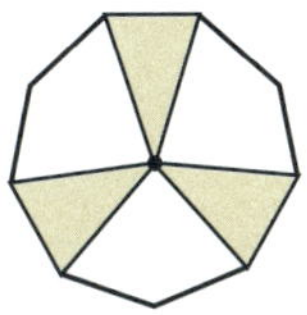

Eneágono (9 lados) : 3 = 3 x 2 = 6
A divisão gera dois hexágonos semirregulares conforme desenho abaixo.

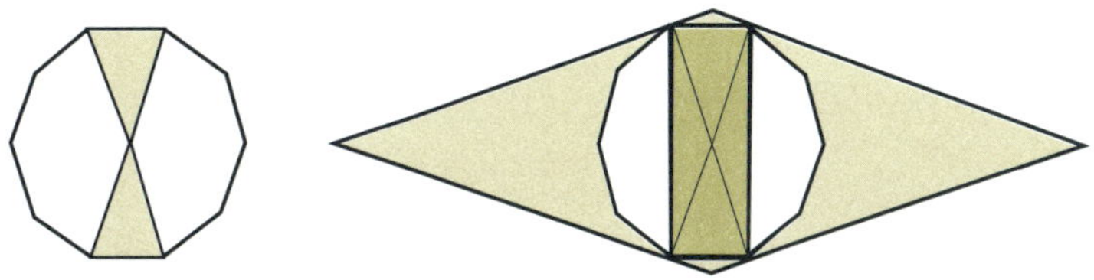

Decágono (10 lados) : 5 = 2 x 2 = 4
A divisão gerou dois quadriláteros semirregulares.

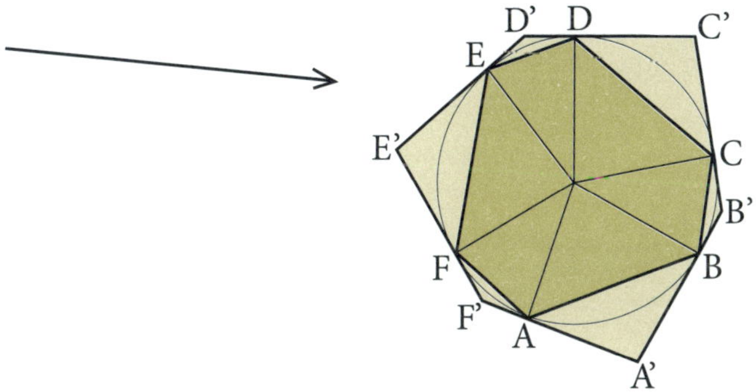

Nos polígonos semirregulares os equiláteros tem lados congruentes e ângulos alternadamente congruentes e os equiângulos tem ângulos congruentes e lados alternadamente congruentes. O número de lados e vértices é sempre par. Os equiláteros são circunscritíveis e os equiângulos inscritíveis. A partir de um equilátero obtém-se o equiângulo pela união dos pontos de tangência entre lados e círculo, e partindo do equiângulo obtém-se o equilátero por tangentes ao círculo pelos vértices.

Faça um bom estoque de polígonos regulares e comece a dobrar os semirregulares comparando os resultados obtidos.

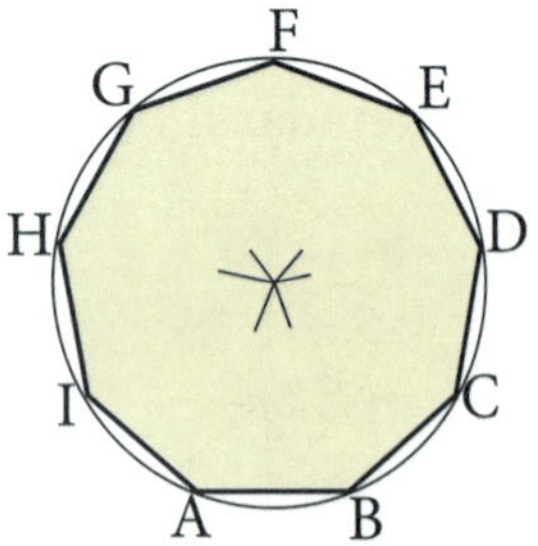

1. Desenhe e recorte um eneágono regular. (Polígono mãe)

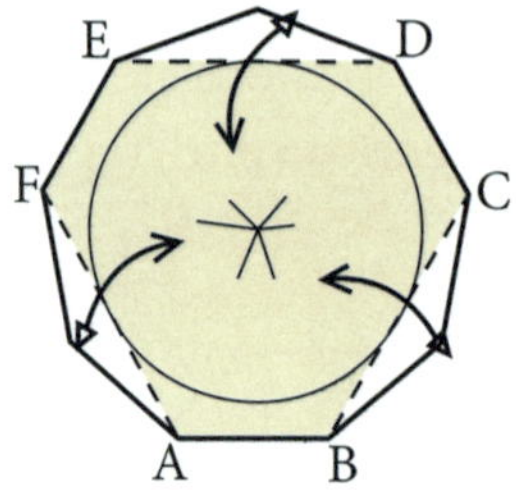

2. Dobre e desdobre pelos vértices indicados.

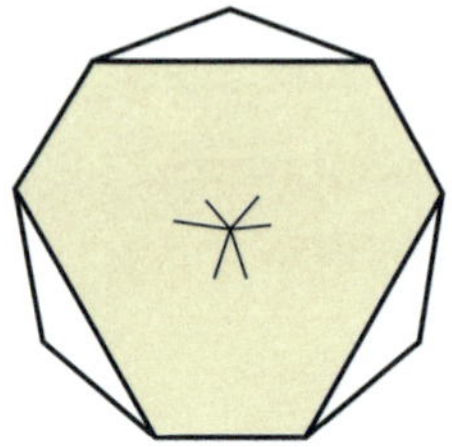

3. O hexágono semirregular equiângulo.

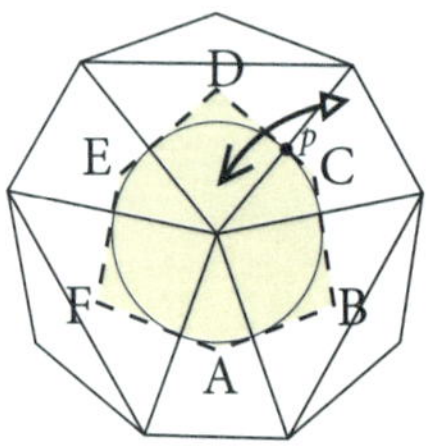

4. Dobre e desdobre para o centro pelos pontos médios dos lados dos triângulos formando o hexágono semirregular equilátero.

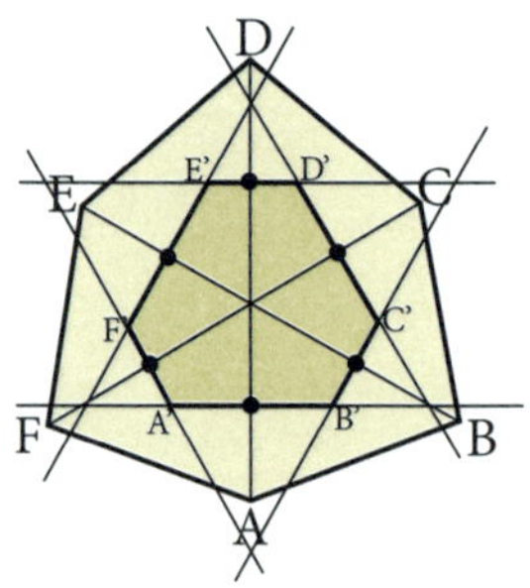

5. Continuando a dobrar para o centro pelos pontos médios dos triângulos, cada polígono vai gerando o outro numa sucessão alternada de semelhanças.

Com polígonos semirregulares podemos construir malhas interessantes. Aqui estão algumas sugestões que geram padrões na parte do plano que eles não preenchem e que pode ser um fundo qualquer. Pelo método mostrado nas páginas anteriores é possível gerar outras formas partindo dos polígonos regulares como o pentágono obtido no heptágono regular (h).

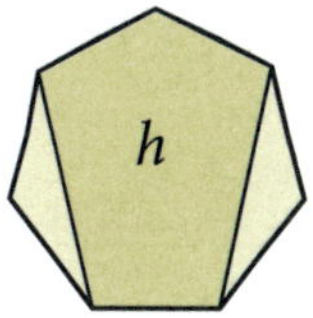

Dois triângulos tem áreas e perímetros nas razões $\frac{4}{3}$ e $\frac{2\sqrt{3}}{3}$ respectivamente, quando os lados de um deles tem medidas iguais às medianas do outro.

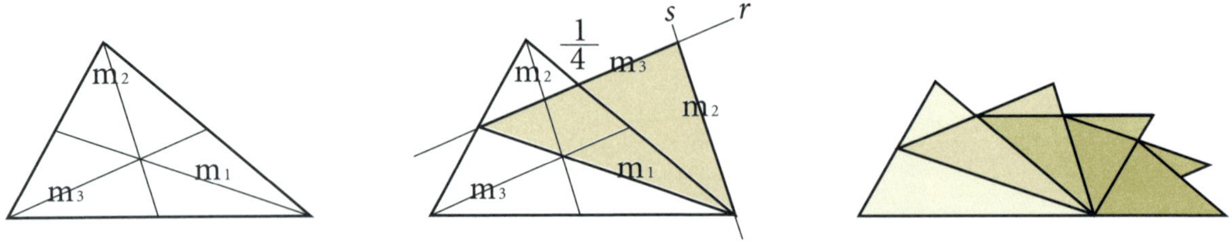

Nessa construção a reta ***s*** é paralela à segunda mediana (m_2) e a reta ***r*** é paralela à terceira mediana (m_3). Como elas interceptam as extremidades da primeira mediana (m_1) formam o segundo triângulo (sombreado) e assim pode-se desenvolver a progressão dos triângulos mostrada no terceiro desenho. Um lado do triângulo antecessor sempre será interceptado na sua quarta parte.

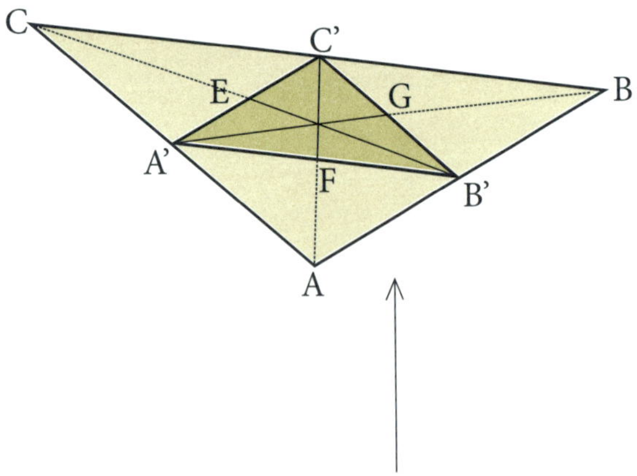

Prolongando as medianas de um triângulo qualquer:
Se A'G = GB, B'E = EC e AF = FC' então a área de ABC tem o quádruplo da área de A'B'C'.

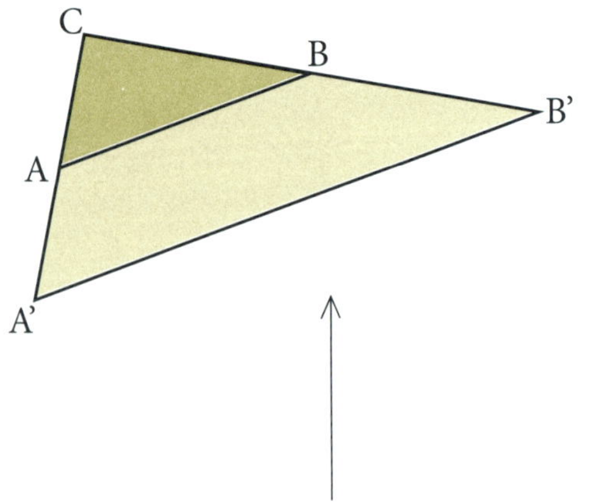

Prolongando dois lados de um triângulo qualquer:
Se CA = AA', CB = BB' então a área de A'B'C tem o quádruplo da área de ABC.

A simplicidade do dobro que gera o triplo.

Os pontos de intersecção entre três retas paralelas às medianas de um triângulo qualquer que interceptam seus vértices, são vértices de outro triângulo cuja área mede o triplo da área do triângulo original. (nesse caso as medianas também tem suas medidas aumentadas para o dobro)

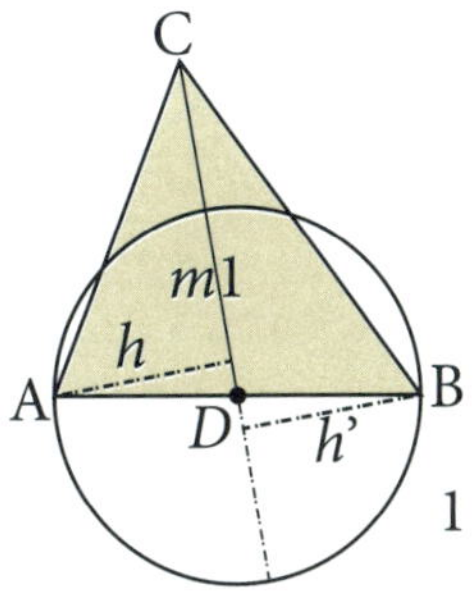

Suponha que as alturas sejam metades de cordas paralelas que são iguais porque equidistam do centro.
(cordas equidistantes do centro também são iguais sem serem paralelas)

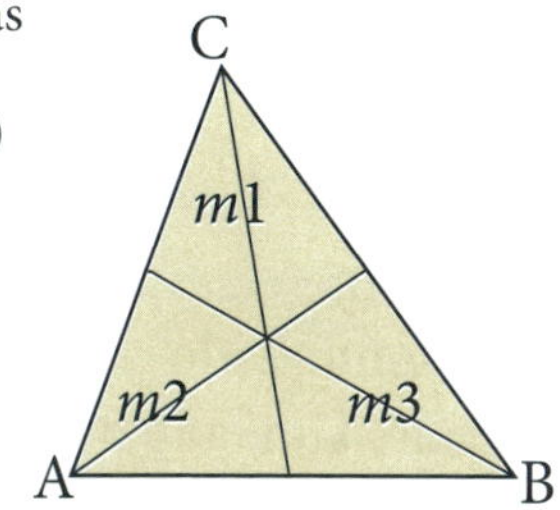

Verificando que h e h' são alturas iguais relativas a mediana $m1$ (no desenho acima, lado e base comum dos triângulos ADC e DBC). Procede-se analogamente para as alturas relativas as outras duas medianas e para todos os triângulos formados, dois a dois.

Feitas as verificações constata-se que em qualqur triângulo, os seis triângulos formados pelos traçados das medianas são equivalentes.

Logo, as áreas de

AGH = $\frac{1}{6}$ABC

DAC = BAE = BCF = $\frac{4}{6}$ABC = $\frac{2}{3}$ABC

ABC = $\frac{6}{6}$ = $\boxed{1}$

DAC + BAE + BCF = 3. $\frac{2}{3}$ = $\frac{6}{3}$ = $\boxed{2}$

$\boxed{2 + 1 = 3}$

DEF tem o triplo da área de ABC.

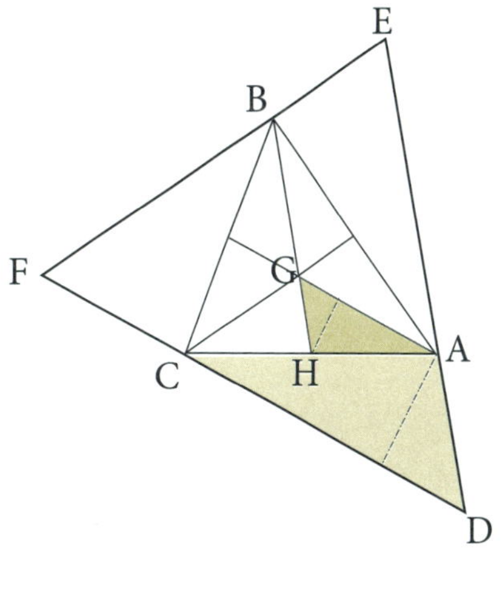

Ilustração da progressão geométrica **de razão três** referente ao teorema anterior e dois tipos de triângulos alternadamente semelhantes que formam a sequencia. Cada triângulo lateral é dividido em quatro triângulos equivalentes sucessivamente como mostra o desenho 3. (triângulo retângulo isósceles (1, 2, 3)

1

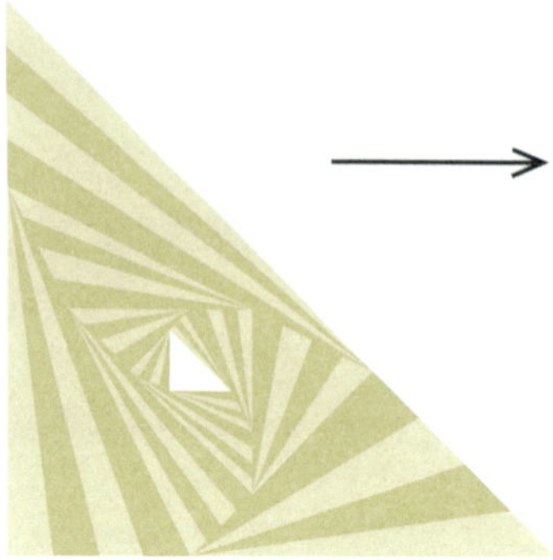

2

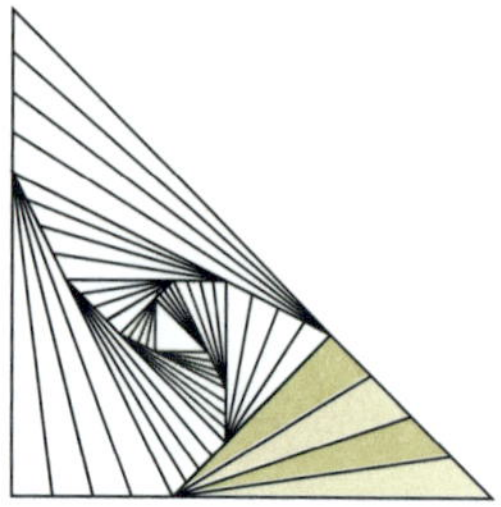

3

4

A progressão no triângulo acutângulo (4, 5).

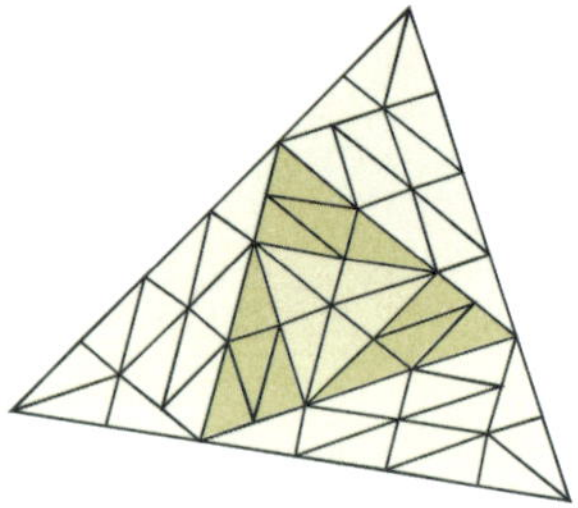

5

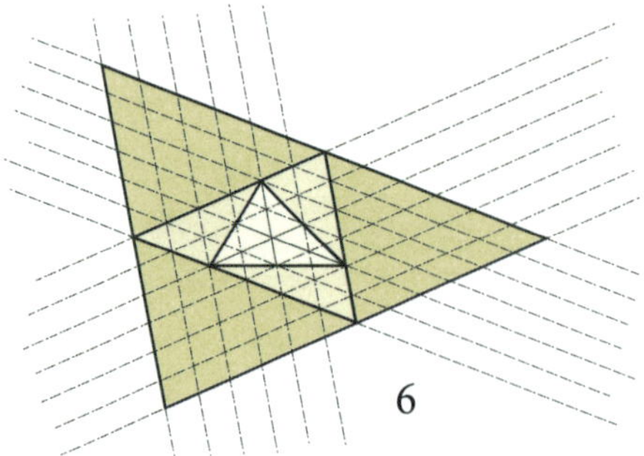

6

Um feixe de paralelas equidistantes que intercepta outro feixe de paralelas equidistantes gera segmentos e figuras congruentes. Assim podemos verificar o aumento das medidas das medianas e também o aumento das áreas como mostra o desenho 6.

Para o "dobro que gera o triplo" fiz experiências com as medianas de um triângulo qualquer. A descoberta do "Teorema do terço" foi uma experiência com o prolongamento dos lados de um triângulo. Finalizei os desenhos e comecei a trilhar o caminho de volta como o leitor poderá acompanhar a partir da próxima página.
A simplicidade do dobro que gera o séptuplo:

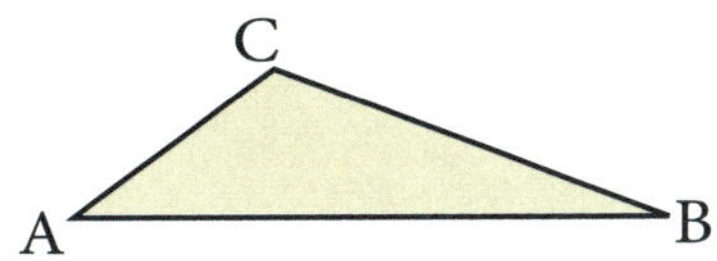

Prolongando os lados de um triângulo qualquer para o dobro de suas medidas originais e unindo essas extremidades, a área desse triângulo septuplica.
Repetindo o procedimento sucessivamente obtemos uma progressão geométrica de razão sete.

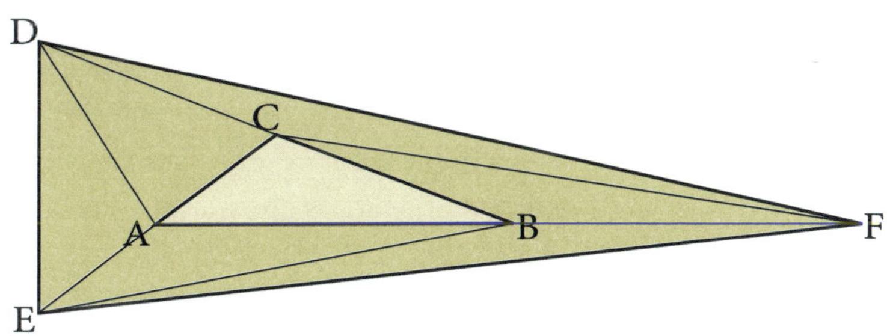

Ligar C a F, D a A e B a E.
Em torno de ABC formam-se 6 triângulos. Todos eles têm a mesma área de ABC.
BCF tem a mesma área de ABC porque AB = BF e as alturas em relação a C são as mesmas.
Por sua vez, ás áreas de BCF e CDF são iguais porque CD = CB e as alturas em relação a F são iguais. E assim por diante.
Portanto, a área de DEF é a soma de ABC com 6 vezes ABC, ou seja, 7 vezes ABC.

"O teorema do terço"

Com esse teorema faço uma reverência aos antigos egípcios e também aos gregos.

Os pontos de interseção das "retas que cortam" alternadamente os terços dos lados de um triângulo qualquer e passam pelos vértices opostos a esses lados, são vértices de um triângulo cuja área mede 1/7 da área do triângulo original.

Ahmes, o escriba egípcio, diria algo parecido com o que segue:

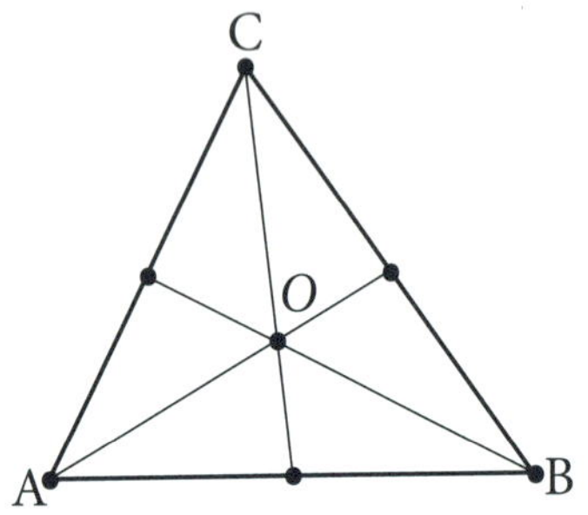

1. Se lhe disserem: um triângulo qualquer, marque as medianas. Depois marque o baricentro e apague as medianas.

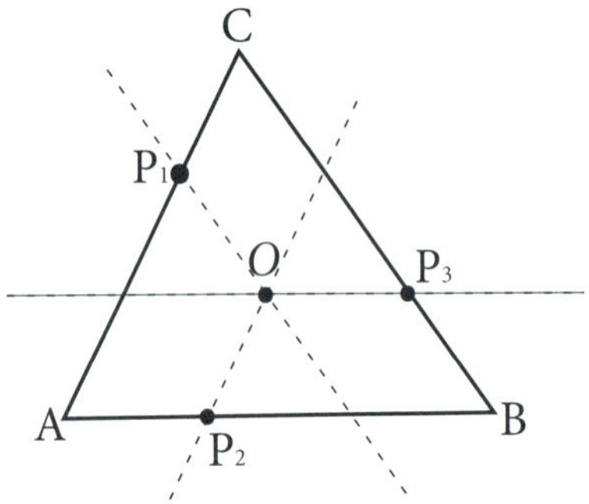

2. Desenhe paralelas aos lados pelo baricentro. Marque três pontos nos terços alternados dos lados.

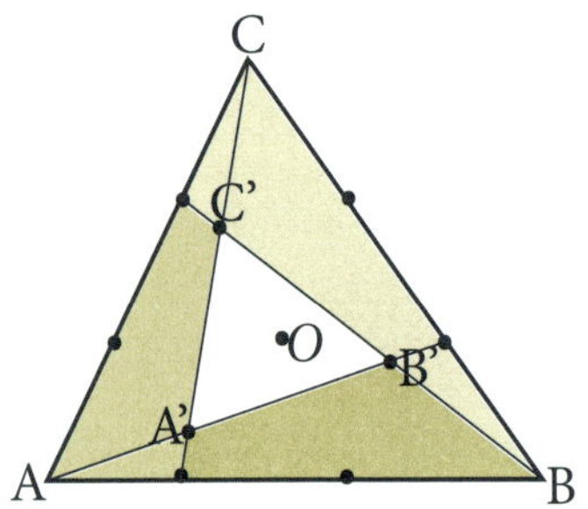

3. Desenhe triângulos unindo os terços alternados aos vértices. O triângulo central tem 1/7 da área do triângulo original. Calcule e você verá que está certo.

Euclides certamente diria:

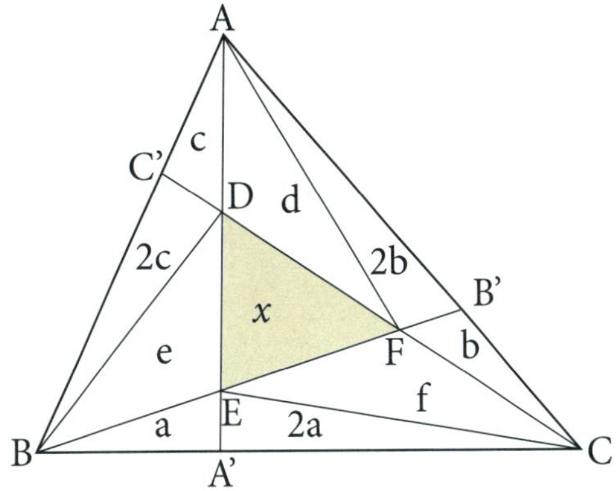

Seja o triângulo ABC.

Sobre AB marque o ponto C´, de modo que AC´ seja um terço de AB. Sobre AC marque B´, de modo que CB´ seja um terço de AC e sobre BC marque A´, de modo que BÁ seja um terço de BC. Chame de D o cruzamento de AA´com CC´, de E o cruzamento de BB´ com AA´ e de F o cruzamento de BB´ com CC´. Una A a F, E a C e D a B. A figura ficou dividida em 10 triângulos.

DEF é *x*, que é área procurada. A área do triângulo BA´E chame de **a**. Então a área do triângulo EA´C será 2a (uma base é o dobro da outra). Chame de **b** a área do triângulo B´CF. Logo, a área do triângulo AB´F é 2b. Chame de **c** a área do triângulo AC´D. Logo, a área do triângulo BC´D é 2c. Chame de **d** a área do triângulo ADF, de **e** a área do triângulo BDE e de **f** a área do triângulo CEF.

Vamos chamar de S a área do triângulo ABC.

Temos três relações importantes:

1 - Os triângulos AC´C, AA´B e e BB´C têm um terço cada um da área S.

Logo, somadas suas áreas, temos S.

Isso significa que (b+2b+c+d)+(a+2a+f+b)+(c+2c+e+a) = S, ou seja, 4(a+b+c)+(d+e+f)= S.

2 - As áreas dos 10 triângulos somadas totalizam S, ou seja, 3(a+b+c)+(d+e+f)+x = S

3 - A área do triângulo AEB´ é o dobro da área do triângulo CEB´ (mesma altura e uma base é o dobro da outra). Então, x+d+2b=2(f+b). Daí se tira que x+d=2f. Analogamente, x+e=2d e x+f=2e. Somando essas três igualdade, temos 3x+d+e+f=2d+2e+2f, ou seja, 3x=d+e+f

Comparando a primeira com a segunda relação, temos que (a+b+c)=x

Entrando com isso na segunda relação, temos 3x+(d+e+f)+x= S.

Mas (d+e+f)= 3x (terceira relação).

Logo, 3x + 3x + x = S ou 7x = S ou x = $\frac{1}{7}$ de S.

Generalizando o teorema do terço para qualquer n inteiro positivo.

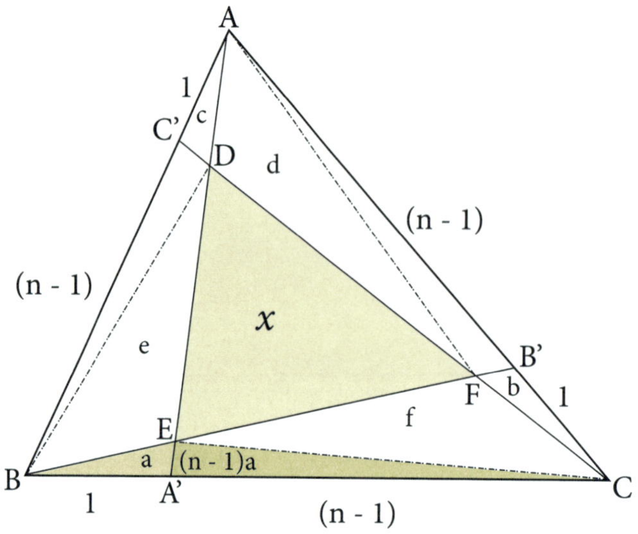

Seja o triângulo ABC com $AC' = \frac{1}{n} . AB$, $B'C = \frac{1}{n} . AC$ e $A'B = \frac{1}{n} . BC$

Os pontos D, E e F são obtidos como no teorema do terço. Una B a D, E a C e A a F.
Denomine por a, b, c, d, e, f e x as áreas dos triângulos como no teorema do terço.
Só que agora, por exemplo, se **a** é a área do triângulo A´BE, então a área de A´CE é (n-1)a, o mesmo ocorrendo com **b** e **c**.
Aquelas 3 relações se tornam:

1) $(nb + c + d)+(nc + e + a)+(na + b + f) = 3$ vezes $\frac{1}{n} . S$
Ou seja $(n+1)(a + b + c) + (d + e + f) = \frac{3}{n} . S$

2) As áreas dos 10 triângulos é $na + nb + nc + d + e + f + x = S$
ou $n(a + b + c) + (d + e + f) + x = S$

3) Logo, $(n - 1)e = x + f$, $(n - 1)d = x + e$, $(n - 1)f = x + d$
Somando temos $(n - 1)(d + e + f) = 3x + (d + e + f)$ ou $3x = (n - 2)(d + e + f)$

Das duas primeira relações (subtraindo uma da outra) conclui-se que $(a + b + c) - x = (\frac{3}{n-1})S$
ou $(a + b + c) = x + (\frac{3}{n-1})S$
Entrando com isso na segunda relação temos $n(x + (\frac{3}{n-1})S) + (d + e + f) + x = S$
Mas $(d + e + f) = (\frac{3x}{n-2})$ (terceira relação).

Logo $n(x + (\frac{3}{n-1})S) + (\frac{3x}{n-2}) + x = S$

ou $nx + (\frac{3x}{n-2}) + x = S + n(\frac{1-3}{n})S$ ou $x\left[\frac{n(n-2) + 3 + (n-2)}{n-2} \right] =$

Simplificando, temos $x = \left[\frac{(n-2)^2}{n^2 - n + 1} \right] S$

Se n = 2, a fórmula dá $x = 0$, porque as três medianas se encontram em um ponto, que é um "triângulo nulo".
Se n = 3, $x = \frac{1}{7}S$ (como já sabíamos). Se n = 4, $x = \frac{4}{13}S$. Se n = 5, $x = \frac{3}{7}S$.
Etc. É interessante notar que o triângulo gerado pela divisão dos lados em 5 partes iguais tem o triplo da área do triângulo gerado pela divisão em 3 partes e o menor triângulo gerado pela divisão dos lados em 3 partes iguais tem o quíntuplo da área do menor triângulo gerado pela divisão dos lados em 5 partes iguais.

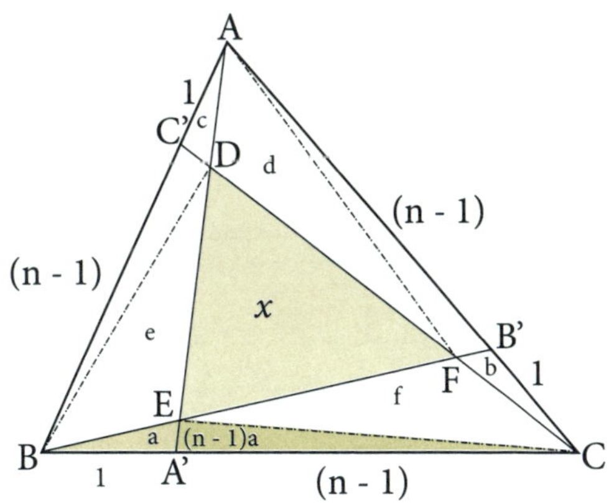

$$x = \left[\frac{(n-2)^2}{n^2 - n + 1} \right] S$$

A professora Marina Assato me ajudou a percorrer passo a passo (quatro ou cinco páginas de manipulação algébrica) o caminho trilhado por Gilberto na prova e na generalização. Trabalhoso!
Eu descubro certas relações empiricamente e procuro sempre uma opinião profissional que possa corroborar as certezas que tenho sobre essas descobertas que na verdade são simples.
Mas, difícil é provar, até mesmo o simples.
Acredito que uma explicação na linguagem comum talvez facilite a compreensão do teorema.

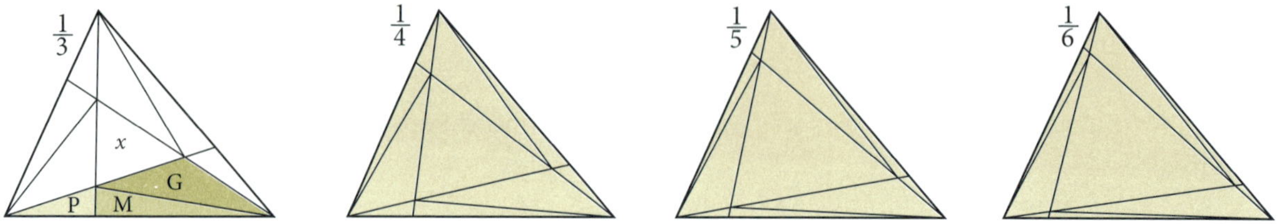

Exceptuando o triângulo central (x), temos nove triângulos, equivalentes, três a três, a saber; um pequeno (P), um médio(M) e um grande(G).
Então para n = 3, a área do pequeno tem 1/2 da área do médio e somadas as duas, totalizam a área do grande. O triângulo central tem área igual ao grande e também igual a soma da área do pequeno e do médio.
Para n = 4, a área do pequeno tem 1/3 da área do médio. Somadas e multiplicadas por dois, as duas totalizam a área do grande. O triângulo central tem duas vezes a área do grande e quatro vezes a soma das áreas do pequeno e médio.
Para n = 5, a área do pequeno tem 1/4 da área do médio. Somadas e multiplicadas por três, as duas totalizam a área do grande. O triângulo central tem três vezes a área do grande e nove vezes a soma das áreas do pequeno e médio.
Para n = 6, a área do pequeno tem 1/5 da área do médio. Somadas e multiplicadas por quatro, as duas totalizam a área do grande. O triângulo central tem quatro vezes a área do grande e dezesseis vezes a soma das áreas do pequeno e médio.
E assim por diante.

Os pontos médios e os terços dos lados de triângulos permitem a obtenção de frações em forma de áreas triangulares num triângulo qualquer. Para o quinto da área os mesmos pontos foram as referências. Na próxima página o leitor poderá apreciar e refletir sobre um sistema de triângulos, a saber, um triângulo qualquer de origem, e seis triângulos obtidos pela intersecção entre seus lados que são também pontos médios e terços, obtendo áreas menores ou fração de fração.

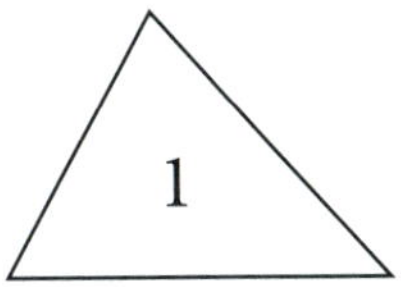

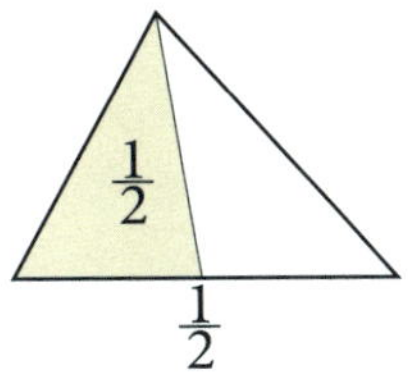

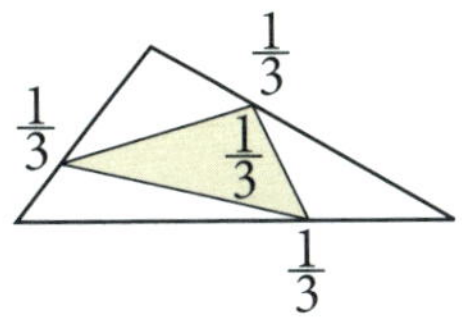

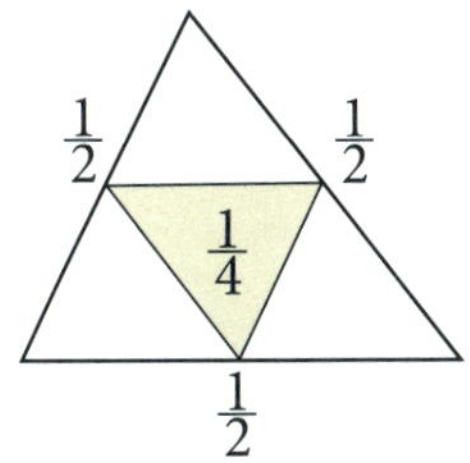

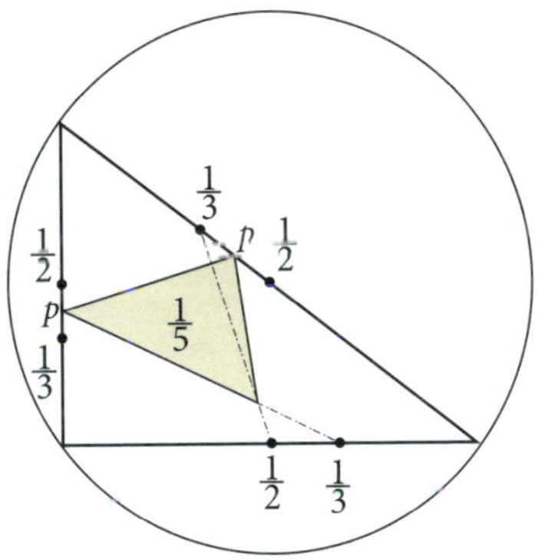

"O triângulo suspenso"

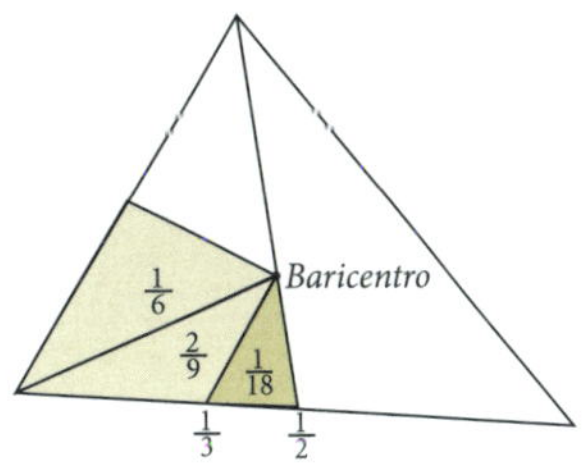

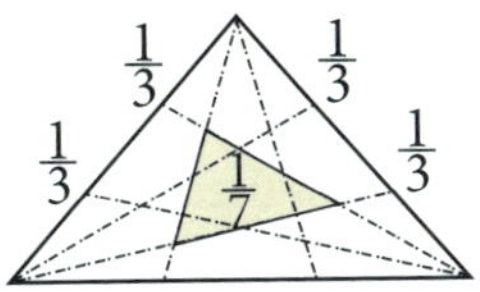

"O teorema do terço"

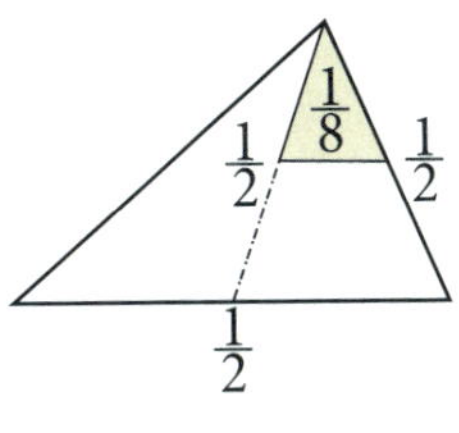

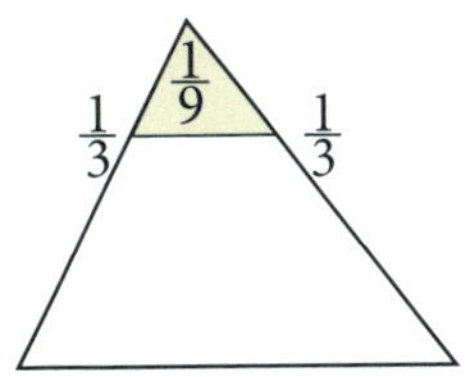

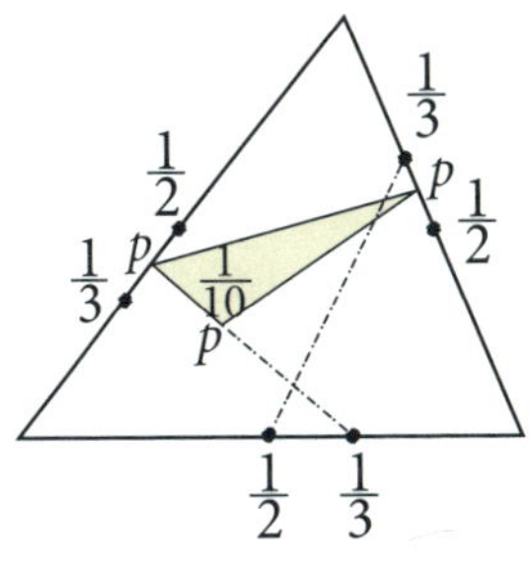

Notem que um vértice do triângulo em negrito está sobre o ponto médio de GH e o outro está sobre o terço. A menor fração obtida é $\frac{1}{180}$ que pode ser lida como $\frac{1}{6}$ de $\frac{1}{30}$.

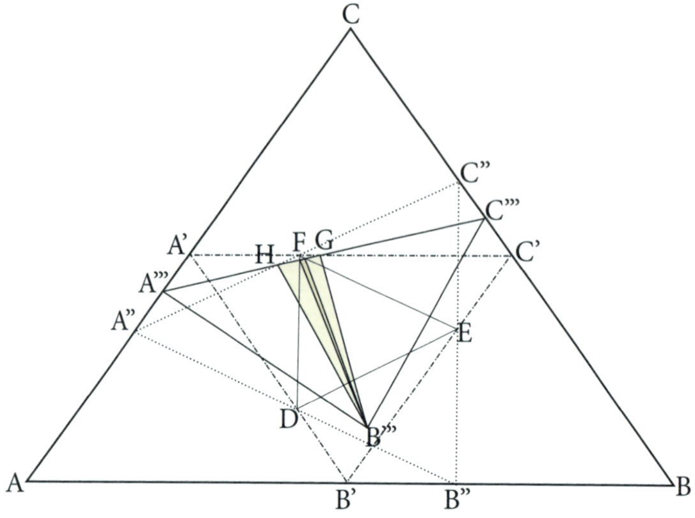

$$A'B'C' = \frac{1}{4} ABC, \quad A''B''C'' = \frac{1}{3} ABC$$

$$A'''B'''C''' = \frac{1}{5} ABC$$

$$DEF = \frac{1}{12} ABC \text{ ou } \frac{1}{3} A'B'C' \text{ ou } \frac{1}{4} A''B''C''$$

$$B'''GH = \frac{1}{30} ABC \text{ ou } \frac{1}{6} A'''B'''C'''$$

$$B'''GH = \frac{1}{10} \text{ de } A''B''C'', \quad \frac{A''B''C''}{A'''B'''C'''} = \frac{5}{3}$$

A’ é 1/2 de AC, A” é 1/3 de AC e A’” é ponto médio entre A’ e A” do ladoAC e C’” é ponto médio entre C’ e C” do lado BC do triângulo ABC. B‘ e B” são respectivamente, 1/2 e 1/3 do lado AB. G e H são respectivamente, 1/2 e 1/3 do lado A’”C’”. Os vértices do triângulo DEF estão simultaneamente nos pontos médios dos lados do triângulo A”B”C” e nos terços dos lados do triângulo A’B’C’.
B’” é vértice comum aos triângulos A’”B’”C’” e BGH.

VII - Notas

Esses números aparecem com frequencia nos origamis que se utilizam das bases clássicas .
A $\sqrt{2}$ dá o tom!

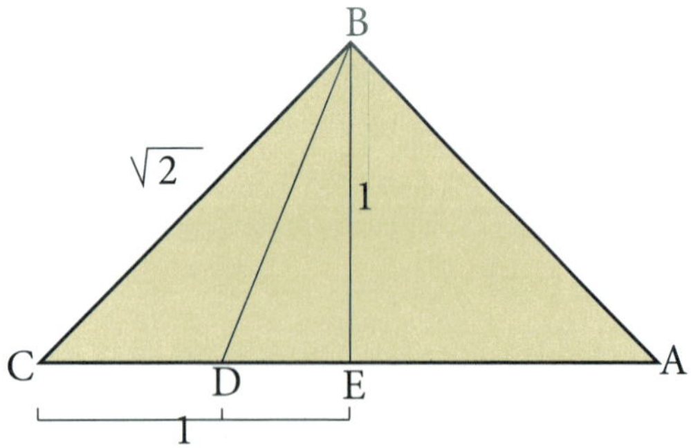

Cálculo da hipotenusa do triângulo BCE por Pitágoras:

$1^2 + 1^2 = x^2$

$x^2 = 1 + 1$

$x^2 = 2$

$x = \sqrt{2} = \overline{BC}$

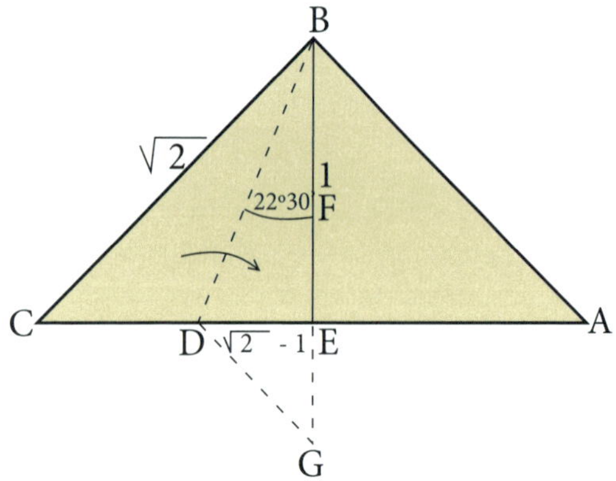

Dobrando $\overline{BC}$ sobre $\overline{BE}$ (por $\overline{BD}$), obtemos a igualdade entre $\overline{EG}$ e $\overline{ED}$.
Então, se $\overline{BC} = \sqrt{2}$ e $\overline{BE} = 1$

$\overline{BC} - \overline{BE} = \overline{DE} = \sqrt{2} - 1$

ou

$\text{tg } 22°30' \cong \dfrac{DE}{BE} \cong 0{,}4142 \cong \sqrt{2} - 1$

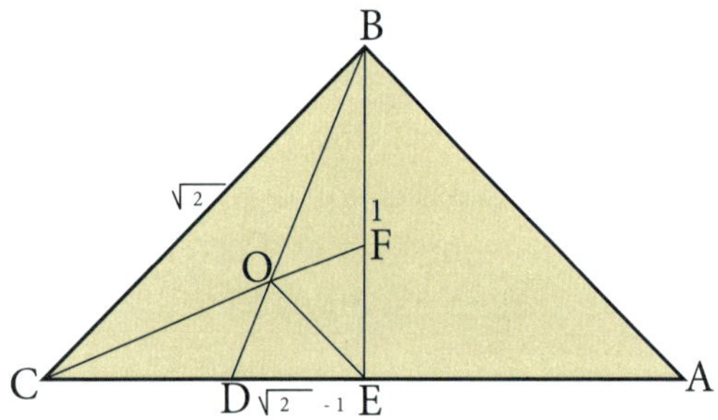

Calculando $\overline{BD}$: (considere $\overline{BD} = x$)

$x^2 = 1^2 + (\sqrt{2} - 1)^2$

$x^2 = 1 + (\sqrt{2})^2 - 2\sqrt{2} \,.\, 1 + 1^2$

$x^2 = 1 + 2 - 2\sqrt{2} + 1$

$x^2 = 4 - 2\sqrt{2}$

$x^2 = 2 \,.\, (2 - \sqrt{2})$

$x = \sqrt{2 \,.\, (2 - \sqrt{2})} = \overline{BD}$

Três origamis.

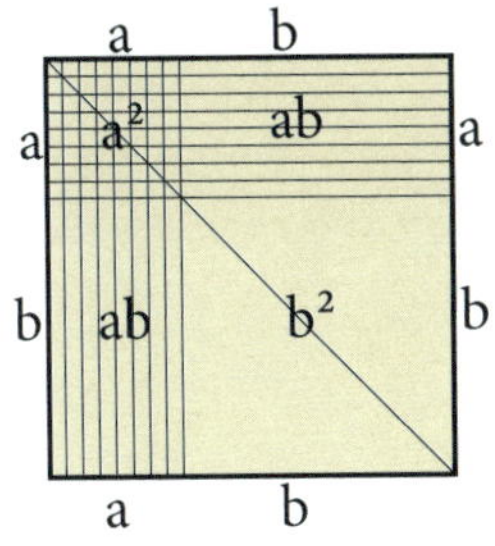

$(a + b)^2 = a^2 + 2ab + b^2$

Distribuição das áreas no plano da parte traseira do lagarto. Quem cursa ensino fundamental reconhece esta proposição que faz parte do Livro II dos Elementos de Euclides e que conhecemos como produtos notáveis. Em biologia ela aparece no teorema de G.H. Hardy e W. Weinberg conhecido como teorema das populações em equilíbrio.

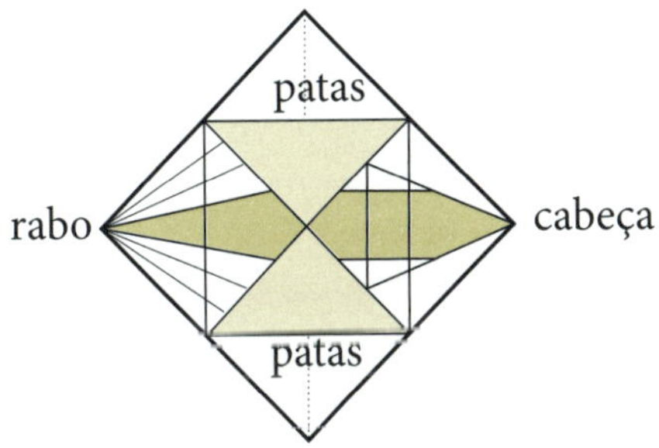

O plano da tartaruga é bem simples e produz bom efeito.

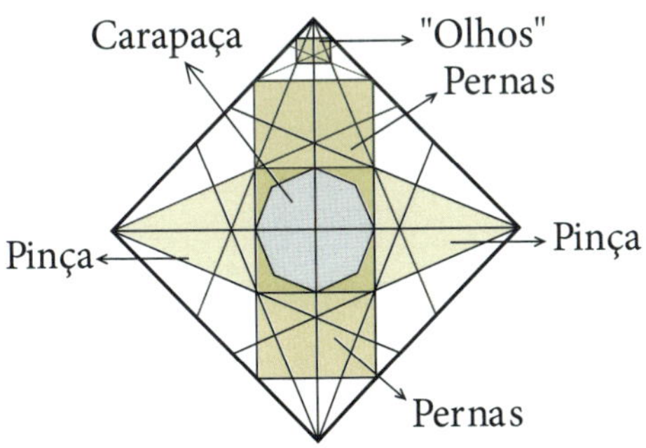

Plano do caranguejo. Metade do lado do quadrado central está para o lado do octógono regular que forma a carapaça assim como os lados dos triângulos isósceles das pinças estão para suas bases. Os retângulos maiores e o octógono central são equivalentes. Os retângulos que formam pernas e olhos são retângulos $1:\sqrt{2}$

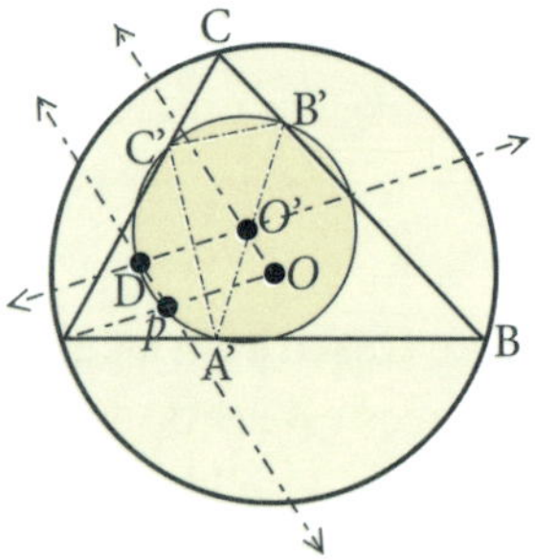

Utilizando paralelas verifica-se que a área do círculo que circunscreve o triângulo A'B'C' (órtico) mede $\frac{1}{4}$ da área do círculo que circunscreve o triângulo ABC e o perímetro do círculo que circunscreve triângulo A'B'C' mede $\frac{1}{2}$ do perímetro do círculo que circunscreve o triângulo ABC. *A razão entre os perímetros de figuras semelhantes é a raiz quadrada da razão entre suas áreas*

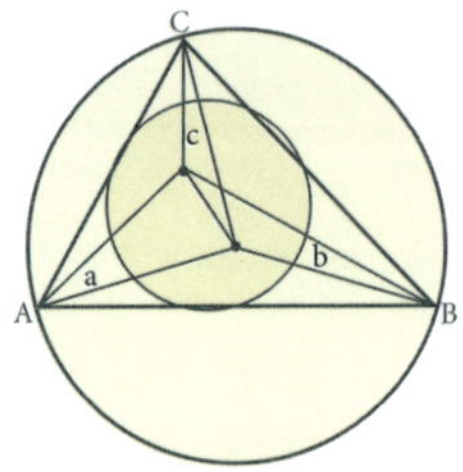

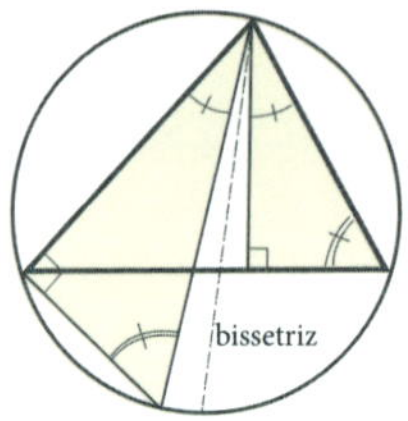

A medida do ângulo $B'\hat{A}O'$ é igual a diferença entre as medidas de $A'\hat{C}O'$ e $C'\hat{B}O'$ (pag 126).

Neste caso, podemos obter esses três ângulos por subtração entre os ângulos internos do triângulo de origem:

$\hat{A} - \hat{B} = \hat{c}$

$\hat{B} - \hat{C} = \hat{a}$

$\hat{A} - \hat{C} = \hat{b}$

Diâmetros do círculo circunscrito e alturas de um triângulo qualquer são simétricos em relação à bissetriz dos ângulos do triângulo. Essas retas são denomidades isogonais.

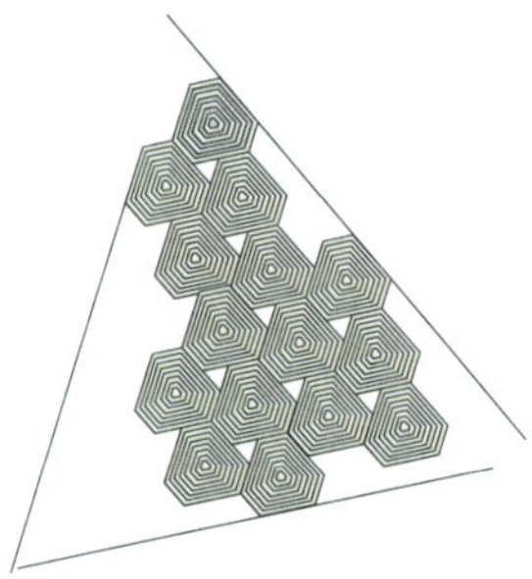

Uma microfotografia de um sistema de deslocamentos helicoidais em um cristal de Carboneto de silício me conduziu à tentativa de montar algumas malhas com os polígonos semirregulares.
O desenho mostra o caminho hexagonal semirregular do cristal.

No estudo do triângulo órtico identificamos:

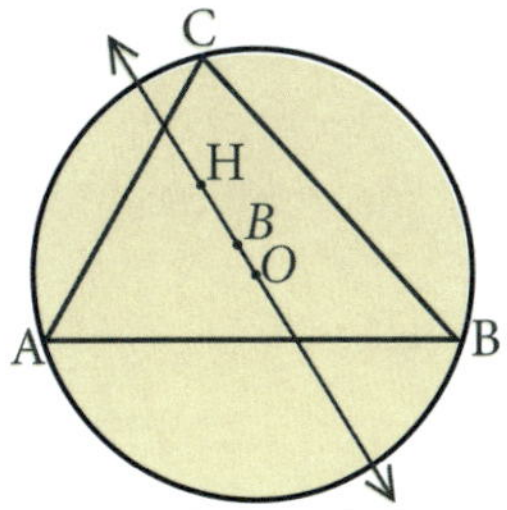

A reta de Euler

Em um triângulo qualquer, o Ortocentro H, o Baricentro B e o Circuncentro O estão sobre uma mesma linha reta e a distância do Ortocentro ao Baricentro é o dobro da distância do Baricentro ao Circuncentro.

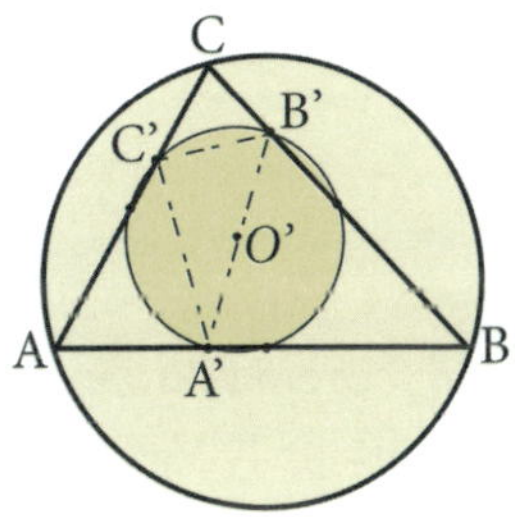

Círculo de seis pontos

Em um triângulo qualquer, os pontos médios dos três lados e os pés das três alturas estão sobre uma mesma circunferência.

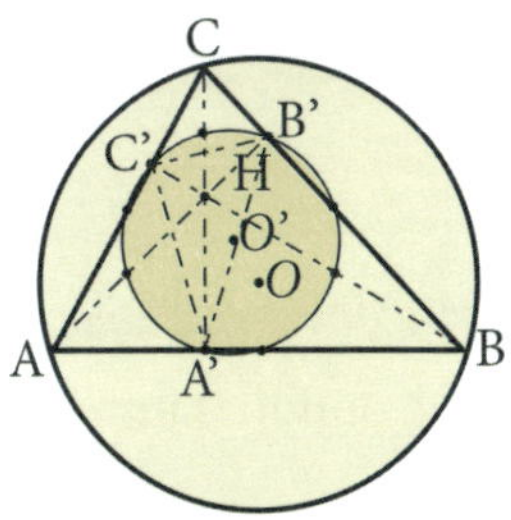

Círculo de nove pontos

Leia-se o teorema do círculo de seis pontos acrescente-se os pontos médios dos segmentos que ligam os vértices ao ponto de intersecção das perpendiculares (alturas).

Menelau de Alexandria viveu por volta do ano 100 d. C.
Sabe-se que escreveu várias obras de trigonometria e geometria, mas a única que se preservou foi Sphaerica. Nessa obra considerou triângulos na esfera e provou, dentre outros resultados, que a soma dos seus ângulos internos é maior do que 180°.
O teorema de Menelau:
Toda transversal que corta os três lados de um triângulo determina seis segmentos tais que o produto de três dentre eles, não tendo extremidade comum, é igual ao produto dos outros três.

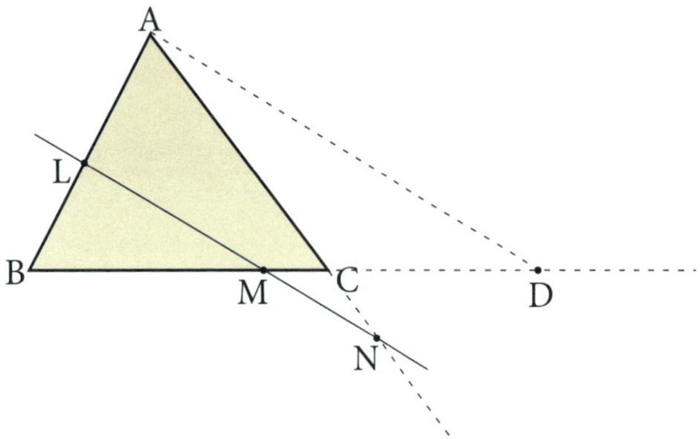

$$\frac{LA}{LB} \cdot \frac{MB}{MC} \cdot \frac{NC}{NA} = 1$$

Giovanni Ceva (1648 – 1734), matemático italiano nascido em Milão, conhecido pelo teorema de Ceva ou das cevianas, redescobridor de um teorema análogo devido a Menelau de Alexandria, citado acima.
O teorema de Ceva:
As retas que unem os vértices de um triângulo a um mesmo ponto O, determinam sobre os lados seis segmentos tais que o produto de três desses lados, não tendo extremidade comum, é igual ao produto dos outros três.

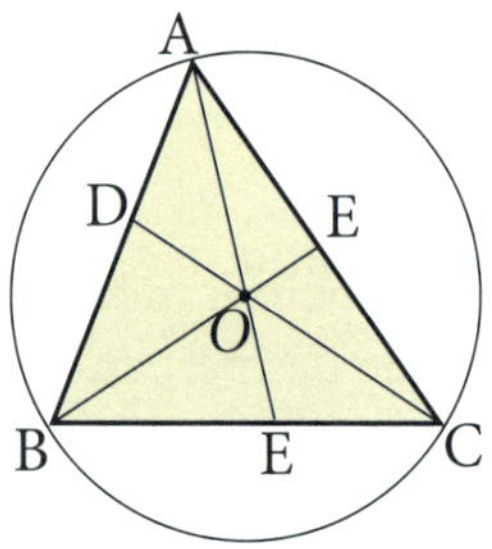

O desenho destaca como cevianas os segmentos de reta que tem como ponto de intersecção o circuncentro do triângulo, obtido também naquele estudo sobre o triângulo órtico (pag. 131).

A duplicação do cubo.

Uma das versões da história diz que os deuses enviaram uma peste ao povo de Atenas que por sua vez enviou um grupo ao oráculo de Delos para perguntar o que poderia ser feito para apaziguar os deuses pestilentos. O oráculo disse que se dobrassem o tamanho do altar cúbico de Apolo, a peste cessaria. Construíram então um novo altar em que as arestas eram o dobro das arestas do altar antigo. Tal procedimento, em vez de duplicar acabou quadruplicando a área do altar e octuplicando o volume. Claro que a peste continuou, afinal, os deuses não ficaram satisfeitos. Não sabemos o que foi feito para acalmar aqueles deuses pestilentos, mas a peste um dia foi embora. Esse é um dos três problemas clássicos antigos para os quais, a exigência era usar compasso e régua sem marcação. A busca de soluções levou os gregos a muitas descobertas matemáticas. Hipócrates, Arquitas de Tarento, Manaecmus, Platão, Nicomedes, Diocles, cada um a seu modo, engenhosamente contribuíram para tal. Em 1837, Pierre Laurent Wantzel (1814 - 1848) provou que a duplicação do cubo e a trissecção do ângulo são construções impossíveis usando apenas régua e compasso. Como os terços já me ajudaram em outras contruções dessa oficina resolvi incluir a duplicação do cubo de Peter Messer citado por Robert Lang em Origami and Geometric Constructions. A inclusão dos círculos fica por minha conta e a razão entre os segmentos obtidos pela divisão do lado do quadrado é a raiz cúbica de dois aproximada.

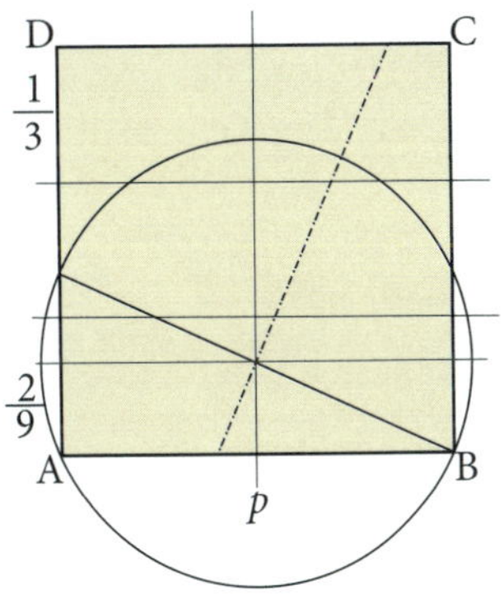

Os terços, nonos, o ponto médio e as perpendiculares.

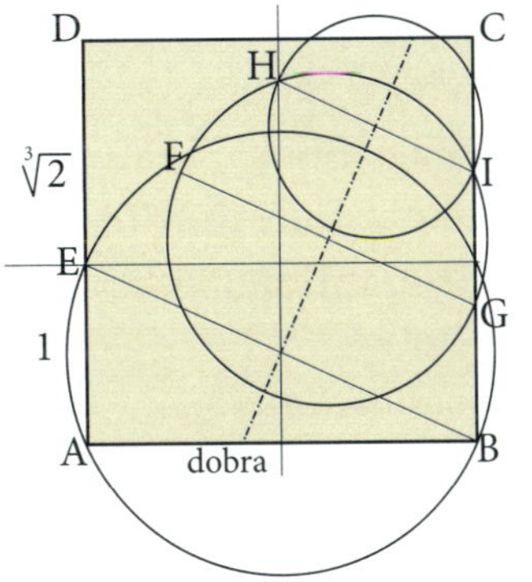

E e B, F e G, H e I, são pontos simétricos em relação à linha de dobra traço e ponto.

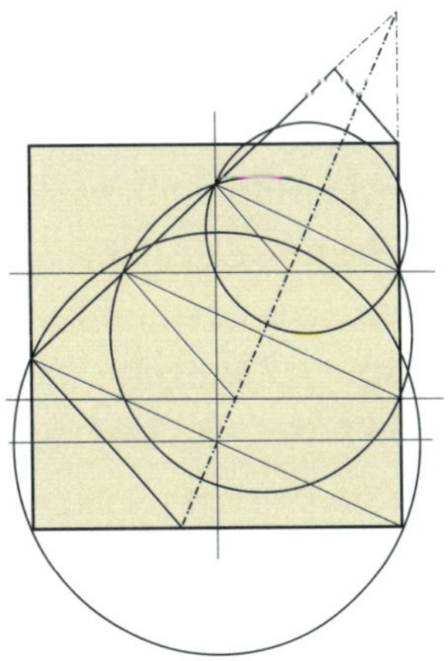

A linha de dobra é bissetriz do ângulo superior obtido pelo prolongamento das linhas.

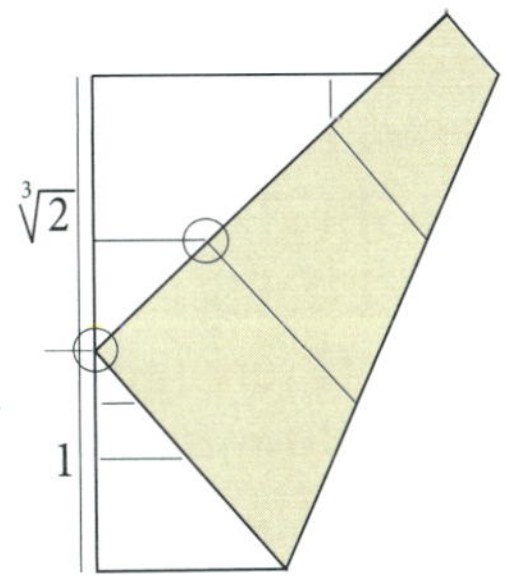

A dobra feita e a coincidência de pontos e linhas.

Bibliografia

ABDOUNUR Oscar João. *Matemática e Música, O pensamento analógico na construção de significados*. São Paulo: Escrituras Editora, 2006.
ABRAMOVAY, Miriam (coord.). *Cotidiano das escolas: entre violências*. UNESCO, Observatório de Violência, Ministério da Educação, 2005.
ALVAREZ, Manuel Sirgo. *Origami Insects*. New York: Dover Publications, 2004.
BARCO, Luiz, VELLO Valdemar. *Alfabetização Matemática*. Companhia Editora Nacional, 2008.
BOYER Carl B. *História da Matemática*. Editora Edgard Blucher, 2008.
BRILL, David. *Brilliant Origami*. Japan Publications Inc., 1996.
CARDOSO, Luiz F. *Dicionário de Matemática*. Editora Expressão e Cultura, 2001.
CARVALHO, Benjamim De A. *Desenho Geométrico*. Ao Livro Técnico S.A., 1969.
DANTE, Luiz Roberto. *Tudo é Matemática*, 4 volumes. São Paulo: Editora Ática, 2010
DARWIN, Charles. *Autobiografia*. Contraponto Editora, 2000.
__________. *Viagem de um Naturalista ao Redor do Mundo*. Abril Cultural.
__________. *A Origem das Espécies*. Porto: Lello & Irmão-Editores, 2003.
DAWKINS, Richard. *O Maior Espetáculo da Terra*. Editora Schwarcz, 2009.
__________. *A grande história da Evolução*. Editora Schwarcz, 2009.
__________. *O Relojoeiro Cego*. Editora Schwarcz, 2005.
DEVLIN Keith. *O Gene da Matemática*. Editora Record, 2008.
ENGEL, Peter. *Folding the universe*. New York: Vintage Books, 1989.
EUCLIDES. *Os Elementos*. trad. Irineu Bicudo, Editora Unesp, 2009.
F.I.C. (Frere Ignace Chaput). *Elementos de Geometria*. F. Briguiet & Cia Editores, 1964.
FUSE, Tomoko. *Origami boxes*. Tokio: Chikuma Shobo, 1989.
____. *Unit origami*. Tokyo, New York: Japan Publications, 1990.
GARBI Gilberto Geraldo. *A Rainha das Ciências*. Editora Livraria da Física, 2009.
________________________. *C.Q.D. Demonstrações da Geometria*. Editora Livraria da Física, 2010.
GENOVA, Carlos. *Origami a milenar arte das dobraduras*. São Paulo: Escrituras Editora, 2000.
_________________. *Origami, dobras, contas e encantos*. São Paulo: Escrituras Editora, 2008.
_________________. *Tangram e origami*. Global Editora, 1990
GRUPO Riglos. *El libro de las pajaritas de papel*. Madrid: Alianza Editorial, 1988.

KASAHARA, Kunihiko; TAKAHAMA, Toshie. *Origami for the connoisseur*. Tokyo, New York: Japan Publications, 1988.
KENNEWAY, Eric. *Complete origami*. London: Ebury Press, 1987.
LANG, Robert J. *The complete book of origami*. New York: Dover Publications, 1988.
_____. *Origami Design Secrets*. A K Peters, Ltd. 2003.
_____. *Origami insects and their kingdom*. New York: Dover Publications, 1995.
_____.; WEISS, Stephen. *Origami zoo*. New York: Martin's Press, 1990.
LEITE, Marcelo. *Darwin*. Publifolha, 2009.
MAYR, Ernst. *O que é A Evolução*. Editora Rocco, 2001.
MONTROLL, John. *Origami for the enthusiast*. New York: Dover Publications, 1979.
____. *Animal origami for the enthusiast*. New York: Dover Publications, 1985.
____. *Prehistoric origami*. New York: Dover Publications, 1989.
____. *Origami sculptures*. New York: Dover Publications, 1990.
____. *African animais in origami*. New York: Dover Publications, 1991.
____. *North American animais in origami*. New York: Dover Publications, 1995.
____. *A constellation of origami polyhedra*.
____. *Mythological Creatures and the Chinese Zodiac in Origami*. New York: Dover Publications, 1996.
____. *Bugs and Birds in Origami*. New York: Dover Publications Inc, 2001.
____. LANG, Robert J. *Origami sea life*. New York: Dover Publications, 1990.
PAPPAS, Theoni. *The Magic of Mathematics*. Wide World Publishing/Tetra, 1994.
Projeto Araribá, obra Coletiva, Matemática, 4 volumes, , Editora Moderna 2006.
RIBEIRO, Jackson, Projeto Radix, Matemática 4 volumes, Editora Scipioni, 2010.
ROBINSON, Nick. *The Encyclopedia of Origami*. Quarto Publishing plc, London, 2004.
ROW, Sundara. *Geometric exercises in paperfolding*. New York: Dover Publications, 1966.
SÁ, Ricardo. *Edros*. Projeto Editores Associados Ltda, 1982.
SOUZA, Sandro de. *A Goleada de Darwin*. Editora Record, 2009.
TAHAN Malba. *O Homem que Calculava*. Editora Record, 2004.
VELLO, Valdemar, COLUCCI Mônica, ARIANE Paula. ARTES, Pranchas de Linguagem Visual. Editora Scipioni, 2001.
YOSHISAWA, Akira. *Origami museum animais*. Tokio: Kamakura Shobo Publishing, 1987.

Impresso em São Paulo, SP, em janeiro de 2012,
em offset 90 g/m² e couché fosco 115 g/m² nas oficinas da Gráfica e Edições Loyola.
Composto em Minion Pro, corpo 12 pt.

Não encontrando esta obra nas livrarias,
solicite-a diretamente à editora.

Escrituras Editora e Distribuidora de Livros Ltda.
Rua Maestro Callia, 123
Vila Mariana - São Paulo, SP - 04012-100
Tel.: (11) 5904-4499 - Fax: (11) 5904-4495
escrituras@escrituras.com.br
vendas@escrituras.com.br
imprensa@escrituras.com.br
www.escrituras.com.br